# 中國學術思想 研究輯刊

## 五 編

林 慶 彰 主編

## 第7冊

### 王夫之、李光地對朱子易學
### 的繼承、批判與發展（上）

高 志 成 著

花木蘭文化出版社

國家圖書館出版品預行編目資料

王夫之、李光地對朱子易學的繼承、批判與發展（上）／高志
成 著—初版—台北縣永和市：花木蘭文化出版社，2009〔
民 98〕
序 6+ 目 4+230 面；19×26 公分
（中國學術思想研究輯刊 五編；第 7 冊）
ISBN：978-986-254-036-7（精裝）
1.（宋）朱熹 2.（清）王夫之 3.（清）李光地 4.學術思想
5.易學 6.研究考訂
121.17                                              98014776

ISBN - 978-986-2540-36-7

中國學術思想研究輯刊
五 編 第七 冊                    ISBN：978-986-254-036-7

# 王夫之、李光地對朱子易學的
# 繼承、批判與發展（上）

作　　者　高志成
主　　編　林慶彰
總 編 輯　杜潔祥
出　　版　花木蘭文化出版社
發 行 所　花木蘭文化出版社
發 行 人　高小娟
聯絡地址　台北縣永和市中正路五九五號七樓之三
　　　　　電話：02-2923-1455／傳眞：02-2923-1452
網　　址　http://www.huamulan.tw 信箱 sut81518@ms59.hinet.net
印　　刷　普羅文化出版廣告事業
封面設計　劉開工作室
初　　版　2009 年 9 月
定　　價　五編 20 冊（精裝）新台幣 33,000 元

# 王夫之、李光地對朱子易學的繼承、批判與發展（上）

高志成　著

## 作者簡介

高志成，臺灣省彰化縣人，1963 年生。國立彰化師範大學國文系博士班畢。目前任職於國立臺中技術學院附設高商專任國文教師、國立臺中技術學院應用中文系兼任助理教授。學術專長《易》學部份有《皮錫瑞易學述論》（碩士論文）及單篇論文：〈吳曰慎易學述論〉、〈王安石易學述論〉、〈范仲淹易學述論〉、〈王陽明易學析論〉、〈朱子易學之大象傳析論〉；古典小說部份：〈悲劇性的樂天觀——以《三國志演義》諸葛亮的領導意志為例〉、〈關公對儒家理論的證實——從《三國志演義》：「約三事」、「華容道」二例談起〉、〈紀昀多元觀點的現象解讀——以《閱微草堂筆記》為例〉、〈毛批孔明「知天時」說之辨正〉；另有心得散文數篇，發表於報章雜誌。

## 提　　要

　　就《易》學史上，朱子《易》學，一直為後代學者所闡釋的重點。本研究於此縮小範圍，試就王夫之、李光地等二人為研究範疇，考察其人是如何瞭解朱子，並意圖以其時代課題之差異性為觀察進路，在面對朱子《易》學下的各項子題，卻有著相同的看法而繼承，也有著不同的觀點而予以批判之；諸如王夫之曰：「朱子師孔子以表章六藝，徒於《易》顯背孔子之至教。故善崇朱子者，捨其注《易》可也。」李光地則云：「朱子既復《經》〈傳〉次序，今不遵之而從王弼舊本。」二家既有不同於朱子之論點，則必然形成不同的發展方向，為此原由而深入探究其蘊涵，乃本研究之初衷；祈許釐清此主題，能夠對於「《易》學史」的完備建立，提供綿薄心得。

　　朱子《易》學所涵蓋範圍極為多元，本研究不能也不須一一觸及，僅就王夫之、李光地有所涉獵的、且有所繼承、批判與發展的部份，作為階段性的成果交代。此主題是為：〈《易》本卜筮之書〉、〈卦變說〉、〈從「太極」到「序卦」〉、〈大象傳〉、〈《易》學史觀〉、〈解《易》方法〉、〈史事《易》學〉等七部份來探討；並以〈政治環境與學術思潮及其對學者解《易》的具體影響〉為「論世知人」基礎，以得知對此七主題會有不同觀點，實與「時代課題」之消極「焦慮感」與積極「憂患意識」交錯之下，有著選擇性思維而呈現的《易》學面貌。

　　至於本研究選擇王夫之、李光地為主要研究對象，是因為其處於「明清交替」的「天崩地解」氛圍環境，提供學者有著與前代迥異的新思維；另外，一者選擇堅決在野以孤臣孽子自居、一者積極入閣以漢臣長期參與異族朝政；當身份不同、用心不同，所反應於朱子《易》學下的解讀，勢必自有不同，在「對比視野」的研究方法中，可以得出研究者之學術態度，其實均在借《易》學主題，建構理想學術價值的展現，為國家、天下指出一條康莊大道；其「詮釋」精神，於今仍值得吾人效法。

目
次

# 李 序

　　朱子是兩宋理學發展史上的重要代表人物，可說是集邵雍、周敦頤、張載、程顥、程頤等理學之大成；他論理氣、人性、格物致知、居敬窮理，致廣大、而盡精微。至於在經學的成就上，也是集宋代經學成果的大儒。著述之豐富可與東漢的鄭玄相媲美。他的理學即建立在經學的基礎上。

　　《易》爲五經之原，班固《漢書‧藝文志》說：「伏羲氏仰觀象於天，俯觀法於地，觀鳥獸之文，與地之宜，近取諸身，遠取諸物，於是始作八卦，以通神明之德，以類萬物之情。」所以《易經》是起源於對自然與自身的現象的觀察，要人知常知變，知動知靜，用以指導人生、趨吉避凶的重要經典。

　　《易》的起源甚早，與古代占卜的習俗有密切的關係。《四庫全書總目提要‧易部》總論說：「漢儒言象數，去古未遠也，一變而爲京、焦，入於機祥，再變而爲陳、邵，務窮造化，《易》遂不切於民用。王弼盡黜象數，說以老莊；一變而胡瑗、程子，始闡明儒理；再變而李光、楊萬里，又參證史事，《易》遂日啓其論端，此兩派六宗，已互相攻駁。」兩派是指象數與義理，六宗則指施讎、孟喜、虞翻等漢魏象數易，焦延壽、京房等的機祥易，王弼、何晏等的玄理易，胡瑗、程頤等的儒理易，李光、楊萬里等的史事易。而宋代的《易》大家—朱子，他在《易經》的著作有《周易本義》、《易學啓蒙》、《蓍卦考誤》、《易傳》、《古易音訓》、《損、益象說》、《易問答》等七種，尤其是《周易本義》一書，對後世影響很大，例如元代胡一桂的《周易本義附錄纂疏》、胡炳文的《周易本義通釋》、熊良輔的《周易本義集成》等都尊宋代朱子《易》學。明代官修的《五經大全》中的《周易大全》，大體上還是以《周易本義》爲藍本；其他像蔡清的《周易蒙引》、林希元的《易經存疑》等，也

都屬朱子《周易本義》的系統。但四庫館臣到底把朱子歸爲何派？何宗？卻未明言，其原因何在？又清代學術特別推崇程朱，在此學風之下，朱子《周易本義》的流傳情形如何？這些都是在經學發展史上值得探討的問題。

王夫之(1619—1692)、李光地(1642—1718)是清初的大儒，他們生在明、清鼎革之際，面對變亂的時局如何自處？這是必須深思的課題。《周易》的知幾通微，或可指點迷津。所以王、李兩位對《易經》的研治用力甚深，王夫之著有《周易內、外傳》、《周易大象解》、《周易稗疏》、《周易考異》等；李光地則有《周易通論》、《周易觀象》，還有受詔編纂的《周易折中》。他們是否受朱子《易》學的影響，是要研究清代《易》學很重要的關鍵。本論文即以王夫之、李光地對朱子《易》學的繼承、批判與發展作爲討論重點，從「《易》本卜筮之書」、「卦變說」、「經傳版本」、「大象傳」、「《易》學史觀」、「解經方法」等角度，作深入探討，提出許多見地，可供學術界參考；例如朱子認爲《易》學可補《程傳》的不足，其卦變之說與虞翻不同，而傾向於邵雍的說法，主張太極本無極、即道即理，否定人的情欲。王夫之則認爲《易》道不測，乾坤並建，去除〈序卦〉的系統，另建立自己的義理體系，但並不否定人情欲的正當性。至於李光地的《易》學，在《周易折中·凡例》說：「當以朱子爲主，故列《本義》於先，而經傳次第，則亦悉依《本義》原本，庶學者由是以復見古經，不至習近而忘本。」表面上看來完全依據《本義》之說，其實李氏並不完全認同《本義》，如把朱子「《易》本卜筮之書」視爲神道設教，這恐非朱子原意；他又否定卦變，也否定情欲，觀點與朱子有別；他對「大象傳」的詮釋更融入了西方的一些學說，這是朱子所沒有的。以上的論斷有助於對清初《易》學眞相的了解，從中也可看出作者的功力。

全書綱舉目張，眞實的陳述朱了、王夫之、李光地三人的易學成就，以及王、李二人對朱子《易》學的繼承、批判與影響的具體內容。不過一些的推論判斷宜求嚴謹，有關文獻、義理的證據，如能求其多重，則將更具說服力。部份行文可再求簡潔，還有一些論述與本論無直接關係者，可移到注中說明。又，結論稍嫌冗長。雖有這些小缺點，但瑕不掩瑜，本論文仍有其一定水準。

志成博士好學深思，做學問極爲專注，在逢甲大學就讀中文研究所時，受經學大家簡博賢教授的影響甚深，引發他研究經學的興趣。曾選修本人所開設的經學史課程，他突出的表現令人印象深刻。取得碩士學位後，任教於

國立台中技術學院高商部，後來又以優異的成績考上國立彰化師大國文研究所博士班，又修習本人在彰化師大開設的「中國文化要義」課，重續師生之緣，論文也由我指導，在民國 97 年 6 月通過論文口試，對口試委員所提供的建議也做了修正，但一些缺失，仍在所難免，尚祈愛護志成的朋友能不吝給予指導，使論文更爲完美。今由花木蘭文化出版社出版，特在書前聊贅數語以爲序。

　　　　　李威熊　于　逢甲大學　中華民國九十八年八月十一日

# 陳　序

　　昔劉勰《文心》云：「《經》也者，恒久之至道，不刊之鴻教。」又云：「《易》惟談天，入神致用；故〈繫〉稱旨遠辭文，言中事理，韋編三絕，固哲人之驪淵也。」是以《易》學著作，代有學人，浩浩湯湯，誠為學界盛事，良有以也。於南宋之際，有朱子者，致廣大、盡精微，綜羅百代，上下承啓，雖因官敕而列為科舉典籍，亦具深層蘊涵，足供後學沿波探津；此一現象，於明末清初之際，最可呈現；有王夫之者、有李光地者，概為是要，可資為證。前者憂【遯】山野，著書怡情；後者樂【晉】廟堂，立言暢志。因其身份不同，又為環境有別，自是研讀朱子《易》理，則旨趣殊異，論點歧途，實為學術客觀之必然現象。然而，有唐鑑編《清學案小識》，於〈翼道學案〉王夫之，則云：「其為學也，由關而洛而閩。」於〈守道學案〉李光地，則云：「譚經講學，一以朱子為宗。」至於徐世昌《清儒學案》則曰：「船山平生為學神契橫渠，羽翼朱子。」又曰：「安溪學博而精，以朱子為依歸。」二家之述，概括籠統；若就辨章學術，考鏡源流以云乎，則未能如實呈現矣。

　　志成仁棣，從余治學，始於民86年之「中等教師國文科教材教法」兩學期，於民93年入彰師博士班，又修讀「先秦兩漢簡帛研究」、「國文教學原理」等課程，於課堂間多有創見與新說，雖內斂、雄厚不足，然亦足以教學相長、啓迪同儕。其又習《易》多年，秉其一貫敏銳特質，多有相關著作，或宋儒范仲淹、王安石，或清儒吳日愼，此三家《易》學，於今著作不顯，志成卻能獨精拾遺、蒐羅輯佚，有助於學術闡釋，斯乃《易》學界之快事也。至於本書名曰：《王夫之、李光地對朱子《易》學的繼承、批判與發展》，則以「對比視野」為經，以學者「時代特質」為緯，經緯交錯，固能扶幽闡微，多有

發前人所未見之處；雖疵謬難免、闕漏偶見，然瑕不掩瑜，仍有可參之處；況學貴序進，盈科水流，治學必然途徑也。

　　以上數言，簡述緣起，聊之為〈序〉。

陳金木識

歲次 2009 春

# 第一章　緒　論

## 第一節　研究動機與目的

　　《易》的普世價值與其對文化正面挺立的影響，在學術上一直是研究者的共識，本可不用再加以置喙，但是「正復爲奇，善復爲妖」〔註1〕的演化效應，其所引發之流弊，却是學界不得不正視的現象；因爲當研究者將之視爲權威、甚至奉爲信仰時，導致於在解讀中，均有意認爲在闡釋經典，却無意當中引用其它與《易》絲毫無涉之資料，以之擴大比附，致使看似尊崇之心，實際上却是在做汙衊之舉；誠如簡博賢師（1934～）所言：「凡非解經釋義，或於經文無所繫屬之說；雖或原本經義，要皆藉題發揮，非所以說經也。如近人論『民主立憲』，則舉易之大有象；論『君子立憲』，則引易之同人爲說，義固挹取於易；然非說易也。」〔註2〕雖是由《易》而引發人事義理聯想，却是藉題發揮，本非《易》所原有。牟宗三先生（1909～1995）更強調：「悟解易經最忌迂、巫、妖、妄。」〔註3〕是以就歷代「目錄學」資料以至當今《易》學研究現況，看似有著豐富成果之意涵中，究竟有多少是屬於眞正《易》學研究之範疇？難道說是只要標舉《易》字大纛，就是在作闡揚聖學？

　　自班固（32～92）《漢書》倡言《易》爲「五經之原」以來，〔註4〕其中

---

〔註1〕　《老子》第五十八章語。

〔註2〕　簡博賢師：《今存南北朝經學遺籍考》〈述例〉（臺北：黎明文化公司，1975
　　　　年2月），頁2。

〔註3〕　牟宗三先生語，引自范良光：《易傳道德的形上學》〈牟序〉（臺北：臺灣商務
　　　　印書館，1990年4月2版），頁1。

〔註4〕　楊家駱主編：《新校漢書·藝文志》：「六藝之文，《樂》以和神，仁之表也。《詩》

有劉勰（464～522）標榜著，云：「《經》也者，恒久之至道，不刊之鴻教。」又云：「《易》惟談天，入神致用；故〈繫〉稱旨遠辭文，言中事理，韋編三絕，固哲人之驪淵也。」〔註5〕到今代學者的肯定，諸如成中英（1935～）所說：「我們反思諸子百家，深入歷史和考古文獻，正視中國文化的起源問題，不得不追溯到《周易》的思想形成過程，因之便掌握到《周易》是中國哲學的始點和原點這個命題。」〔註6〕以及廖名春（1956～）說：「古代的學者以《周易》經傳爲聖人之書，其中蘊涵著關於宇宙人生的大道理，從而認爲易學研究的任務是發掘其中的大道理，使聖人之道發揚光大；學《易》則是爲了修身養性，提高人的道德水平，進而『齊家』、『治國』、『平天下』，甚至能掌握自然變化的規律，與天地參。」〔註7〕學者對《易》的重視，就學術長河的研究現象來說，的確是連綿不斷；縱使在這中間，有民初顧頡剛（1893～1980）爲代表之《古史辨》派的看似詆毀聖學之論，其實就廣義學術立場以論，當作如實還原工作，其精神依然是在尊崇的心態下去作研究，〔註8〕如此一來，就正面意義來講，則亦提供了另方面的探討範疇；因此就黃金裕所編輯的《周易論著目錄》來看，其云：「收錄先秦至民國八十一年（1992）間中外學者有關《周易》之著作」，細目就有 9008 則；〔註9〕而鄭吉雄也僅就二十紀以來，百年《易》學之作的收集後，言：「粗估約有七千種。」〔註10〕相信

以正言，義之用也。《禮》以明體，明者著見，故無訓也。《書》以廣聽，知之術也。《春秋》以斷事，信之符也。五者、蓋五常之道，相須而備，而《易》爲之原。」（臺北：世界書局，1985 年 3 月 5 版），頁 20。

〔註5〕 周振甫注·劉勰：《文心雕龍注釋》〈宗經第三〉（臺北：里仁書局，1984 年 5 月 20 日），頁 31。

〔註6〕 成中英：〈易經的方法思維〉《國文天地》（1991 年 4 月，第 6 卷第 11 期），頁 24。

〔註7〕 廖名春：《周易經傳十五講》（北京：北京大學出版社，2007 年 1 月第 5 次印刷），頁 5。

〔註8〕 勞思光說：「純否定之出現，對文化精神而言，其重要性實不下於任何肯定。」見《新編中國哲學史（一）》第七章〈法家與秦之統一〉（臺北：三民書局，1990 年 1 月），頁 354。葉國良亦說：「宋人改經亦尊經也，如朱子之於大學，若非以爲其乃聖賢之遺書，必不費神改定也。此余所謂『改經亦尊經』也。」《宋人疑經改經考》（臺北：國立臺灣大學文史叢刊，1978 年），頁 155。由此觀念可類推《古史辨》諸作者，仍是具有尊《經》理念及客觀學術信念之企圖，否則不須冒大不諱的去作撼動二千年來的既有思維。

〔註9〕 黃金裕編輯：《周易論著目錄》（臺北：國立編譯館主編，洪葉文化事業公司印行，2000 年 6 月），本書總頁數爲 504 頁。

〔註10〕 鄭吉雄：〈從經典詮釋傳統論二十世紀《易》詮釋的分期與類型〉收入《儒學

於今廿一世紀，雖然僅是邁入第 8 年，但是拜電腦工具方便之勢，其呈現具體數量，依比例原則來看，必然是豐沛不已。

　　考察《易》書研究盛況，從其卦、爻本身形式與內容開始說起，就充滿著無限的解讀意境；其中包括：一者、卦爻之間的時空觀念，二者、物極必反，三者、居中為吉的概念，〔註11〕四者、從天象對人事的啟發，五者、人事的遭遇是可以轉化的，六者、外在的吉凶與個人之品德有聯繫的關係；〔註12〕以及由六十四卦的排序方式，都有豐富蘊涵的義理之存在，它包含著從「三《易》」之說的《周易》以【乾】〔註13〕為首說、《歸藏》以【坤】為首說、《連山》以【艮】為首說，到今本〈序卦〉排法、〈帛書〉排法、京房說的排法、邵雍的排法等等，相信在「各種不同的六十四卦排列次序，反映編撰者不同的社會意識形態、倫理道德觀念，也反映卦序編撰者的歷史觀、宇宙觀、生命觀，具有重要的哲學意義。」〔註14〕至於《易》本「卜筮」而來，單就「卜筮」的心理因素，在看似被動無奈的迷信框架之餘，亦存有先民心理上之積極企圖。〔註15〕是以周邊相關議題來看，就能有如此多元的議題，更遑論其後繼學者之深入解讀，而有著〈易傳〉、〈易學〉等作品、甚至產生〈易學史〉系統等龐大概念了。總之，有了以上的衍生條件，形成了文化上特殊的《易》的思維模式，提供了一種思考的「原型」基礎，〔註16〕具有豐富的闡釋空間；不僅於此，若還就《易》

　　　　與東亞文明研究叢書（六）───易圖象與易詮釋》（臺北：喜馬拉雅研究發展基金會，2002 年 2 月），頁 14。

〔註11〕以上三點參勞思光先生：《新編中國哲學史（一）》第二章〈古代中國思想──易經中的「宇宙秩序」觀念〉，頁 83～87。

〔註12〕以上三點參朱伯崑先生：《易學哲學史》第一卷〈卦爻辭中的世界觀〉（臺北：藍燈文化公司，1991 年 9 月），頁 18～23。

〔註13〕本研究於卦名引用時，統一以【　】符號區別之。

〔註14〕張其成：《易圖探秘》（北京：中國書店，1999 年 1 月），頁 12。

〔註15〕顏婉玲說：「一、提供現象變化之詮釋，滿足人類渴望因果關係的求知需求。二、承擔禍福成敗之責任，滿足人類渴望撫慰及怯於負責的需求。三、提供吉凶禍福之先知，滿足人類渴望保護和幫助的安全需求。四、提供政權所需之威權，滿足統治者渴望有效控制的權利需求。五、提供邏輯推衍之理論，滿足人類渴望思維發展的理性需求。」《周易心理思想研究》（臺北：國立臺灣師範大學國文學系碩士論文，2002 年 6 月，賴貴三先生指導），頁 16。

〔註16〕燕國材：「中國的種種學術思想都可以追溯到《周易》，《周易》乃是種種學術思想之源。」見《中國古代心理學思想史》（臺北：遠流出版社，1999 年 4 月），頁 15～16。以梁·劉勰：《文心雕龍》〈序志〉云：「位理定名，彰乎大《易》之數，其為文用，四十九篇而已。」即是明顯代表。借用曹祖平之說：「什麼是原型？原型是人類沉思的結晶，是體驗的凝結，是永不退色的記憶，……在

本身中的象、數、辭，其不確定的多元面貌，也允許讀者在研讀過程，或依其生命氣質、或順從時代環境、或意圖解決當下課題、或解釋歷史由來、或指導未來價值方向等等，都可以從中體會、汲取依據；誠所謂經典之首，且亦爲不刊之鴻教！〔註17〕因此，自古以來，研究者興趣不斷，而研究項目也日趨多元。

《易》學研究，在此概念之下，可以略分爲《周易》《易傳》、《易學》、《易學史》等四大類；若再進一步分類，依吳康先生（1898～1976）所說，則有十三類，是爲：1、關於訓詁（音韻附）及義理（間及見解象數）者，2、關於象數（間及義解）及圖說（間及占筮）者，3、關於釋例者，4、關於章句者，5、關於辨正者，6、關於考證者，7、關於校勘者，8、關於占筮者，9、關於雜纂及通論者，10、關於輯佚者，11、關於緯書者，12、關於石經者，13、關於三易者。〔註18〕當然此分類僅是：「從其側重者爲稱耳，非謂彼此絕不相謀也。」〔註19〕而吳先生此中之分類，尚不包括近代受「西學」影響下的新觀點，而有所謂「社會科學——政治、法律、經濟、管理、社會制度、教育思想、歷史、軍事」，「自然科學——數學、天文曆法、物理化學」，「應用科學——醫學、氣功、電腦、建築學」等研究範疇云云，〔註20〕洋洋灑灑，正如《四庫提要》〈易類總目序〉所言：「易道廣大，無所不包。」於今現象來看，的確是如此，甚至超越甚多矣！但是，吾人仍不得忽略的是，《四庫提要》是另有研究標準的，據其說：「夫六十四卦，〈大象〉皆有『君子』以字，其爻象多戒占者，聖人之情見乎詞矣。其餘皆《易》之一端，非其本也。今參校諸家，以因『象』立教者

---

榮格看來，又是一種集體無意識的『種族心理積澱』。」〈西遊記原型解讀〉見《唐都學刊》（1999 年 4 月，第 15 卷第 2 期），頁 84。劉玉平說：「《易》學思維方式，即一定社會歷史條件下的人們在接受、反映、加工外界信息過程中所形成的思維方法思維習慣。」《易學思維與人生價值論》（濟南：齊魯書社，2006 年 1 月），頁 15。都可以代表是指導傳統國人思維方式。

〔註17〕例如汪學群：《王夫之易學——以清代學術爲視角》〈導論·王夫之的《易》學與時代〉就認爲王夫之借《易》學，可以有「多種學科納入其易學體系」包括「曆法、地理、律呂」，亦可以有「統攝其他經書」的學術用途，亦有「抒發自己的氣節與意志」、「總結歷代君王進行政治改革的是非得失」、「闡述開明政治的理想」、「解釋安邦治國」等等經世理想，見（北京：社會科學文獻出版社，2002 年 5 月），頁 22～29。是知，《易》是一部與人文有關得《百科全書》性質之叢書，在學界是具有普遍信念的。

〔註18〕吳康：《周易大綱》（臺北：臺灣商務印書館，1990 年 11 月臺一版第七次印刷），頁 57～92。

〔註19〕吳康：《周易大綱》，頁 92。

〔註20〕黃金裕編輯：《周易論著目錄》，頁 383～407。

爲宗，而其他《易》外別傳者，亦兼收以盡其變。」〔註21〕其中主張，有正面肯定的「聖人之情」、「爻象多戒占者」，以及負面質疑的「非其本也」、「《易》外別傳者」等等分類，也就是說，早在《四庫提要》就是認爲，並非凡言《易》者，即是《易》學研究，其間是有著「推《易》正法」與「附《易》立說」等等說之別，所以在編目上，另闢〈術數類〉，見於〈總論〉云：「術數之興，多在秦漢以後，要其旨不出乎陰陽五行生剋制化，實皆《易》之支派。」又說：「數學一家，爲《易》外別傳，不切事而猶近理。」〔註22〕是以至清末·皮錫瑞（1850～1908）亦嘗云：「《經》學有正傳有別傳」、「論說《易》之書最多可取者少」、「論《易》說多依託不當崇信僞書」〔註23〕等等論點，即在區分兩者差異。總之，觀察現今看似欣欣向榮的《易》學研究目錄範疇中，實已包含許多「附《易》立說」、「藉題發揮」之作，在看似豐富之的研究現象中，不僅無助於《易》學之闡揚，更令學術界定上多了許多的迷障與混淆，其實是亟待有識者大力廓清也。

曾如上述所言，《易》學廣大，且研究者眾，在汗牛充棟的成果之下，如何繼承前賢研究成果，以及避免歧出《易》學範疇，是爲本研究思考所在；昔日（1992）受業於簡教授博賢先生之啓蒙，諄諄告誡，得以迷津知返、執柯伐柯；於今，再承蒙李教授威熊先生、陳教授金木先生的提攜，親炙沾溉，久荷栽成，並惠於指導論文與題目之訂定；於此，試以《王夫之、李光地對朱子《易》學的繼承、批判與發展》爲題，作爲階段學養的具體呈現，相信應該是合乎《四庫提要》與皮錫瑞所強調之「《易》學」正宗的概念範疇。以下，就研究題目內容，略述大旨。

首先，就三家學者之學術地位來說。於朱子（1130～1200）方面來論，誠如錢賓四（1895～1990）先生所云：「在中國歷史上，前古有孔子，近古有朱子，此兩人皆在中國學術思想史上及中國文化上發出莫大聲光，留下莫大影響。……朱子崛起南宋，不僅能集北宋以來理學之大成，並可謂其乃集孔子以下學術思想之大成。」〔註24〕就王夫之（1619～1692）來說，曾春海先

---

〔註21〕 紀昀：《四庫提要》〈易類一〉前總序，（臺北：臺灣商務印書館，1985 年 5 月增訂 3 版）頁 2。

〔註22〕 紀昀：《四庫提要》二十一〈子部術數類一〉，頁 2227。

〔註23〕 皮錫瑞：《經學通論》《易學通論》（臺北：商務印書館，1989 年 10 月臺 5 版）第十一則、二十八則、二十六則等題旨，頁 1～2。

〔註24〕 錢穆：《朱子新學案》〈朱子學提綱〉（臺北：聯經出版公司）。

生云：「朱熹與王船山分別是中國第十二世紀及第十七世紀，集大成式的理學家。兩人學問涉獵之廣，用力之深，著作之多，前后呼應，相互媲美。特別是兩人對《易》與《四書》皆長期沉潛浸潤，在理學思想體系中，《易》學對兩人奠基之功不可沒。」〔註25〕由此看來，從孔子、朱子、王夫之一脈相傳的學術相承及其影響力，可說是無須質疑的，因此研究此二家學術，必然是正向之途。至於李光地（1642～1718）者，以現今學界就其學術成就與影響來論斷，當然是無法與朱子、王夫之等人相提並論；但是，不可否認的是，其於清康熙帝時（1654～1722），奉敕所編之《周易折中》看來，自有一定的時代影響力；曾春海亦有讚語云：「李光地的易學研究在清初被奉爲官方正統易學家。他在易學上下了積學累厚的工夫。因此，他的易學著作不僅在其全幅著述中佔重要份量，縱使置於整個清代的易學研究之成果觀來，亦頗爲令人矚目。」〔註26〕其實不僅如此，就保存佚書資料來說，《周易折中》是有著重要價值，其內容收有 218 家解《易》之說，其中已有近 124 家之內容，於今已蕩然無存，因此，透過《周易折中》的輯引以之歸納，吾人於今尚可一窺該家大旨；〔註27〕由此看來，《周易折中》者，價值亦非凡矣！總而言之，就人物選擇來論，此三家是擁有著豐沛的內容，提供著研究素材與具體價值。

再者，就民族集體共識的《易》學思維來論：中華民族的建立，就經濟條件來看，雖說有黃河充分的水源資源所帶來豐富的輔育條件，這是是上天對民族的厚愛；但是黃河決堤氾濫成災，剎那間取消農民辛苦的成果，亦是上天的無情考驗。〔註28〕因此，國人的「憂患意識」概念就特別強烈，早從

〔註25〕曾春海：〈船山易學與朱熹易學觀之比較研究〉（《哲學與文化》20 卷第 9 期，1993 年 9 月），頁 870。

〔註26〕曾春海：〈李光地的易學初探〉收入江日新編：《清代經學國際研討會論文集》（臺北：中央研究院，中國文學研究所，1994 年 6 月），頁 194。

〔註27〕舉例來說，學者都知王安石有《易義》之作，且程頤也說學者治《易》可先看王弼、胡瑗、王安石三家之說，對於王弼、胡瑗之說，有現存完本可閱，然而王安石之說卻已佚失。筆者因簡博賢師之指示，乃逐條檢索《周易折中》，並參照李衡：《周易義海撮要》，得 130 餘條，草作〈王安石易學述論〉發表於（國立台中技術學院學報，2005 年 6 月），頁 1～25。因此，假以時日，得以再闡釋其他已佚諸家之說，則或許可提供更完整之《易》學史概況，誠爲治《易》可期待之快事也。

〔註28〕黃河的氾濫，根據陳均：《九朝編年備要》記載，大意是說：「黃河在西元 960 至 993 年之間，幾乎年年引起水災。」見卷一至卷四。單就此 30 餘年就如此，何論其它！

《詩》、《書》起，到孔子就具體的說：「人無遠慮，必有近憂。」〔註29〕甚至於現今閩南語俗諺亦有：「晴天要積雨來糧」的說詞，一直都存有生活指導的智慧，誠如徐復觀先生所說：「憂患意識，乃人類精神開始直接對事物發生責任感的表現，也即是精神上開始有了人地自覺的表現。」〔註30〕而《易》學之最大學術旨趣也在此；從「趨吉避凶」的探究過程中，發展出【乾】起至【既濟】止，雖說完成一整體概念，然而後續卻接【未濟】云云，即隨時強調主事者要具備「戒慎恐懼」的生活態度，即〈繫辭傳〉所說的：「作易者其有憂患乎」的概念。以上所引，在在都說明了其異於其他民族，而足以顯見傳統中國人思考之用心。〔註31〕是以，《易》本憂患之書，而中國環境本就憂患之地的結構性條件，二者已互動成爲民族的集體概念；其反應於學者方面，無論是生活態度、或是論斷選擇，必然是橫亙著此一理念，致使投身於政事，其前提限制本就充滿坎坷與荊棘，〔註32〕是以當返身重讀《易》並作再詮釋時，感受也就特別深刻，而借《易》言事之智慧，也就格外顯得有其時代洞見與智慧；所以我們從朱子、王夫之、李光地的生平歷練與治《易》觀點，亦能深刻體會此方面之精神。

至於本研究題旨取「王夫之、李光地」云云者，蓋其二人乃「明末清初時

〔註29〕朱子：《四書章句集注・衛靈公》（臺北：大安出版社，1987 年 10 月再版），頁 164。

〔註30〕徐復觀：《中國人性論史》（臺北：臺灣商務印書館，1990 年 12 月 10 版），頁 21。徐先生所言乃針對周朝建立的艱辛，因此其自覺「憂患意識」應只是建國少數幾人的政治家。拙作認爲，黃河氾濫，農業經濟受損，所給予全面性的刺激，應該才是國人普遍心態的建立。

〔註31〕劉玉平：《易學思維與人生價值論》其第六章〈人生生存論〉有說明「憂患戒懼」之具體行爲是：「樂不忘憂」、「謹言慎行」、「懼以終始」、「修身示警」等等正面意義，並進一步指出此觀念所產生之負面價值：「對缺乏自信和冒險的柔弱人格產生了不可忽視的影響。……沒有憂患意識是淺薄的，憂患意識過於濃厚則難免背上沉重的包袱。」詳書頁 180～188。這是對《易》學價值所產生負面意義之提及，值得重視。

〔註32〕學者從政，就客觀態度來講，是要爲庶民爭取權利以達「天下平」，但是此一爭取過程，必然與君主立場或多或少有所衝突，其間有著無可避免的矛盾處。勞思光曾論〈易傳〉「貞凶」概念，其大旨云若「貞」作「正」解，何以會有「凶」？乃因：「若一人誠心求理分之實現，此可謂『正』，但在『理分現實之衝突』顯出時，此一求實現理分之人終必將放棄一部份理分而不能求其實現，此即所謂雖『正』亦仍『凶』矣。」《新編中國哲學史（二）》，頁 96～100，特別是頁 100。是知學者於君王與庶民之間，有著「理分現實之衝突」而無可調合。

期」之人物；敘此二人之時代背景者，不僅是爲年代斷限，亦是「中古到近代」的「天崩地解」之思想衝擊與蘊釀轉變期；它代表著，從宋明理學「無論是程朱理學體系，還是陸王心學體系其實質都是道德形而上學體系」，但是，到了明末清初之時，儒學核心價值已漸趨轉換，「即儒學體系的整體解構，同時還表現爲儒學形而上學的終結，回到事物本身、回到生活世界、回到現實的人本身，是這一時期儒學學者共同發出的最強有力的呼聲。」〔註33〕雖然，就王夫之、李光地來看，其鮮明傾向尚不足有具體震撼效果，〔註34〕但是與朱子對照之下，的確有著觀點改變的意念了；再者，研究此一時期之學術意義，還不僅於此，它是與現代觀念現象有著息息相關的連鎖效應，是以說：「考察這一時期儒學核心價值的改造轉換過程，注意吸收其理論思維教訓，並觀察中國文化的發展動向，對於創建符合全人類發展前進方向的全新中華文化核心價值體系，無疑具有極大的理論意義和現實意義。」〔註35〕是知在大環境改變之下，人心思維亦趨於不同，則爲可以理解現象。至於大環境下的個人觀點，因其特殊性格，理應有其差異處，畢竟王夫之身份是一長年隱居學者，思考重點是如何「反清」與未來理想的規劃；李光地則是積極活躍於政壇的仕者，思考重點是「維護政權的穩定」；當兩人有迥然不同的身份，卻同樣對政治概念有著積極熱忱，再加上與《易》學政治性的連結，是以借《易》暢談理想中的政治環境，則是學者共通的語言，然而又在彼此懸殊之身份，表現於《易》學之解讀，當可又得鮮明差異性；舉例來說，王夫之說：

> 朱子師孔子以表章六藝，徒於《易》顯背孔子之至教。故善崇朱子者，捨其注《易》可也。〔註36〕

李光地則云：

〔註33〕王國良：《明清時期儒學核心價值的轉換》（安徽合肥：安徽大學出版社，2005年6月第2次印刷），頁3。

〔註34〕就此主題來看，開始形成具體學風應是從清「乾嘉」時期。諸如張麗珠師所說：「『乾嘉新義理學』則是圍繞著戴震等一系列『進求義理』的考據家展開的。既然著眼於哲學範疇中尚未開發的形下經驗領域，所以便排除了同時代以繼承傳統思想爲主要的其他義理建設，也因此本著所論清代新義理學最主要的特色，就在於經驗價值與精神，此其所以能夠自立於宋明理學的形上價值與抽象思辨之外。清人因此重視客觀經驗，所以肯定情性，發揚智性，主張以智性來矩範與節制情性，是一種具有重智傾向的道德觀。」《清代新義理學——傳統與現代的交會》（臺北：里仁書局，1999年5月），頁286。

〔註35〕王國良：《明清時期儒學核心價值的轉換》，頁13。

〔註36〕王夫之：《周易內傳發例》第二十四則，頁382。

朱子既復《經》〈傳〉次序，今不遵之而從王弼舊本。〔註37〕
明顯可見王夫之、李光地就於朱子《易》學解讀上，的確有著歧異的觀點，
是爲不爭的事實。然而礙於傳統說法，學界大都以爲，無論是王夫之、還是
李光地二人之學術趨向，都是在闡述、羽翼「朱子學」；例如唐鑑所編《清學
案小識》，其編輯中心主旨如其所云：「俾天卜進者退者，行者居者歸蕩平，
去歧趨而入堂奧，還吾程朱眞途轍即還吾顏曾思孟眞授受，更還吾夫子眞面
目。」即以「程朱」爲繼往開來之典範地位，是以論清代學術，於〈翼道學
案〉有介紹王夫之，其云：「其爲學也，由關而洛而閩。」〔註38〕於〈守道學
案〉有介紹李光地，則云：「譚經講學，一以朱子爲宗。」〔註39〕另外徐世昌
《清儒學案》有云：「船山平生爲學神契橫渠，羽翼朱子。」〔註40〕又云：「安
溪學博而精，以朱子爲依歸。」〔註41〕對此現象，本研究要鄭重指出，其實
二家之述僅是一種概括說法，當就《易》學主題來觀察，則王夫之、李光地
對朱子《易》學的解讀，是有著明顯歧見，因此當其論相關議題時，諸如：「論
卜筮」、「論經、傳版本編排」、「卦變說」、「論大象傳」、「論序卦傳」、「論《易》
學史觀」、「論解《易》方法」，甚至於「史事《易》學」在史事解讀與運用上，
則有著明顯迥異觀點，而此現象於目前研究專題上，尚未有深入探討之專文；
因此，本研究不揣淺陋，就此相關題旨，「設準」於因「時代課題」之差異性，
以解釋彼此之觀點產生原因。

　　至於王夫之、李光地對朱子《易》學的解讀上之不同原因尚不僅於此，
蓋《易》學之豐富學術性，就「文字」本有著所謂「穩定」與「不穩定」的
「文本」特質，即足夠提供研究者多元省思矣；誠如特雷西（David Tracy）所
言：「已經寫成的文本看上去似乎是在爲文字化提供穩定性。然而，當思想和
道德危機發生的時候，它們卻暴露在巨大的不穩定性中。這種穩定性和不穩
定性的關聯，使已經寫成的文本成爲一個很好的例證，它揭示了所有有待待
解釋的現象所具有的內在複雜性。」〔註42〕黃俊傑（1946～）更指出：「經典

〔註37〕李光地：《周易通論》卷一〈論經傳次序仍王本〉，頁 539。
〔註38〕唐鑑：《清學案小識》卷三〈翼道學案〉（臺北：臺灣商務印書館，1975 年 8 月臺 2 版），頁 61。
〔註39〕唐鑑：《清學案小識》卷三〈翼道學案〉，頁 168。
〔註40〕徐世昌：《清儒學案》卷八〈船山學案〉（臺北：世界書局，1979 年 4 月 3 版），頁 1。
〔註41〕徐世昌：《清儒學案》卷四十〈安溪學案上〉，頁 2。
〔註42〕特雷西著、馮川譯：《詮釋學、宗教、希望──多元性與含混性》（香港：基

的注釋正如任何形式的存在一樣，必然受到時空因素的宰制，而具有高度的「歷史性」；詮釋者都處於不同的時空條件之下，來重新詮釋經典，因此而形成各個不同角度的觀點，從而更豐富地展現經典的涵義。」〔註43〕據此可知，由於不同時代、不同境遇，學者所根據的「文本」解讀，必然會有不同的看法；因此，本是相當穩定的《周易》文本，隨著時間演進，至使來自朱子的觀點裏，已是屬於「不穩定」的被解釋了，所以朱子給予「穩定」解釋；然而至王夫之觀點，又是「不穩定」而積極作解，以祈給予「穩定」之解；相信李光地亦斯如是。

　　總而言之，治《易》進路，由朱子、王夫之、李光地等三家著手，是一可行且正確之途徑。因此，就目前學者研究概況也是勝意紛披，於碩博士論文方面，計有：江弘毅《朱子易學研究》、張朝南《周易本義與朱子與類易論比較》、金尚燮《朱熹以理學詮釋易學之研究》、楊國寬《朱熹易學研究──對程頤易學的傳承與開新》、曾春海《王船山易學闡微》、杜保瑞《論王船山易學與氣論進路並重的形上學進路》、金納德《論船山易學之乾坤並建說》、吳龍川《王船山乾坤並建理論研究》、李梅鳳《李光地周易折中案語研究》、鄭雅竹《李光地易學研究》等等。〔註44〕至於其他相關專書方面，首推錢穆先生《朱子新學案‧朱子之易學》，此書對筆者啟發甚大，本研究題旨之最初動機即由此進路；另外朱伯崑《易學哲學史》四冊，其中朱子部份有 104 頁、王夫之部份更達 256 頁，可知其對此二家用力之深；曾春海亦有《朱熹易學析論》提供頗佳議題與討論角度；汪學群有《王夫之易學──以清初學術為視角》及《清初易學》二書之作，特別是《清初易學》設有兩節介紹《周易折中》以及李光地《易》學，更是提供本研究研究甚多資材。平情而論，王夫之《易》學部份，最令筆者掌握上困惑不已，誠如杜保瑞先生所說：「船山之學博大弘深，對於學習者而言甚且十分艱難。……船山學矗立於儒學史及易學史之一大理論體系之形象，其面目尚未被撥清而認識，其意旨尚未被吸收而消化，其心靈尚未被理解而接受，船山學研究的進程尚有廣大空間。」〔註45〕的確是實情，對於初次涉獵者來說，

---

　　督教文化研究所，1995 年），頁 23。

〔註43〕黃俊傑：《中國孟學詮釋史論》（北京：社會科學文獻出版社，2004 年 9 月），頁 71。

〔註44〕以上著作，將於本研究各章引用時，會有出處說明，是以於此不再贅述。

〔註45〕杜保瑞：〈書評《王夫之易學──以清初學術為視角，汪學群著》〉（臺北：哲學與文化月刊，2004 年 10 月，第 365 期），頁 176。

猶如觀閱「有字天書」般的虛無縹緲，因此有必要由學者專家研究成果之指引，進入研究門檻，以一窺學術堂奧；所幸有前輩諸賢已闡釋於前，提供素材與觀點，均可以具體呈現其內容，對筆者研究來說，實助益甚巨，自不在話下。

　　然而，本研究要強調的是，在研究主題之設計裏，若就一家而言一家優劣，其實是無法具體呈現其精彩處，也因此在明顯度與說服力方面，就稍嫌氣勢不強；有鑑於此，筆者就研究主題設計上，一者、服膺吳有能師的昭示，採取「對比視野」進路，其云：「通過比較，不但文化的異同得以彰顯，更重要的是我們可以擴充視域，增加觀點。通過這樣一個過程，我們不但可了解對方，更可以進一步在對比中深化自我的了解。知己知彼，才可以讓我們更有效的開創新紀元。」〔註46〕再者，要強調的是，各別時代必有新詮釋「經典」之必要，因此，遵循陳金木師所說：「每個時代都必須對這些著作加以重新探究，當這些新的著作對這些經典中所提示的命題與答案重新加以疏解時，這些經典不但不會因而遭受挑戰而失色，相反的，卻因之而得到新的意義新的生命。」〔註47〕是以論文題目設計，採取彼此不同的「時代課題」爲背景，並用「對比手法」爲進路等兩途徑切入，以掌握各家之詮釋視野，當可知悉每家學說演進的原因與其不同之學術企圖；也可進一步知悉，同樣的「朱子《易》學」此一範疇主題，何以至王夫之、李光地等人，卻有著截然不同的「朱子《易》學」觀點下的理解，也就是說，在大原則下，有著同樣範疇，即所謂的「此亦一述朱耳，彼亦一述朱耳。」〔註48〕然而王夫之、李光地其時代課題不同、其政治身份不同，是以其解讀角度自亦不同，甚至說，究竟其瞭解之「朱子《易》學」，果眞是朱子之「本義」，或者僅是「藉題發揮」的模式，以建立其學術體系之目的？箇中涵義的種種細節，在分析彼此差異後，方能就客觀平台，還原其應有的學術意謂。因此本研究在敘述進程，大抵先述朱子《易》學主題，在「時代課題」的用心下釐清其學術意義，然後再考察王夫之、李光地二人，就朱子同樣之主題是又如何有著不同的理解，並試著指出二人之所以有不同的認識，也是來自其人有不同的「時代課題」

〔註46〕吳有能師：《對比的視野—當代港臺哲學論衡》（臺北：駱駝出版社，2001年），頁6。

〔註47〕陳金木師：《唐寫本論語鄭氏注研究——以考據、復原、詮釋爲中心的考察》〈緒論〉（臺北：文津出版社，1996年8月），頁1。

〔註48〕黃宗羲：《明儒學案》卷十〈姚江學案一〉（臺北：世界書局，1992年5月5版），頁74。

所致；此爲本研究所云「繼承、批判與發展」之重點旨趣所在。

　　學貴序進，是猶盈科而後進；筆者於 1992 年有幸受簡博賢師啓蒙，並指導碩士論文《皮錫瑞易學述論》之作，匆匆十餘年已過，其中雖有幾篇相關論文呈顯治《易》心得，〔註49〕但是，深知學海無涯，虛科未盈，因此在撰寫此博士論文時，自知學力與見識仍然不足，導致在原典解讀、敘述過程、結論判斷等等方面，必然是疏陋百出、紕謬時見；牝牡驪黃，麤糙難免，尚請　指導老師、學界專家不吝指正，引困蒙於雲霧，攜觀復於天際，斯爲小子引頸所盼！

## 第二節　研究方法

　　研究的方法與目的，有非常密切的關係。「研究方法」即指如何正確達到預定目的的最佳進行程序，亦即如何設定目標？如何進行研究？以獲得最正確答案的問題。〔註50〕因此，以《易》學爲主要題材，進而考察朱子、王夫之、李光地三人對其理解爲例時，可先就時代背景討論起，此爲「論世知人」研究進路；由於傳統學者均有強烈的政治性格，特別是此三家，更是積極不斷，由直接或間接的參與政事，是以吾人相信，於不同的時代背景，必有其不同時代課題及其衍生之消極「焦慮感」，以及因此而激起正面的「憂患意識」所產生的學術見解，理應截然不同。因此從本研究所言之題旨中，就王夫之、李光地，雖都是朱子學術之闡翼者，然而，闡翼重點勢必有不同考量。同樣的，當將討論範圍縮小，以《易》學出發，從《易》學之研讀啓發，而各自有不同體會，再加上其時代性課題亦彼此差異，是以其解《易》、用《易》等等現象，自是各有不同，亦應爲學理上之必然；此種研究進路是爲「觀念史的研究方法」。諸如葛兆光（1950～）所說：「一個觀念一個說法，字面上可能沒有什麼變化，但是在不同時代，理解和解釋就有了變化。當然這是由於

---

〔註49〕已發表之學術著作五篇：〈吳曰愼易學述論〉（國立臺中技術學院學報，2003年6月），〈王安石易學述論〉（國立臺中技術學院學報，2004年，6月），〈范仲淹易學述論〉（國立臺中技術學院學報，2005，6月），〈朱子《易》學之「卦變」說析論〉（高雄師範大學經學研究所舉辦第二屆「青年經學論文發表會」，2006年12月），〈王陽明《易》學析論〉（國立臺中技術學院通識中心學報，2008年1月）。另外，目前已撰有論文初稿：〈顧炎武《日知錄》之《易》論述評－以「博學於文」爲考察線索〉等等。

〔註50〕楊晉龍：〈「四庫學」研究方法芻議〉，收入蔣秋華編：《乾嘉學者的治經方法》（臺北：中央研究院中國文哲研究所，2000年10月），頁18。

環境、知識和心情的變化而來的。所以，觀念史研究，需要研究的反而是觀念背後的歷史。」〔註51〕這是本研究首要探討與掌握之工作。另外，勞思光先生有所謂「基源問題研究法」，其云：「設準是對自我境界之劃分方法。一設準不表示某種特殊肯定，只表示一種整理問題的方法。凡論述前人思想時，固不可依特殊肯定而立說，但另一面又必須有某種設準，作爲整理陳述之原則。提出設準，並不表示贊成或反對。設準之意義只在於澄清問題，使陳述對象明晰顯出其特性。」〔註52〕依此線索，可以釐清其中問題之所在，所以本研究初步「設準」，以爲三家有著不同出發點：

朱子，借《易》學詮釋以建構「理學」，進而安排人倫秩序，提供天理價值根源，以資對抗佛、老異說，再創儒家生命。

王夫之，明亡清立，天崩地解之際，從《易》學探討中，就現象存在原因，探求箇中變動義涵，積極創建儒學未來希望。

李光地，漢人從政，面對日益鞏固之異族政權，借《易》學詮釋，積極輔佐以便造福庶民，並蘊含導引康熙帝施政，以便合乎儒學仁政要旨。

另外，「朱子學」風潮廣披，自元代以來，即被敕定爲科舉作答標準，衍繹之清代，影響未變，蓋無論「形而下」之人倫制度、「形而上」之價值挺現，在在均合乎朝政與庶民需要；是以學者治學，均從朱學入門，或說科舉制度之必然現象，但亦不得否認的是，朱子學的確有爲普世價值維繫之所在；誠所謂「此一述朱，彼一述朱」的積極風氣是也；因此，說者均謂王夫之、李光地者，爲「羽翼」、「守道」於「朱子學」之學者，此一見解大致不差。然而既有「基源問題」之不同，則三人亦各自有不同旨趣，導致治《易》意圖勢必不同，因此，就《易》學主題闡釋與應用，自然會有一致百慮的殊途，箇中不同層次的概念，此即爲「繼承、批判與發展」下的不同，實有詳細釐清之必要。

究竟朱子治《易》學的目的性與價值爲何？或許以現今的自由學術空間，允許吾人可以提出天馬行空的看法，並且也能尋找出「持之有故，言之成理」的觀點與結論；但是若有一時代背景作爲斷限，則焦點的掌握，就不容許任意而爲了。就明、清交替時代的思潮，研究「朱子學」，大都持正面肯定的看法，

---

〔註51〕葛兆光：《思想史研究課堂講錄——視野、角度與方法》第十一講〈觀念史的研究方法〉（北京：三聯書店，2005 年 4 月），頁 272。

〔註52〕勞思光：《新編中國哲學史（一）》（臺北：三民書局，1990 年 1 月增訂 5 版），頁 148。

那是普遍的現象，也因此都難免認為自己所述之「朱子學」，才是真「朱子學」。但是，無可否認的，如同上已所述的，王夫之、李光地等人之時代，與其個人的學術性格，不可能也不需要僅是「朱子學」的拓印者；況且，不能疏忽的是，其解讀是離不開其心中所建構的學術目的論，因此，在解讀朱子《易》學時，必然會有其不同面貌，甚至，會有善意的誤解，以完成其學術圖像；說其有心或是無意都可以，以現今的視野，是可以觀察差異處。因此，王夫之、李光地雖然都是「朱子學」的信仰闡翼者，但是其所理解的朱子「面貌」，必然不同。也就是，朱子的學術，對他們的影響程度是有著不同的質與量。誠如葛兆光所說：「這裏要說的是，『影響』是否能夠重新浮現在人們的注目處，成為新的思想資源，却與當下的處境有關。當下的處境好像是一種『觸媒』（accelerant），它會喚醒一部分歷史記憶，也一定會壓抑一部分歷史記憶，在喚醒與壓抑裏，古代知識、思想與信仰世界，就在選擇性的歷史回憶中，成為新知識和新思想的資源，而在重新發掘和詮釋中，知識、思想與信仰在傳續和變化。」〔註53〕善乎此言，可以令本研究堅信「論世知人」之時代性格之重要矣。

錢賓四先生嘗說，朱子之《易》學是「多創闢深通之見」，〔註54〕就此，不可輕易忽略的是《易》書一直是傳統的重要治學科目，在治《易》之學者已多有共識之專有名詞下，朱子於此，既要延續傳統，但又有其迥異於前賢之新見解，以呈顯「多創闢深通之見」，則就朱子來說，是使用舊名詞，而賦予新內容，此為「同名而異實」也，亦是傳統學者在注《經》理念下的集體共識，誠如王葆玹所說：「中國人的……思維方式，即不論思考何種問題，都要先想到經書怎麼說，接著想到傳、記、注、疏怎麼說，最後才考慮自己應當怎樣認識。」〔註55〕朱子此舉，是要延續文化長流，但是亦有積極義與消極義；就消極義來看，是要指出前賢之治《易》之誤，無法掌握此「名」之真實內容，就積極義來看，當然就是要重新詮釋，闡揚此「名」之真正蘊涵，以便指導接續者，必免再走歧路。此中之具體例證，就是「《易》本卜筮之書」、

〔註53〕 葛兆光：《中國思想史──導論──思想史的寫法》（上海：復旦大學出版社，2005年12月第1版第6次印刷）頁84～85。

〔註54〕 錢穆：《朱子新學案》第四冊〈朱子之易學〉（臺北：聯經出版公司，1998年），頁1。

〔註55〕 王葆玹：〈經學的形成與中國文化的問題──關於中國文化經學模式的研究〉收入沈清松編：《詮釋與創造──傳統中華文化及其未來發直展》（臺北：聯經出版公司，1985年元月），頁19。

「經傳分編」、「象數」、「卦變」、「序卦」等等根本核心觀點；而由此出發，則可衍生出其他主題，如：「解《易》方法」、「《易》學史觀」、「史事《易》學」等看法。假使借取程子「體用一源」的觀點來說明朱子《易》學旨趣，則「《易》本卜筮之書」是其「體」，其餘的觀點都是「用」了。因此，本研究首要之務，必先如實掌握朱子「《易》本卜筮之書」的觀點究竟是何種意義，假定朱子「《易》本卜筮之書」說，為其《易》學之「體」，則「體」明確之後，相信於「用」的相關探討過程與議題，也就豁然開朗了。

可是，礙於對名詞掌握的歧出、或是時代課題的不同、或是個人治學重點差異，對於朱子所提出的「多創闢深通之見」，並未受到後學者的真正理解，因而僅僅「顧名思義」而未能釐清「同名而異實」，導致一開始就誤解源頭，繼之引證錯誤，終於得出絲毫無涉的結論。王夫之是如此、李光地亦是如此，甚至時代來自當今，何嘗不是如此；歸納原因，就在於朱子《易》學源頭，也就是「《易》本卜筮之書」的論點，闡釋者一直沒有真正掌握；然而有錢賓四先生作《朱子新學案》，論及〈朱子之易學〉，開頭即由「《易》本卜筮之書」此主題述論，對筆者來說，啟發甚巨，誠所謂「振聾發聵」，打開了筆者研究途徑上之全新視野；繼之，再參考德國哲學家，從海德格（Martin Heidegger 1889～1976）到葛達瑪（Hans-Georg Gadamer 1900～2002）之有關經典「詮釋學」論點，在中西論點參照下，是知朱子的「《易》本卜筮之書」是具有下列蘊涵：第一點、「《易》本卜筮之書」是學理的還原工作，第二點、「《易》本卜筮之書」是破除權威的自由思維，第三點、「《易》本卜筮之書」是包容諸說、允許進步與開放的闡釋精神。傅偉勳先生（1933～1996）曾積極推行所謂：「創造的詮釋學」的治學方法，其中所言：「創造的詮釋學的一大特色是，應用『層面分析法』，分辨：實謂、意謂、蘊謂、當謂、創謂。」〔註56〕就此來看朱子「《易》本卜筮之書」理念，已可達到「創謂」階層，對中國《易》學文化，實有重大之功；可惜的是，朱子此三點蘊涵，未能被王夫之、李光地所理解，以至於不要說「接著講」，甚至連「照著講」都出了岔途，甚為可惜。

由此可知，文化解讀與傳承常有因「時代課題」與讀者學術意圖而有被解讀歧出之虞，因此亟需在一段時間後，有了更寬廣的「時間間距」，得以摒棄束縛，重新解讀，以求真的能如實「照著講」先聖前賢之說，如此一來，

---

〔註56〕傅偉勳：〈創造的詮釋學及其應用〉收入《從創造的詮釋學到大乘佛學——哲學與宗教（四集）》（臺北：東大圖書公司，1999年5月再版），頁10。

方能有「接著講」之可能。至於所謂的「時間間距」，亦是葛達瑪之重要概念，依據潘德榮的理解介紹，他說：

> 時間間距……是理解的一個積極的、生產性的可能性。……這一點可從兩個方面加以說明：首先，本文的意義必然超越於它的作者，……作者無需知道他所寫的東西的眞正意義，因此，解釋者便可以，且常常必須比作者理解更多的。這就說明了，爲何理解不是單純的『復制』，而始終是『生產性』，這種生產性歸功於時間間距而形成的新視界；第二點，唯有時間間距才使合理的理解成爲可能。……人們很難對自己的時代創作出的作品作出更有價值的判斷。……只有當它們與現時代的一切聯繫都消失後，它們眞正的本性才顯現出來，從而對它們中所言說的東西的理解才有權自稱是本眞的和普遍的。〔註57〕

因此，本研究深信，就目前的學術環境，的確是擁有著傳統學界所沒有的條件以及自由開放環境，是以在前賢研究成果基礎下，必能有著「接著講」之豐沛成果。就此意識的理解，有杜保瑞先生之說甚爲可取，其言：

> 當代儒學工作者必須要進入文本中的哲學家思路，剖析他的文字使用、及問題意識、以至思維脈絡，最後才落實到確定他的觀點主張的眞意，這樣才可以釐清異同。就其文字使用的語意脈絡作理解，就其觀點主張的問題意識作澄清，如此才可收準確理解、清楚詮釋之研究成效。〔註58〕

本研究之所以言朱子「《易》本卜筮之書」的內在涵義，即在此精神下進行，也期望眞能撥雲見日，如實掌握朱子之意。

　　至於，本研究何以言王夫之、李光地等人未能如實掌握朱子《易》學眞諦？此乃以「對比視野」之研究法，觀照而客觀得出的具體差異。說「對比視野」，是根據吳有能師的啓發，其著作：《對比的視野——當代港臺哲學論衡》第一章〈對比研究的方法論反省〉論述「對比」之方法，其運用功能，除了上節所引用，可作爲外在理由，另外尚有內在動力，即是「理性對普遍性的追求。」因而得出：「對比是人類認知的深層基礎，或者說是認知的基礎

---

〔註57〕潘德榮：《詮釋學導論》（臺北：五南圖書公司，2002年初版2刷），頁140～141。
〔註58〕杜保瑞：《北宋儒學》〈緒論〉（臺北：臺灣商務印書館，2005年4月），頁3。

性模態。同時，在組對、並現與移情的三步中，對比運作跳脫獨我論的危機，而呈現互爲主體的生活世界。」〔註59〕另外，沈清松教授之「對比的哲學」一文，也談到三點，於本研究有莫大影響，他認爲：「對比」是同與異、配合與分歧、採取距離與共同隸屬之間的交互運作，使得處在這種關係的種種因素，呈現於同一個現象之場，並隸屬於同一個演進的韻律。再者有所謂「結構性的對比」，是所謂表現在同一個現象之場，各種組成因素彼此相互差異以及共同隸屬的情境。最後爲「動態的對比」，可以延續與斷裂、傳承與創新中的歷史演進的過程。〔註60〕運用此「對比」方法，可以來考察王夫之、李光地二人之「朱子《易》學」立場，雖都自詡爲「朱子學」闡翼者，然而，在同樣主題一經「對比」後，立即有「文化的異同得以彰顯」的效果，再依「擴充視域，增加觀點」，以同情的瞭解三人彼此不同的時代背景、治學意圖，是以有了「在組對、並現與移情的三步中，對比運作跳脫獨我論的危機，而呈現互爲主體的生活世界。」因此，彼此之間的特殊性，自必瞭然可現矣。

　　至於說「同名而異實」此觀點之討論，並非僅是文字訓詁正名而已，而是要以「語意學」（semantics）的文字「界定」，指出使用者的不同「指謂」、以及賦予之「意含」，〔註61〕也就是說是要釐清各學者在治《易》學之中，對某些「名詞」所採用的內容，以及其採用內容的目的，因此，釐清「同名而異實」之別後，則各人之不同學術用心，也就昭然若揭。以「象數」此一名稱來作爲討論之例，不僅漢、魏學者有說，兩宋學者有說，直至明清學者亦有說，此一述「象數」，彼一述「象數」，人人自稱真掌握「象數」，而彼此「象數」內容又截然不同，則誰又能公斷之？朱子說漢、魏「象數」是「穿鑿附會」，是以另取邵雍觀點以論「象數」觀；然而，王夫之鄙視邵雍「象數」，進而否定朱子《易》學；李光地看似以朱子學爲宗，而其「象數」觀又與朱子迥然不同；眾聲喧嘩，均言之有理，且持之有故，誰斷定之！須知，學術之討論，最忌一概而論、等同視之的含混籠統，說「象數」之學是穿鑿附會，於是漢、魏《易》學家所作條例，都可如斯包裹式的屏棄，則漢、魏學人都在自欺欺人乎？昔《四庫提要》已云：「今參校諸家，以因象立教者爲宗，而其他易外別傳者，亦兼收以盡其變。」

---

〔註59〕吳有能師：《對比的視野—當代港臺哲學論衡》（臺北：駱駝出版社，2001年），頁6～14。

〔註60〕沈清松：〈創造性的對比與中國文化的前景〉收入沈清松編：《詮釋與創造——傳統中華文化及其未來發展》（臺北：聯經出版公司，1995年元月），頁330。

〔註61〕何秀煌：《記號學導論》（臺北：水牛出版社，1995年2月），頁103～194。

〔註62〕又云:「今所編錄,於推演數學者,略存梗概,以備一家;其支離曼衍,不附經文,於《易》杳不相關者,則竟退置於術數家,明不以魏伯陽、陳摶等方外之學,溷六經之正義也。」〔註63〕區分「因象立教」與「易外別傳」,再別「數學」與「術數」者,不得以其有言《易》者,即謬稱其爲「《易》學」研究者,否則如此一來,《易》學研究真的是無所不包,果真是中國傳統學術的「百科全書」了!就學術專業分工來論,果真可能嗎?由此看來,《四庫提要》的區分,是有必要的。至於簡博賢師對此現象,有深刻之看法,其說:

> 夫象數易學,旨在推象通辭,而論者病之,是未究其說也。蓋推象通辭者,所以驗易辭之義,實卦所本有;以明此卦之必有此辭,而辭之義必蘊於此卦;因以證成卦與卦辭之必然綰合,而卦辭之所陳,遂爲一理義自明而無須經驗證明者。其說立而易道定,蓋實研易之本也。故凡自六畫變易之際,以探象求辭於卦爻之中,而證易辭實卦所蘊有者;是皆象數本宗,推易之正法也。……若夫推本卦爻而雜配外物,以比附取義者;則皆象數旁支,無當易旨也。〔註64〕

是知,象數之學,有「推象通辭」、「附易立說」二類,因此有必要辨其源流與其中差異,不可一例而等同視之也。簡博賢師此論,提供治《易》途徑一明確概念,本研究堅信其說,是以此來看朱子、王夫之、李光地所謂之「象數」者,掌握是爲「同名異實」,進而以「對比視野」,則彼此差異,立即觀照下呈現,也能瞭解彼此之時代用心之差異性,雖不能論斷誰是真「象數」,至少可知,三人其實是賦予不同定義,因此,也就沒有孰爲優劣的價值高低問題了。

　　總而言之,本研究之「研究方法」,採用「論世知人」、「觀念史的研究方法」、「基源問題研究法」、「對比視野」、「哲學詮釋學」、「語意學」等方法,期使對研究主題能有一明確論點。

# 第三節　研究範圍與論述步驟

　　以「對比視野」來看朱子、王夫之、李光地就於《易》學的討論,可以

---

〔註62〕紀昀:《四庫提要》〈易類一〉前總語,(臺北:臺灣商務印書館,1985 年 5 月增訂 3 版)頁 2。

〔註63〕紀昀:《四庫提要》〈易類六〉後案語,頁 115。

〔註64〕簡博賢師:《魏晉四家易研究》〈自序〉(臺北:文史哲出版社,1986 年元月),頁 1。

觀察到彼此不同之處，的確是有著眾多議題可以討論；大主題可以有：《易》、《易學》、《易學史》等等；若再細分下，各有子題：《周易》、《連山》、《歸藏》、「人更三聖，世歷三古」、「《經》、《傳》分合」、「〈十翼〉成書時代」、「〈易傳〉與孔子」「《易》內容解說」、「解《易》方法」……等等。但是，若加入「時代課題」議題為範疇時，則三人對於《易》學主題的討論，其實與「時代性」是息息相關，此時再來考察各別《易》學主題時，就有著輕重之別，因此根本不用「對比」平臺，就能呈顯彼此差異。是以，本研究之研究範圍，是先行「設準」於「目的性」，換句話說，三人之《易》學討論，若與其「時代」之「目的性」均有共同交集時，方才列入討論；因此，本研究論文題旨說：「《王夫之、李光地對朱子《易》學的繼承、批判與發展》」時，應先以王夫之、李光地為主的共同議題，再來回溯朱子之說；但是，在討論過程，仍必須以朱子觀點先行釐清，方能看出究竟王夫之、李光地對朱子之解讀，是否如實掌握、體會，若未能如實時，則以「對比視野」之研究方法觀照點下予以指出，並進而以「時代目的性」的意圖，說明其何以有異於朱子之處，探討其原因。此為本研究在《易》學討論範圍的設限，因此，有些大議題並未列入，諸如〈象傳〉、〈繫辭傳〉、〈雜卦傳〉……等等，蓋因筆者目前尚無察覺彼此之間有不同強烈觀點，是以先行擱置。

　　本論文研究大綱，計分十章。第一章：〈緒論〉。即此時所討論之部份，包括「研究動機與目的」、「研究方法」「研究範圍與論述步驟」等等。

　　第二章：〈政治環境與學術思潮及其對解《易》的具體影響〉。是為論世以知人也。蓋論時代與學術彼此之間的背景，並探討出其相互影響之處，以進而觀察三人之學術進路；又此問題，學者研究甚多，大旨上已能勾勒出特質，若要詳加參引，或許僅能傳鈔而已，因此，本研究縮小觀察範圍，以學者由「焦慮」至「憂患意識」的思維做為線索，從中觀察就當下之「政治環境」與「學術思潮」所給予當事者之「焦慮」與反應於「憂患意識」是如何進行，而當事者又提出那些策略，以解除其「焦慮」感；至於因「焦慮」而反應於《易》學注解，亦有所不同，本研究也略舉一二例以說明之。

　　第三章：〈《易》本卜筮之書〉。先釐清朱子「《易》本卜筮之書」之涵義，接著依序闡述王夫之與李光就朱子此一議題所理解的概念又如何。蓋說《易》本「卜筮」者，人人會說，然而朱子之說，究竟真實蘊涵為何，卻又是語焉不詳。本研究認為要釐清《易》與卜筮之關係，仍得溯源至上古之時，及至

秦火燔書之細節以斷定箇中細節，並釐清以說明因《易》為「卜筮」的形式，而遭受秦、漢兩代的政治利用，以至於其「本義」不存，朱子於千年後，之所以要「復古」者，即是要洗滌汙垢，以還《周易》本義原貌。至於朱子之「復古」，實乃僅是手段，其目的是要闡揚「《易》本卜筮之書」者，是具有下列蘊涵：第一點、「《易》本卜筮之書」是學理的還原工作，第二點、「《易》本卜筮之書」是破除權威的自由思維，第三點、「《易》本卜筮之書」是包容諸說、允許進步與開放的闡釋精神。可惜王夫之、李光地等人，均僅知朱子「手段」，而不識朱子「目的」，致使無論是王夫之的「四聖一揆、占學一理」理論作為批判依據、或李光地的「神道設教」的翼護與闡揚，都無法觸及朱子此說之核心。至於，朱子因說「《易》本卜筮之書」，是以採用「經傳分編」之古版本，然而，王夫之、李光地亦無能體會，而仍堅持「以傳解經」，則彼此差異更是明顯。以上種種，為本章所要探討重點。本研究認為，朱子《易》學核心即由「《易》本卜筮之書」為「體」，其他論點都由此「體」顯現而得應「用」；當對「體」之識不同，則對「用」之推衍勢必不同，因此對下列主題之論述也隨之迥異。

第四章：〈卦變說〉。朱子「卦變」說乍看之下，既不合其《本義》前「九圖」之〈卦變圖〉，亦不合漢、魏以來所說之「卦變」條例，致使遭受批判不斷。然而，本研究經由朱子「《易》本卜筮之書」的體會後，是知朱子「卦變」說，是要說明在還沒有文字前的無限開放精神的伏羲《易》學，所以不僅迥異於漢、魏學人之說，也與其《本義》前「九圖」之〈卦變圖〉之說不同。至於，王夫之論「卦變」，其體例不同於朱子，也不同於漢、魏學人，當然必有其學術架構之建立有關，這與王夫之「象爻一致」、「占學一理」等論點，亦有相關搭配。李光地就翼護朱子《易》學來說，可以是不餘遺力，然而於「卦變」說，卻強烈的不認同，甚至認為《易》學條例，根本沒有「卦變」說，這代表著李光地並非全在傳述朱學而已，實有其個人之學術立場。

第五章：從「太極」到〈序卦〉。說「理學《易》」，是宋明儒者在時代課題上，以「理學」架構重新詮釋《易》學，並賦予新價值，以建立文化體系。在立的方面，標榜儒門人事義理，是其積極性任務；在破的方面，對抗佛老虛無世界，是其消極性工作。蓋因〈繫辭傳〉有言：「《易》有太極，是生兩儀，兩儀生四象，四象生八卦。」不僅提供萬事萬物之根源——「太極」以作為本體，並說明從中的衍化過程，具備了道德實踐所以可能的「主觀、客

觀」的雙重根據，是以深受宋明儒者的重視，特別是朱子理學建構，更是從中取材甚多，因而將《易》之原理高度哲理化；此舉亦受王夫之與李光地肯定，而多加闡揚。然而根據「理一分殊」原理，則「太極」從一完整概念必要有所分化表現，此一分化，可以從「卦序」去體驗。朱子採用邵雍「加一倍法」以及接受今本〈序卦傳〉的排序法，王夫之則採用「同時共生法」，並且堅決認爲今本〈序卦〉是不合聖學，因此主張將〈序卦〉從〈十翼〉此一群組中除名；此論點可說是「空前絕後」。本研究以爲朱、王二人所採用的基本概念，與他們的時代課題是有關係的，因此以客觀立場來衡量，不在論斷孰優孰劣，僅是對照出朱子、王夫之不同處理之觀點而已；至於就李光地闡述朱子觀點來看，中間雖然也有強調作者爲孔子，以及加入「西學」概念來詮釋，然而，其目的有強烈要證明中國文化之權威性，如此一來，並沒有真正虛心去瞭解文化與認識西學，而且也僅在比附《易》學，更不是在發揚聖學，於目前的學術立場來看，當是要被批判的。

　　第六章：〈大象傳〉。〈大象傳〉本身就充滿了人事義理正面肯定的敘述內容，因此，在歷代學者的闡釋中，對〈大象傳〉的熱忱，一直都是給予很高的價值肯定；其中包括朱子、王夫之、李光地等人亦無異辭。然而，王夫之直接道出：「〈大象〉之與〈彖〉，〈爻〉自別爲一義，舉〈大象〉以釋〈彖〉〈爻〉必齟齬不合，而強欲合之，此《易》學之所由晦也」的命題，而一反傳統觀點，其中包括與朱子的看法明顯不同，蓋朱子也堅持〈十翼〉是與《易經》有著穩固的解釋原則的；是以本研究亦將此主題列入討論章節，並進而探討三家對〈大象傳〉作者的概念以及義理解釋上等問題。值得注意的是，對「情、欲」的看法中，王夫之是比起朱子來說，有著更寬廣的包容性，此爲因時代風潮所表現的學者具體證明。至於李光地，取「象」論「義」則明顯有與朱子不同處，甚至也引「西學」解〈大象傳〉，其目的當然是其解與〈序卦傳〉用意相同，而且，此舉更是超出朱子思維範疇之外，可視爲《易學》「發展」的另一方面進路。

　　第七章：《易》學史觀。在《易》學詮釋中，這種創造綜合表現在《易》學解釋者把前人的成果納入自己的視野下進行檢討，分析其詮釋思路方法，批判其詮釋過程中的「過失」，尋找合乎或貼近自己詮釋的觀點和成果，爲我所用，建立既不同於前人又與前人有著千絲萬縷聯繫的易學系統，即爲學者其《易》學史觀之建立依據。就三家論《易》學源頭與發展，有著共同的起

點，即都存有著「人更三聖，世歷三古」的信仰；然而，又因其時代課題不一，所以就兩漢以後之演進過程的判定，自有不同觀點，以便形成其學術體系及其建構之目的。另外，王夫之、李光地身處清代初年，必會討論自朱子以降之元、明兩代之《易》學史觀，然而其政治身份不同，自有不同的學術觀察點。

第八章：〈解《易》方法〉。蓋《易》道廣大悉備，含藏萬理；又《易》道無方，而理潛無形，是以有貴於「方法」之善用，以求《易》所蘊涵無窮之理也。至於方法雖具有某種程度的穩定性，但它們卻是有演化的，有進步可言的。因此，朱子雖有其「解《易》方法」在前，然而後學者王夫之、李光地等人，必然有其修正，而提出新「方法」。蓋《易》學之多元面貌，包括象、數、理等等，其間如何得一善解，三家觀點之闡述與比較，是爲本章處理要項。

第九章：〈史事《易》學〉。就《易》學與《史》學的關係，學者們有一堅定信念，即面對複雜的政治世界，中國經典的解釋者常常不質直言之，而或比興以言之，或借古以諷今，經典的再詮釋乃成爲解釋者提出政論之重要途徑。他們面對萬壑爭流的思想世界，也常常返本以開新，藉解經而曲折言之，婉轉批駁異端，證立己說。因此，三家均有所論述，其中以王夫之時代政治性，對於借「史事《易》學」，以嘲諷滿清政權，及規劃日後理想的感受就特別深刻；至於李光地同樣談「史事《易》學」，但是以安定政局、穩固民心的傾向，則最爲明顯；而朱子或許是因歷史解讀容易被「斷章取義」，是以此方面著墨不多。

第十章：〈結論〉。以上篇章設計，大抵採用，由外而內、由大而細、由體至用、由源至流等步驟來敘述，其間扣緊「時代課題」與「對比視野」二項主題，以期能夠呈顯鮮明線索，掌握學者借《易》論學，均爲建構其學術世界圖像，以解釋當下與指導未來。總之，透過「時代課題」與「對比視野」，可以得知王夫之、李光地所闡釋的「朱子《易》學」之所以有著不同「繼承、批判與發展」，實有其治學的積極用心。

# 第二章　政治環境與學術思潮及其對學者解《易》的具體影響

　　精神文化的發展有其內在邏輯與課題，而要建立一種什麼形態和特質的知識體系，則不能離開外部挑戰；外部挑戰可以區分政治環境與學術思潮，兩者之間可以是互相影響與糾葛。只是，討論學術思潮前，必先討論政治環境，以便掌握其不同時代政治的差異性，以及所衍生的相關議題的急迫程度；當然，必先指出的是，政治環境雖不一定是具有關鍵影響力，〔註1〕有時學者個人的特殊自覺心，反而是重要因素，〔註2〕但是，政治的普遍性，沒有人能真正置身事外，是以或多或少，仍然是有著程度上的條件影響力。〔註3〕總之，

---

〔註1〕　勞思光先生說：「歷史事件中，每一情況皆有特殊條件；故論析某一次思想衰落時，從哲學史立場看，即應先觀察內部因素是否已決定此衰落，倘不足決定，則應說此一衰落乃受外在因素決定者。……若內在因素已足夠決定思想衰落，則即不能繞向外緣：只應就思想本身作一說明。」見《新編中國哲學史（三上）》（臺北：三民書局，1989 年 10 月 5 版），頁9。

〔註2〕　牟宗三先生說：「同樣的時代，同樣的問題在這裏，爲什麼有人有反應，有人沒有反應？就是反應爲什麼又不一樣？……可見環境並不能直接決定。」見《中國哲學十九講》第三講〈中國哲學之重點以及先秦諸子之起源問題〉（臺北：臺灣學生書局，1989 年 2 月第 3 次印刷），頁55。孟子曰：「蓋上世嘗有不葬其親者，其親死，則舉而委之於壑。他日過之，狐狸食之，蠅蚋姑嘬之，其顙有泚，睨而不視。夫泚也，非爲人泚，中心達於面目，蓋歸反虆裡而掩之。掩之誠是也，則孝子仁人之掩其親，亦必有道矣。」朱子編：《四書章句集注·孟子集注》〈滕文公上〉（臺北：大安出版社，1987 年 10 月再版），頁263。孟子以此說「性善」人所本具，但是亦可知個人之「自覺心」，方是其異於他人、時代的重要依據。

〔註3〕　梁啓超說：「中國學者，向來什九都和政治有關，這種關係每每防礙思想之獨立，最少也分減了研究的歲月和精神。」見《中國近三百年學術史》（臺北：中華書局，1987 年 2 月臺 11 版），頁 368

我們研究過往人事之學術主題時，有此三大區塊，且其中相互糾結後，勢必影響學者論事斷理的過程，則是吾人研究不得忽略的重要線索，此爲「論世知人」之方法也。〔註4〕

## 第一節　政治環境——從時代壓力到個人的憂患意識

　　中國傳統知識份子的典型，是以內聖之學爲本，但卻有強烈的政治意識，隨時準備投入，爲國家、爲百姓服務；〔註5〕畢竟，有了在政治上的身份，才能掌握龐大資源，做出有效率、立即性的成果，誠如錢穆先生所言：「政治問題可稱是人類文化中很重要的一部門，如果政治有辦法，此外許多問題也較有辦法，政治問題不能有好解決，社會就不可能存在。」〔註6〕因此，積極尋求從政機會，一直是知識份子的首要之選，《論語》〈子罕〉：「子貢曰：『有美玉於斯，韞櫝而藏諸，求善賈而沽諸？』子曰：『沽之哉！沽之哉！我待賈者也。』」至於著書立言，是行有餘力或退而求其次者。〔註7〕

　　只是首要面對的政治環境，所要進行的項目，畢竟是千頭萬緒，而且人人各有其自私利益不同的衝突必然性，再加上物質資源提供的有限性，導致知識份子從政前後的過程，都是要面對此一艱困之窘局，必然有其揮之不去的「理份現實之衝突」，此意即是勞思光先生所說的：「一人之生命乃『有限』

〔註4〕　孟子曰：「頌其詩，讀其書，不知其人可乎？是以論其世也。」朱子編：《四書章句集注・孟子集注》〈萬章下〉，頁324。此爲「論世知人」依據。

〔註5〕　雖說此明確之語出自子夏之言，據《論語・子張》子夏曰：「仕而優則學，學而優則仕。」但是，〈子罕〉記載，孔子亦言：「沽之哉！沽之哉！我待賈者也。」則知學者入仕乃是優秀傳統，爲學者必然之思維。

〔註6〕　錢穆：《中國歷史精神》（臺北：東大圖書公司，1987年修訂5版），頁19。

〔註7〕　據全祖望《宋元學案・安定學案》序錄有引劉彝之言曰：「聖人之道，有體、有用、有文。君臣父子，仁義禮樂，歷世不可變者，其體也；詩書史傳子集，垂法後世者，其文也；舉而措之天下，能潤澤斯民，歸於皇極者，其用也。」（臺北：世界書局，1991年9月5版）可見儒學規模十分廣闊，是體、用、文都要兼具；但是，無可否認的，要執行此三者，其效果最有效率者仍是從政治著手。林啓屏也認爲：「先秦儒學相當強調『實踐』的重要性，不管是在道德修身的層次，或是社會實踐，乃至到政治制度的主張層面上，孔孟並不想真正缺席，此所以孔孟要奔走各國，推行『仁政』、『王道』之說的緣故。至於在『理論拓深』的『立言』工作上，也都是在客觀局勢無法配合，理想無法實踐於世的情形下，才退而與弟子講學論道。」見《儒家思想中的具體性思維》〈序論〉（臺北：學生書局，2004年2月初版），頁3。由此可知，學者從政之實質意，其價值實屬宏大矣。

者，此『有限性』即使人無法同時完成各種『理分』。」〔註8〕簡單的講，就是無法面面俱到的照顧不同階層，使之得以可各得所需，致使務求完整性的涵蓋企圖，必然是永遠有欠缺而產生無限「罪疚感」！況且，《易》本憂患之書，而中國地理環境、〔註9〕君王體系，〔註10〕本就充滿著揮之不去的憂患結構性條件，致使學者投身於政事，其前提限制下的束縛，充滿著坎坷與荊棘，是以無論是學者或仕者，其讀《易》之感受，也就體會特別深刻，因此其借《易》言事之智慧，就格外顯得有其洞見與悲壯。況且，自宋代以降，由於邊疆異族的壯大，加上紛紜多端的國際情勢與交流，也迥異於唐代以前，相較之下，已明顯不再有高昂的優勢感，致使學者從國際情勢到內部朝政的觀察，其潛在壓力均比起唐代前來得強烈；由此立場下，其投射於治《易》，更能用生命體會「憂患意識」的蘊涵。

　　針對時代課題與壓力，特別是無所不在的政治籠罩壓力，幾乎是沒有人可以逃離的，又因學者之感受也深，其自我期許下的從政心情，本就比一般庶民來的強烈，若是在特殊的時代裏，更是會全力投入，至死不悔，說是信仰可、說是殉道亦可，其學以致用的企圖、通經致用的理念，是深植其心。況且學者從政之企圖與君主執政之立場，是有著「無可調和對立」的立場，而形成了「雙重主體性」的必然矛盾，進而有著強烈「焦慮」感。徐復觀先生（1903～1982）曾經深刻的指出，說：

> 中國的政治思想，除法家外，都可說是民本主義；即認定民是政治的主體。但中國幾千年來實際政治，卻是專制政治。……政府的理念，民才是主體；而政治的現實，則君又是主體。這種二重的主體性，便是無可調和對立。對立程度表現的大小，即形成歷史上的治亂興衰。〔註11〕

問題就在於，君主何有可能完全受學者主導？學者又將如何改變君主心態？

---

〔註8〕　詳勞思光：《新編中國哲學史（二）》，頁96～100。
〔註9〕　中國大陸雖說地大物博，然而緯度懸殊，天氣變化極大，再加上河川遍佈，致使乾旱、水患是揮之不去的夢魘；導致執政者，常焦頭爛額於民生。而國政問題又不僅於此，西北邊防，每到秋冬之繼，常有異族亟欲侵入以奪取糧食。
〔註10〕　自《詩經》〈小雅・北山〉言：「普天之下，莫非王土」以來，至漢高祖劉邦云：「始大人常以臣無賴，不能治產業，不如仲力。今某之業所就孰與仲多。」《史記》〈高祖本紀〉，頁386。帝王習慣將天下人、物，均視為其家產矣。
〔註11〕　徐復觀：《中國的治道》，收入徐復觀《儒家政治思想與民主自由人權》（臺北：八十年代出版社，1979年），頁215～242。

蓋其彼此之間的交集點,其實已是甚少,而隨著理念的不同所衍生的衝突點,却是逐步增多,這種「雙重主體性」的對立與矛盾,促使著各人有著不同的應對方式。是以,就朱子、王夫之、李光地等人的從政立場來看,都有著其不同的政治焦慮感,面對此焦慮,他們有著相似的特質,那就是從不逃避而能勇於面對的積極性;所以,從中得以觀察出,三人的方式或許不同,但是面對著焦慮,意圖以學術方式,即借注解《易》學過程當中,去尋求解決之道的積極性,其立場是鮮明、是可體會的。

以下分述朱子、王夫之、李光地因政治環境的不同,所衍生的時代普遍性到其個人之感受;由於學者對此問題之討論成果甚為豐碩,本研究除了參考引用之外,並提出以「憂患意識」來作為觀察進路,〔註 12〕且參考西方理論「焦慮」說,作為輔助線索,〔註 13〕以期得出三人更細膩的心境描繪,及其對治《易》、解《易》的正反面意義的如實呈現。

## 一、朱子的焦慮與憂患來自兩宋的積弱不振

朱子雖是南宋時代人,然其壓力來源以進而所思考之內容重點,仍不離自北宋建國以來(960~1127),所產生諸多負面問題之累積,是以對北宋時局

---

〔註 12〕徐復觀先生說:「憂患心理的形成,乃是從當事者對吉凶成敗的深思熟考而來的遠見;在這種遠見中,主要發現了吉凶成敗與當事者行為的密切關係,及當事者在行為上所應負的責任。憂患正是由這種責任感來的要以己力突破困難而尚未突破的心理狀態。」《中國人性論史》(臺北:臺灣商務印書館,1990年 12 月 10 版),頁 20~21。

〔註 13〕說「焦慮」是採用德哲海德格(Martin Heidegger 1889~1976)的觀點。依李天命的說法:「人是一種時間性的存有,同時人的時間又是有限的。人有一種基本的情懷,那就是焦慮。焦慮將人無可消去的有限性展露出來。……焦慮的對象卻是不卻定的,沒有任何特殊的存有物能成為焦慮的來源。海德格認為焦慮的來源乃是虛無。通過焦慮的情懷,人體驗到虛無,而虛無即所以構成人的有限性。」《存在主義概論》(臺北:學生書局,1992 年初版 5 刷),頁86~87。因人的有限性下的焦慮,而進有「罪疚感」的產生,李天命又說:「人可以自由選擇其中某些可能性而實現之,……而在選擇的過程中,無可避免地,他總得捨棄他所不選擇的可能性。……我們永遠都只能選擇某種可能性而排斥其它可能性的情況之中,只能實現一個而犧牲其他的情況之中,海德格稱此為人的無可避免的『罪咎』。」頁 90。由海德格的觀點來考察有自覺心的學者與一般人的比較下,就會明顯發現,朱子等人的「焦慮」感,是比起一般人來的強烈,所以才有像杜牧〈泊秦淮〉:「商女不知亡國恨,隔江猶唱後庭花」對一般人的無奈的感嘆。因此,由「焦慮」主題,來探討學者的衍生下的選擇,是一種可參考的進路。

的探討，必爲朱子所討論的範圍。〔註14〕《朱子語類》記載云：

> 問：「本朝大勢是如何？」（朱子）曰：「本朝鑒五代藩鎮，兵也收了，
> 賞罰刑政一切都收了，然州郡一齊困弱。『靖、康之禍』，寇盜所過，
> 莫不潰散，亦是失斟酌所致。又如『熙寧變法』，亦是當苟且惰弛之
> 餘，勢有不容已者，但變之自不中道。」〔註15〕

此說大抵可反應出朱子對時代現象的焦慮而產生的憂患感，並且深刻的指出
重點，即在「軍事」部份的處理失當；依朱子看來，北宋政治是一開始就不
合乎中道，以至於接續的任何措施，都僅能在錯中改錯，畢竟時代壓力之下
不改是不行了，但是令人錯愕的是，改了又錯的惡性循環，卻是如影隨形而
有著揮之不去的窘局；是以朱子又云：

> 今世有二弊：法弊，時弊。法弊但一切更改之却甚易，時弊則皆在
> 人人皆以私心爲之，如何變得！嘉祐間，法可謂弊矣，王荊公未幾
> 盡變之，又別起得許多弊，以人難變故也。〔註16〕

從「法弊」到「時弊」的察覺過程中，雖說問題的癥結點，好像是已掌握到，
但從中又漸漸掌握出，原來「人弊」才是問題所在，由於人人各有私心考量，
導致形成了最難化解的結構性盲點；朱子於此敏銳的眼光裏，自信中透露出
些許的無奈感。

　　從史實來看，朱子的觀察的確是中肯的。北宋雖稱建國，卻從未開創穩
定的國際地位，北方的遼國、西北的夏國，一直虎視眈眈的窺伺著，導因來
自燕雲十六州的淪陷，遲遲無法收復，致使開放的國防陣線，根本難以有效
的防患敵人侵略；〔註17〕從「澶淵之盟」起，每下愈況的外交失利及連帶著
經濟損失，以至於到欽、徽二帝王的被俘的「靖康之變」，達到最悲痛的結局；
這一切現象，在在都標識著，北宋是從上到下、從裏到外、從君臣到庶民，

---

〔註14〕 余英時說：「朱子的歷史世界，……不是從他出生那一天才開始，它的起源與
　　　　形成必須上溯至北宋。」《朱熹的歷史世界——宋代士大夫政治文化的研究（上
　　　　篇）》〈緒說〉（臺北：允晨文化公司，2003 年 6 月 10 日），頁 28。
〔註15〕 黎靖德編：《朱子語類》卷二十四〈論語六‧爲政下〉（臺北：文津出版社，
　　　　1986 年 12 月），頁 599。
〔註16〕 黎靖德編：《朱子語類》卷一百零八〈論治道〉，頁 2688。
〔註17〕 錢穆：《國史大綱》下冊（臺北：臺灣商務印書館，1988 年 12 月修訂 15 版），
　　　　頁 396～397。錢先生說：「大河北岸的敵騎，長驅南下，更沒有天然的屏障，
　　　　三四天即到黃河邊上，而開封則是豁露在黃河南岸的一個平坦而低窪的所
　　　　在。所以一到眞宗時，邊事偶一緊張，便發生根本動搖。」

無一倖免，普遍存在著外患的強大下的焦慮壓力。

當外在焦慮無法解除，則返回內在心理調適，以作自我抒懷，是普遍的方法之一。〔註18〕其方式之一是，「面對異邦的存在，趙王朝就得想方設法凸顯自身國家的合法性輪廓，張揚自身文化的合理性意義。」〔註19〕就君王本身方面來觀察其應變之計，是「自是而後政府遂想安邊息民，而宋又懲唐末五代方鎮之禍，所以任何制度均不是用之以強國，而只是用之以矯正前代之弊。」可惜的是其負面結果，竟然導致成「一切權力集中於中央，集權太甚，造成地方的衰落。」〔註20〕就大臣方面從政意念來講，誠如趙普於雍熙三年（986）的建議說法：「伏望皇帝陛下，安和寢膳，惠養疲羸，長令外戶不扃，永使邊烽罷警，自然殊方慕化，率土歸仁。既四夷以來王，料契丹而焉往？又何必勞民動眾，賣犢買刀。」〔註21〕可以說是代表最具體的自我囈語，總是認為，內政優秀則外患不來，甚至會引《論語》之說「遠人不服，則脩文德以來之」，即「以德服人」的信念，以支撐價值的肯定，堅信如此一來，則敵人在感化之下，自然退避三舍、永不來犯。然而，國際局勢那有如此簡單，其中一項是為北方民族經濟嚴重欠缺下的必然侵犯南方之思維，蓋經濟不解決，戰亂自是難免，發生僅是時間遲早問題；〔註22〕因此，趙普的「道德退敵論」之囈語，也永遠只是囈

〔註18〕人們面對問題的處理方式，若依李德高：《心理學》所說，都是意圖將之解決，因此，他建議了兩種方法，其一、「算術思考法」，即：「人們在解決問題時，多是先了解環境與問題之關係，對關係理解了，再利用關係去解決問題。」其二、「組合功能的思考」，即：「利用特定的方法，將某一物件組合起來，在組合的過程中，因受到條件的限制，所以只能選一方法進行，忽略其他的方法。」（臺北：五南圖書公司，1992年），頁159～162。李先生所說都是屬於「積極的解決」，事實上依個人觀察，很多人採取「消極的取消」，就是將問題埋藏，不予處理，以為時間的過去或是記憶的淡忘來面對不如意以心理學大師佛洛伊德：《夢的解析》就認為如何讓痛苦恐懼的知覺消失，即是所謂的「駝鳥政策」，這是人們處理的模式，（臺北：志文出版社，1992年9月再版），頁501～502。

〔註19〕葛兆光：《中國思想史》第二卷（上海：復旦大學出版社，2005年12月），頁169。

〔註20〕薩孟武：《中國政治思想史》第五篇〈宋元的政治思想〉（臺北：三民書局，1989年10月增補6版），頁381～382。

〔註21〕明・楊士奇編：《歷代名臣奏議》卷二百三十《文淵閣四庫全書本》（臺北：臺灣商務印書館）冊439，頁550。

〔註22〕錢穆先生說：「中國史上的外患，因地勢及氣候關係，其主要者常在北方。北方乃一大草原，其居民游牧為生，易於團結。又其地高寒苦瘠，居民強悍，常思南侵。」見《國史大綱》上冊，頁151。

語，徒留無奈之笑柄。是以就北宋初年，無論就君王、大臣等人思維，以及所提出的因應之道，根本無法有效解決當時的政治難題。

　　凡是有時代性、自覺者的學人，以旁觀者清之洞見立場，面對當朝君王、大臣所進行之方案，自無法認同，又不甘於局勢的糜爛，而必然尋求積極變法圖強，以解決窘局；況且，宋皇室對知識份子的包容，及社會上也普遍對知識份子的期許，因此，「宋代知識份子則以具責任感之故，未登仕籍，已憂天下，既入政府，則有所主張。」〔註23〕諸如范仲淹「慶曆變法」、王安石「熙寧變法」等等，就是在時代的「焦慮」進而激發其「憂患意識」，在自我期許中，所呈現的積極行為。

　　然而，兩次變法的失敗，更提供一個重要訊息，那就是焦慮的來源，不僅是外患所致，更是內憂的衍生；誠如錢穆先生所言，認為范仲淹提出十項政見，為變法張本，是為有名〈十事疏〉，其具體主張為：「一、明黜陟。二、抑僥倖。三、精貢舉。四、擇官長。五、均公田。六、厚農業。七、修戎備。八、減徭役。九、覃恩信。十、重命令。」〔註24〕既是為當務之急政見，則可知都是當時所欠缺的、或是習以為常而積弊甚深的盲點。范仲淹若要積極改變，可想而知，則勢必影響所謂既得利益者；果不其然，「不到一年，仲淹只得倉皇乞身而去。仁宗雖心理明白，也挽不過舉國洶湧的聲勢。」〔註25〕至於，三十年後之王安石變法時，相信當時國勢必然比起「慶曆」年代更加危及，然而王安石其所實施內容與手段，則是「一面既忽略了基本的人的問題，一面又抱有急功速效的心理」，〔註26〕導致實施過程中的爭議性更大，最後也就不了了之的結束！憂心忡忡的自覺學人，面對著「無論是外虜的威脅，還是內部的分裂，都是國家與秩序的合法性危機」，〔註27〕面對這種危機，縱使有著強烈的憂患意識，也僅能眼睜睜看著時局惡劣，終於至「靖康之變」，嘎然而止，畫下一個就於宋代民族的立場，不想認同的悲慘結局。

　　政權的延續，是史稱的偏安之南宋政權（1127～1279），然而，接續的領導者，是私心自用的宋高宗與幫其執行意志力的秦檜，〔註28〕一方面招回抗

〔註23〕勞思光：《新編中國哲學史》三上，頁73。
〔註24〕錢穆：《國史大綱》下冊，頁419。
〔註25〕錢穆：《國史大綱》下冊，頁421。
〔註26〕錢穆：《國史大綱》下冊，頁432。
〔註27〕葛兆光：《中國思想史》第二卷，頁170。
〔註28〕宋高宗對秦檜的重視，據余英時先生的研究指出，高宗曾向秦檜說：「朕豈能

金武將，另一方面進而與金國簽定辱國合約；其中以金錢輸送以換取苟且的暫時平安，最令人詬病；這種舉止，對內破壞國內經濟體系，對外又不能保證無事的雙重煎熬，可說是比起北宋時期，是有過之而無不及的產生更多「焦慮」！因此，凡是敏銳的愛國自覺之學者，自必更想積極改變；但是，礙於君王個人情緒喜好，其親信之人必然是迎合其情緒者，相較之下，對於耿介之士所提必然是「忠言逆耳」內容，就不可能去虛心接受其建議，是以，學者施展的政治理想空間，也就充滿著限制。

就於朱子政治抱負落空，則回歸著述，以寄託理念，是學者普遍下的的另一方面選擇，誠如李威熊師所指出：「國家長期處在外敵壓境，國土分裂局面下，對於治經和學術研究風氣的取向，不免有所影響，於是在中國經學發展史上又開創出一個新局面。」〔註 29〕此說言簡意賅，點出了學者由於面對時代焦慮而有的憂患感，致使反應於學術著作內容上，自然會與其他朝代不同。

就於朱子政治時空背景來講，是有著與宋孝宗面對面，奏陳己見之機會，只是，有機會面陳君王不代表就有力量改變其看法，端看旁人勸他不要講「正心誠意」之論去煩瀆上聽云云，就知迎合者之所以迎合君王的細膩用心，這與朱子之所堅持理念是相衝突的；朱子云：「吾平生所學惟此四字，豈可隱默以欺君乎？」接著以口陳之說有所未盡，又上書所謂之〈戊申封事〉一文，直言不諱的點出，其實國家之亂源所在，就在於君王本身才是盲點所出。朱子云：「陛下……直以一念之間未能徹其私邪之蔽。若用剛明公正之人，則恐其有以妨吾之事。」〔註 30〕此言能對君王直接言其盲點，於今觀之，當然是痛快淋漓，然而在「忠言逆耳」情緒反應的不變定律下，當宋孝宗被直接挑明就是幕後的操

知天下人材，但付之宰相，宰相賢，則賢人皆聚之於朝矣。」見《朱熹的歷史世界——宋代士大夫政治文化的研究（上篇）》第七章〈黨爭與士大夫的分化〉，頁 438。這種君臣相知的模式，本是從政學者的嚮往現象，然而，因其喪權辱國，則不被後人肯定。美國學者蔡涵墨（Charles Hartman）作〈一個邪惡形像的塑造：秦檜與道學〉一文，他指出秦檜的形像，是南宋道學家有系列的修改史實，所造成的邪惡面貌。本文收入美‧田浩（Hoyt Cleveland Tillman）編，楊立華、吳艷紅譯：《宋代思想史論》（北京：社會科學文獻出版社，2003 年 12 月），頁 577～580。本研究對於「秦檜」問題非討論重點，因此對於「秦檜」形象，仍依傳統以來概念為說。

〔註 29〕李威熊師：《中國經學發展史論》第七章〈兩宋的新經學〉（臺北：文史哲出版社，1988 年 12 月），頁 285。

〔註 30〕 朱子：《朱文公文集》卷十一〈戊申封事〉。戴揚本、曾根美校點：《朱子全集》（上海：上海古籍社，2002 年 12 月 1 版），頁 589～614。

盤手，就情緒作祟，勢必無法釋懷，但是礙於情面，又不能立即發怒，因此，最好的處理模式就是假某理由之名，行貶斥之實；後來，果然有韓侂冑者，即是執行孝宗意志力之代言人。之前，宋高宗與秦檜之於岳飛，現在則是宋孝宗與韓侂冑之於朱子，可幸的是，朱子沒有立即喪命，而可嘆的是，竟被誣控爲「窺伺神器」，〔註31〕不知誣告者根據何來？眞是「欲加之罪，何患無辭」。試想，從政之道，所謂：「先行迎合帝王喜好、次者因勢利導的改變」之基本權宜知識，難道以朱子之判斷力豈會不知？昔「子路曰：『衛君待子而爲政，子將奚先？』子曰：『必也正名乎！』子路曰：『有是哉，子之迂也！奚其正？』」〔註32〕此一典故學者均知，況且朱子以《四書集注》，作爲其生命學問之寄託，豈非不知。論者常有輕鬆言之「目的」不變，然而「方法」允許多元，因此論事不要迂腐、不懂權變云云；殊不知，有些「方法」偏離，而當事者尚不知，致使其所自詡的「目的」論已嚴重變質，卻還沾沾自喜云爲「權變」者，這在朱子敏銳的智性思維，當然是不允許發生；吾人端看《論語》所記：「孔子見南子，子路不悅」章及「衛靈公問陳於孔子，明日遂行，在陳絕糧」章，可證孔子之「經權」原則堅持甚深，而此一「經權」原則，亦即朱子之堅持原則也。因此，朱子縱使語言表達於此刻會刺痛帝王之心，惹來未可知的危險後果，但是，仍要堅持此原則；因爲朱子很清楚的知悉，亂源既是來自君王，則其結構性盲點就永遠無法根除，那麼爲國爲民價值論的實施，事實上根本是不用期待君王的恩澤，畢竟對學者來講，那太被動了，是以積極之學者，反而是以另闢經營空間，以呈顯放諸四海皆準的理想。針對此觀點闡述，有劉述先（1934～）先生說得甚好，其說：

> 這些儒者在深心實在很清楚自己在現實上的處境，所以每次受召時必固辭，這確不只是一種姿態，而是有著一種自覺，要在現實政治之外另外建立一個壁壘，來衛護他們所堅持的理想。而在事實上，他們在野所發揮的力量，實在遠大於他們在朝所可能發揮的力量。〔註33〕

〔註31〕 楊家駱主編《新校本宋史并附編三種》卷四百二十九〈朱熹傳〉：「劉三傑以前御史，論熹、汝愚、劉光祖、徐誼之徒，前日之僞黨，至此而又變爲逆黨，即日除。三傑右正言右，諫議大夫姚愈論，道學權臣，結爲死黨，窺伺神器。乃命直學士院高文虎草詔諭天下。於是攻僞學日急，選人余嘉至上書，乞斬熹。」（臺北：鼎文書局，1983年11月3版），頁12768。

〔註32〕 朱子：《四書章句集注‧論語集注》卷七〈子路〉（臺北：大安出版社，1987年10月再版），頁141～142。

〔註33〕 劉述先：《朱子哲學思想的發展與完成》（臺北：臺灣學生書局，1995年8月

眼看外患日漸逼進、政局日漸潰堤、庶民經濟條件日漸枯竭，朱子等人並非無動於心，然而政權結構性困境不改，學者之努力仍是無助於時局，因此積極另闢價值根源，一者、提供當下制衡力量，再者、提供後人參考條件。這就是「政治環境」下的無奈壓迫，人人所無法跳脫的普遍「焦慮」而所激勵的「憂患意識」，特別是自覺的學者，必然是更積極的。總之，談宋代「理學」可以從此論述，﹝註34﹞論朱子《易》學的時代特質，亦可以由此進路掌握。

## 二、王夫之的焦慮與憂患來自明清政權鼎替

所謂的明、清交替時代的年代斷限，依陳祖武的說法，他認為：「什麼是明清更迭？從廣義上說，它不僅僅是崇禎十七年（1644）三月十九日朱明王朝統治的結束，以及同年五月清軍的入踞北京和四個月後清世祖頒詔天下，定鼎燕京。它實際上是一個歷史過程，這一過程長達一個世紀的時間。其上限可以一直追溯到明萬曆十一年（1583），清太祖努爾哈赤以七大恨告天興兵，其下限則迄於清康熙二十二年（1683），清廷最終清除亡明殘餘，統一台灣。」﹝註35﹞就陳先生的說法中，是採取滿清政權之視角來介紹，但是無法顯現出明朝方面的內容，因此於此再參引黃仁宇先生《萬曆十五年》的看法來補足。黃先生說：「萬曆十五年（1587），在我國的朝廷上發生若干為歷史學家所易於忽視的事件。這些事件，表面看來雖似末端小節，但實質上卻是以前發生大事的癥結，也是將在以後掀起波瀾的機緣。其間關係因果，恰為歷史的重點。」﹝註36﹞誠所謂「冰凍三尺，非一日之寒」，若就明末朝政之表

---

增訂 3 版），頁 368。

﹝註34﹞ 葛兆光說：「士人獨占著對『理』的詮釋、理解和實踐的能力，所以，他們也希望以此得到批評的普遍權利，而批評則體現著知識、思想與信仰的意志與價值。」見《中國思想史》第二卷，頁 181。葛先生之說，是值得認同的；另外，傅小凡也說：「道學家的基本態度，……一方面為走向衰亡的封建社會提供理論服務，另一方面也試圖滿足人們追求終極關懷的精神需要。……以適應官僚地主階級統治的需要。」見《宋明道學新論》（北京：社會科學文獻出版社，2005 年 5 月），頁 2。說是為「官僚服務」云云，則朱子的不幸，又將如何解釋？或許傅先生之說是要說明元明清時取理學作為科舉項目，然而那是政治的需要而選擇理學，並非理學在為政治服務，之間的因果關係，必須辨識清楚。

﹝註35﹞ 陳祖武：〈論清初學術〉，收入國立中山大學清代學術研究中心編：《清代學術論叢》（臺北：文津出版社，2001 年 10 月），頁 133～134。

﹝註36﹞ 黃仁宇：《萬曆十五年》（臺北：台灣食貨出版社，1995 年 11 月 15 日增訂 2 版 14 刷），頁 3。

現是爲「果」的話，則可以上溯至更早期，去探索其所形成與雙方面均有關之「因」。所以若要掌握與釐清「明清之際」者，那麼明、清雙方面之現象都必需稍作討論，如此方可以呈現當時學者，對於這兩方面壓力因素所產生的感受與反應。另外必須指出的是，本研究之重點在探討王夫之，是以聚焦部份仍以雙方政局對王夫之的影響爲限，而不須允分去作完整的歷史背景交代。

討論「明、清交替」時的政治環境，用以考察王夫之的焦慮感來源以及至憂患意識的展現，可以從兩個角度探討，蓋其面對的遭遇，與朱子所焦慮的現象，即「內憂外患」的架構，仍然是大致雷同的，也就是說，王夫之面對的是明代朝政腐敗的「內憂」與滿清壯大後入侵的「外患」；然而明代朝政給予學者的「內憂」壓力，比起兩宋的「內憂」是更令人焦慮的，而起所繼引的「外患」效應，也使得學者感受更迥然不同於之前各朝代了。

首先述「內憂」方面。明朝廷對學者的蹧蹋與仇視，可以說歷代之最，從明太祖起就有所謂「廷杖」、「詔獄」等舉止，以加諸於仕者身上，趙園（1945～）說：「明代人主似乎特別別有侮辱臣下的興致。太祖朝即有大臣『鐐足治事』；成祖則在『巡幸』時，令下詔獄者率輿以從，謂之隨駕重囚；正德朝『杖畢』了公卿即『趣治事』。」〔註37〕它是士人蒙受恥辱的標記，相較兩宋對於士人的禮遇，實在是有天壤之別；針對此現象，王夫之亦有深刻的描述，其云：「自（宋）太祖勒不殺士大夫之誓以詔子孫，終宋之世，文臣無歐刀之辟。」〔註38〕又說：「夫（宋）太祖亦猶是武人之雄也。其爲之贊理者，非有伊、傅之志學，睥睨士氣之淫邪而不生傲慢，（中略）可不謂天啓其聰，與道合揆者乎！而宋之士大夫高過於漢唐者，且倍蓰而無算，誠有以致之也。」〔註39〕余英時先生也指山：

> 宋代士大夫在黨爭失敗後雖不免受到以宰相爲首的執政派種種迫害，但由於儒家文化浸潤下的皇帝往往發揮著緩和和甚至保護作用，他們的遭遇在中國史上可以算是最幸運的了。葉適說宋代「無殺士大夫之禍」，大體而言，這一論斷是站得住的，特別是在明、清兩代的對照之下。〔註40〕

---

〔註37〕詳參趙園：《明清之際士大夫研究》（北京：北京大學出版社，2000年11月第二次印刷），頁7。

〔註38〕王夫之：《宋論》卷一〈太祖〉四（臺北：漢京文化公司，2004年3月），頁6。

〔註39〕王夫之：《宋論》卷一〈太祖〉四，頁7。

〔註40〕余英時：《朱熹的歷史世界──宋代士大夫政治文化的研究（上篇）》第七章

畢竟，就歷史事件的種種現象，雖說是多樣紛紜，然而後代學者在取材與解讀上，常常會有「藉題發揮」的現象，以呈顯當下的情況與心中價值；是以可知，就王夫之於此歌詠宋太祖，其直接或間接之目的，用此來諷刺朱明皇室對仕者的羞辱，也就不言可喻了；〔註41〕終究在歷史事實比較之下，很難令明代學人能無怨尤的效忠於皇室。黃宗羲（1610～1698）反省此一朝代，劈頭即謂：「有明之無善治，自高皇帝罷相始也。」〔註42〕雖然黃宗羲其用意是在批評明帝廢「宰相」制度，致使權利管理落於宦官之手，而導致吏治之衰，但是不認同明代政治成績，總是事實的。是以用了「全稱敍述」予以視爲整體，而一概認定之爲「有明之無善治。」最後形成了無論士者或仕者與朝廷之間，彼此竟是漠視與敵對來收場，是以勞思光指出，說：「皇室既仇視排斥知識份子，知識份子對興亡大計逐漸有置身局外之感，而不似宋代士人有眞實關切之情。」〔註43〕則爲必然的無奈現象了。〔註44〕

　　至於「外患」方面。滿清於西元1644年入關後，所引發一系列的對抗，甚至到政局易鼎的必然結局；就此段過程，王夫之是親身參與，其體會也必然爲之深刻。其實，滿清壯大因而所產生對明朝的抗爭而爲外患，也是明朝本身內憂的延續。畢竟，因有不斷的內亂，又對滿清不斷的壓迫之下，才提供滿清師出有名，言「七大恨」云云，因而入關的契機，這是不爭的「因果關聯」事實。就明、清政權交替，中原板蕩，王夫之是採取何種舉止以因應，以下簡述之。

---

　　　　〈黨爭與士大夫的分化〉，頁509。
〔註41〕顧炎武於《日知錄》卷十五〈宋世家法〉條說：「宋世典常不立，政事叢脞，一代之制殊不足言，然其過於前人者數事，如人君宮中，自行三年之喪，一也。外言不入于梱，二也。未及末命，即立族子爲皇嗣，三也。不殺大臣及言事官，四也。此皆漢、唐之所不及，故得繼世享國至三百餘年。若其職官、軍旅、食貨之制，冗雜無紀，後之爲國者，並當取以爲戒。」（臺北：世界書局，1991年5月8版），頁375～376。其中的第四點說明，與王夫之是相同。由此可見，學者對於是否受到皇族的重視，是非常在意的。
〔註42〕黃宗羲：《明夷待訪錄》〈置相〉（臺北：三民書局，1995年7月），頁25。
〔註43〕勞思光：《新編中國哲學史（三上）》，頁74。
〔註44〕當然也有持不同看法，如趙翼《二十二史箚記》卷三十六有「明祖重儒」條，趙翼說：「帝嘗謂聽儒生議論，可以開發神智。蓋帝本不知書，而睿哲性成，驟聞經書奧旨，但覺聞所未聞，而以施之實政，遂成百餘年清晏之治。」（臺北：世界書局，1996年3月初版10刷），頁529。趙翼雖有此說，但是仍不敵《明史》所載「明太祖朱元璋讀《孟子》至草芥寇讎之語，雷霆大怒，直欲將孟子逐出孔廟而後快」之史實，則趙翼說僅是一家之言。

　　王夫之於 21 歲，與郭鳳躒、管嗣裘、文之勇結集匡社，蓋始與時代之風氣相通，而有感於國族之危亡。崇禎十六年，張獻忠陷衡州，紳士降者以官官之，不降者縛而投諸湘水，王夫之走匿南嶽雙髻峰下，闖賊執質武夷公以招之，王夫之自引刀遍刺肢體，舁往易父，賊見其重創，免之，與父俱歸，復走匿雙髻峰下，築室名「續夢菴」，聊蔽風雨。崇禎 17 年，年 26 歲時，李自成攻陷北京，崇禎自縊，王夫之聞此國變，涕泣不食者數日，作〈悲憤詩〉一百韻，吟已輒哭。1647 年 8 月，清兵下汀州，執唐王，王夫之聞變，再續〈悲憤詩〉一百韻。十月，瞿式耜等乃奉桂王於肇慶，改明年為永曆元年。清順治 4 年，年 29 歲，武夷公卒，清兵南下攻下湖南，翌年，王夫之與管嗣裘興兵衡山，戰敗，走桂林，大學士瞿式耜疏薦於桂王，以父憂請終制，服闋，順治七年，年 32 歲，任「行人介子」之職。時期中有吳黨、楚黨內訌，大學士嚴起恆居其間，不能有所匡，王夫之走告曰：「諸君棄墳墓，捐妻子，從王於刀劍之中，而黨人殺之，則志士解體，雖欲效趙氏之亡，明白慷慨，誰與共之者？」起恆感其言，為力請於廷。王夫之曾三次上書，劾內閣王化澄結奸誤國，化澄恚甚，必欲殺之，其黨競致力焉。會有攸縣一狂人作百梅惡詩一帙，冒王夫之名為〈序〉，王化澄因之將構大獄，擠王夫之於死。王夫之憤激咯血，因求解職，彼時適有降帥高必正慕義營救之，乃得給假，而高氏係闖賊舊將，王夫之以其人國讎也，故不以私恩釋憤，亦不往謝焉。乃返桂林，復依瞿式耜，聞母病，間道歸衡陽，至則母已歿。其後瞿式耜殉節於桂林，嚴起恆受害於南寧，王夫之知勢愈不可為，遂決計老牖下，益自晦匿二，浪跡於浯溪、彬州、耒陽、晉寧，漣邵之間，所至人士慕從，輒辭去。36 歲時，避兵於零陵北洞釣竹源、雲台山等處，並徙居常寧西南鄉小祇園側之西莊源，變姓名為猺人，清康熙十七年，年 60 歲，吳三桂僭號於衡州，其黨以勸進表來屬，王夫之曰：「亡國遺臣，所欠一死耳，今安用此不祥人之哉！」遂逃入深山。吳三桂平，大吏聞而嘉之，屬郡守餽粟帛，請見，王夫之以疾辭。康熙 31 年正月初二，午時，卒於湘西草堂，享年 74 歲，葬於衡陽金蘭鄉高節里大樂山，自題墓碣曰：「明遺臣王夫之之墓」自為銘曰：「抱劉越石之孤憤而命無從致，希張橫渠之正學，而力不能企，幸全歸于茲邱，固銜恤以永世。」〔註45〕

　　柯邵忞對王夫之於「小南明」之從政經歷，有一深刻之觀察，柯邵忞說：

〔註45〕本段之說，參考康全誠：《清八家易學》〈王夫之易學〉（臺北：私立中國文化大學中國文學研究所博士論文，2002 年 6 月，黃沛榮教授指導），頁 125～127。

夫之《周易內傳‧發例》稱乙未於晉寧山寺,始爲《外傳》。按乙未爲順治十二年,明永曆九年,在夫之喀血解職之後,夫之自謂《外傳》以推廣於象數之變通極酬酢之大用;其實夫之從永明王於廣西,其時權臣恣肆,朋黨交訌,諫不行而言不聽,憤而丏去,假學《易》以明其忠悃。(中略)其言感慨淋漓,雖不必爲經義所應有,尚論者亦可以悲其志矣。〔註46〕

此可稱其因「外患」焦慮,而借《易》學注解,說明其積極的「憂患意識」之展現,不僅用以抒解心情、並寄其志之所托,此亦古賢之遺風。

王夫之因「外患」焦慮,近來研究學者的敘述中,多有舉出,諸如林聰舜所言:「明代的君主獨裁現象,在中國歷史上是空前的,而明亡之後,諸大儒反專制的言論也最爲激烈,并且獲得相當高的成就。他們將先秦以後久以式微的反專制理念,發揮到一個新高峰。」〔註47〕就此現象的觀察是正確的;但是何以會在「明清交替之際」會有激烈批評政治的原因,卻無一個具體交代,或許吾人可以如此理解,大儒們針對明朝普遍的亂象,雖有擔憂之心,但至少還有民族認同感,想從中指出錯誤點,進而開出治世藥方,以便診療,因此心態上仍保有些許情感的、愛護的;但是對於滿清異族的入關而執政,在完全的失望下,反而能站在客觀立場,去重新解讀所謂長久以來「專制政治」的缺陷,而提出一種全新的「政治思想」,以待來者。

以王夫之《易》學爲說,觀察其到了晚年,還自云是爲:「明遺臣王夫之之墓」,則其對於滿清的入關,澈底不妥協的態度是鮮明的;畢竟「人到無求品自高」,這個「品自高」不僅是可以用在品格,還有在討論事件的高度下的客觀性,得以一語中的,道出長久以來思考盲點,是以趙園說:「『易代』提供了契機,使對於一個歷史時代反顧、審視成爲可能。」〔註48〕此說,足以解釋林聰舜等人的觀察點,給予其產生原因的提供說明,是相當的可喜。因此吾人可以理解,滿清的入關,提供了王夫之巨大的「焦慮」感,也由於此「焦慮」得以令其思考與觀察點,跳脫出以往學人的框架,而有了更積極的「憂患意識」,進而有了新視野去省視政治與民眾的關係,並且指出應行之

---

〔註46〕柯劭忞:《續修四庫提要‧周易外傳》,頁44。
〔註47〕林聰舜:《明清之際儒家思想的變遷與發展》(臺北:臺灣學生書局,1990年10月),頁283。
〔註48〕趙園:《明清之際士大夫研究》,頁21～22。

道。至於明、清易鼎，隨著政治環境的改變，反應於王夫之的《易》學著作中，也有著前後期不同的作品風格；汪學群就認為，自康熙 22 年以後，清廷對全國的統治日趨穩定，致使其思想統治也日漸嚴格，因此反映於王夫之的治《易》歷程，也從早期的《周易外傳》的通經致用的企圖，至晚年轉換成《周易內傳》僅在思想解經的賦予；是以汪學群因而認定王夫之是：

> 大體與清初學術發展趨勢一致。看來『退伏幽棲，俟曙而鳴』的王
> 夫之，也沒有圍於學術背景之外。〔註49〕

針對汪先生的觀察所得，若說早期的《周易外傳》與晚年的《周易內傳》的內容轉換僅是與清初學術發展模式一樣，本研究認為是可以換個角度來思考，也就是說，他代表著因隨康熙政權的穩定，而致使王夫之有思想策略的修正，由早期的意氣風發，到晚年的沉穩內斂，以寄望於未來；如此也較合乎王夫之晚年所自謂的「明遺臣」之生命價值肯定。

　　至於，王夫之對政權易鼎所提出的看法裏，內容適不適用是一回事，〔註50〕然而，其迥異於前代學者的觀察點勢必不同，相信是不爭的事實；因此說在「內憂外患」相互煎熬之下，感受出「天崩地解」的壓力現象，對王夫之來講，所產生的負面「焦慮」感到正面「憂患意識」的呈現，是觀察其所由來的重要因素之一。考察王夫之《易》學見解，是可以由此來做切入點。至於，再與朱子作「對比」研究，當可發現，彼此的時代課題不同，其「焦慮」來源亦自不同，則其反應於《易》學方面的看法，也就有不同的治學重點。

## 三、李光地的焦慮與憂患來自漢臣入閣清政

　　滿清入關，治領中原，雖說有些波折，但是隨著時間的推進，若言其「漸入佳境」的敘述，則是合乎現象的形容詞。蓋從其滅南明小政權、平定三藩、

---

〔註49〕 汪學群：《王夫之易學——以清代學術為視角》〈導論‧王夫之的《易》學與時代〉（北京：社會科學文獻出版社，2002 年 5 月），頁 33。

〔註50〕 王夫之政治觀察的改進看法，是充滿許多盲點，詳細討論可以參閱勞思光：《新編中國哲學史（三下）》，頁 724～756。諸如頁 729：「將君子小人皆視為天生不同之兩種人，此又大悖於儒學之教化觀念。」頁 740：「船山對『民意』本身之重要性並未肯定。」頁 741：「船山之說遂可通往任何極端主義。」另外，林聰舜：《明清之際儒家思想的變遷與發展》，頁 187～196。諸如頁 189：「船山的民族思想也含有狹隘的種族主義成份。」頁 192：「船山更曲解古籍中重民本、民意的文字，以支持他的視統治權成為不可侵犯的主張。」等等說法，都在指出王夫之觀點是有著一廂情願的主觀性。

收取臺灣、征蒙古、取西藏，甚至對外與俄國簽訂「尼布楚條約」等等，都
是在康熙帝（1654～1722）手中一一完成，其功業若對比於帝王功業史，可
說是史上第一人而當之無愧；因此，當時群臣對其歌頌，也就順理成章，諸
如史載康熙六十年三月，諸王大臣，為請上萬壽節尊號，自必順理成章、不
覺礙眼；然而康熙帝卻云：

> 加上尊號，乃相沿陋習，不過將字面上下轉換，以欺不學之君耳。
> 本朝家法，惟以愛民為事，不以景星、慶雲、芝草、甘露為瑞，亦
> 無封禪改元之舉。現今西陲用兵，兵久暴露，民苦轉輸。朕方修省
> 經營之不暇，何賀之有。〔註51〕

單看此一裁論，就知康熙帝之自主性甚為堅定，並不會因其豐功偉業，再加
上有所謂「祥瑞」盡出，以及群臣之頌揚而隨著舞文弄墨，反而是充分展現
其理性思維、論事客觀的鮮明特質，倘若僅僅讚揚康熙帝為「賢明之君」者，
尚無法充分呈現其特質，因為此一聖明之君，其對學術的觀察點投入、西方
新學的接受度，其興致之高，可說在歷來君主身份對照下，亦是無出其右了；
梁啟超讚嘆著說：「那時候的康熙帝，真算得不世出之英主。（中略）他即位
初年，雖國內有點兵亂，後頭四十多年，卻是歷史上少見的太平時代。（中略）
對於中國固有的文化和歐洲新輸入的文化都有相當的了解。」〔註52〕可見史
家所云「康熙盛世」者，並非謬稱。

　　這樣的一位文治武功都有極其建樹的君主，可以想像的是，其輔佐大臣，
自是有好的從政環境，供其施展抱負；但是相對的，其所承受之壓力，勢必逼
使其無所懈怠之心；本研究主題人物之李光地者，因緣際會，就在此一時代入
閣輔政，於康熙十一年（1677），由當時理學名家熊賜履推薦起，〔註53〕相處其
間，雖難免有遭受康熙帝的質疑，而導致從政過程有所起伏，〔註54〕但是隨著
時間的證明，君臣相契是日漸加深，後期幾乎是與康熙一朝相終始，據《清史

---

〔註51〕《清史稿校注》卷三〈本紀八·聖祖三〉（臺北：國史館印行，1986年2月），
　　　　頁290。

〔註52〕梁啟超：《中國近三百年學術史》，頁368～369。

〔註53〕《康熙起居注》十一年壬子八月條：「上又問曰：『漢官中有與爾同講學的否？』
　　　　對曰：『學問在實踐，不在空講，近見....臣衙門翰林李光地……俱有志於理學。』
　　　　上頷之。」（北京：中華書局，1984年），頁52。

〔註54〕參閱韓琦：〈君王和布衣之間：李光地在康熙時代的活動及其對科學的影響〉
　　　　（《清華學報》新26卷第4期，1996年12月），頁424～426。有簡述君臣二
　　　　人之間的親疏過程。

稿》所述：

> 康熙五十七年，李光地以年七十七，五月，以辛勞病逝住所。康熙
> 帝在熱河行宮聞訊，遣恆親王允祺奠醊，賜金千兩，諡文貞。使工
> 部尚書徐元夢護其喪歸，復諭閣臣：「李光地謹慎清勤，始終一節，
> 學問淵博。朕知之最悉，知朕亦無過光地者！」於五十九年，庚子，
> 夏四月，葬於安溪興二里之百葉林。〔註55〕

由此可知，康熙帝與李光地君臣二人，「義雖君臣，情同朋友」的倚重關係，
〔註56〕實非比尋常，但是吾人也可以體會，李光地被重視背後的「焦慮」感，
必然也是如影隨形。畢竟他的原罪枷鎖──以漢儒之身，而投入滿清政局，
且高居重職──因此，歷史記載中，學者之論斷，也就多有負面評語。諸如
全祖望對其「三案」之敘述與批評，〔註57〕就是一直與李光地是如影隨形，
是以影響著後代學人普遍觀點，質疑著其民族氣節；更進一步譏論其從早期
的陽明學追隨者，到後來爲了迎合帝王而投入程、朱學術陣營的說法，更讓
人印象深刻！梁啓超曾說：「清初依草附木的爲什麼多跑朱學那條路去呢？原
來滿州初建國時候文化極樸陋，他們向慕漢化，想找些漢人供奔走，看見科
第出身的人便認爲有學問，其實這些八股先生，除了四書大全五經大全外還
懂什麼呢？」〔註58〕而李光地者，就是被梁啓超視爲「程朱學之依附者」的
具體代表之一，對其介紹之措辭，可說相當難堪！

　　就歷史現象來說，李光地的確非常忠於清廷的，他積極反對「三藩」及
「明鄭王朝」，曾策劃助清廷攻之：

> 十二年五月，返鄉省親，旋遇三藩亂起。十三年，耿精忠反，鄭經
> 亦由臺灣入踞泉州七，光地奉親避亂山谷，精忠與經並遣招致，皆
> 力拒。彼先赴福州與同年好友陳夢雷密議，籌劃報國方略；十四年
> 五月，再遣人潛出，入京上〈蠟丸疏〉，建議清廷攻耿、鄭之不備，

---

〔註55〕《清史稿校註》卷二百六十九〈列傳四十九〉〈李光地〉，頁8542。

〔註56〕許蘇民：《李光地傳論》（福建：廈門大學出版，1992年），頁238。

〔註57〕全祖望 ：「榕村大節，爲當時所共指，萬無可逃者；其初年則賣友，中年則
　　　　奪情，暮年則居然以外婦之子來歸，足稱三案。大儒固如是乎？」見《鮚埼
　　　　亭集》外編，卷四十四〈答諸生問榕村學術帖子〉《四部叢刊初編》（臺北：
　　　　臺灣商務印書館，1966年），頁993～994。

〔註58〕梁啓超：《中國近三百年學術史》〈程朱學派及其依附者〉（臺北：臺灣中華書
　　　　局，1987年2月臺11版），頁103。

由汀州入閩，出奇制勝。〔註59〕

然而，李光地畢竟是漢人，面對異族入主，而又積極效忠，其內心的矛盾，相信是油然而生，況且，康熙帝對其忠貞度與學術涵養，並非全盤接受，他是有所懷疑的；根據韓琦的研究所指出，說：

〈1690〉九月，康熙談話間論及熊賜履、李光地等人，對漢人奉承拍馬的作風深惡痛絕，甚至發出「漢人行徑殊爲可恥！」的感歎。康熙認爲李光地所講的不過是王陽明的「道學」，而認爲熊賜履宣揚的是朱熹的學問，對李光地進行了批評。《康熙起居注》記載了大學士王熙的奏對：「道學之人當涵養性情，若各立門戶，各持意見，互相陷害結仇，何云道學？」康熙則說：「意見若能持久，亦自不妨，但久之彼自變易其說耳。」康熙對漢官陽奉陰違的作法，已經不能容忍，同時也表現出康熙對漢族官員的防範心理。李光地在此之前，徘徊于朱、王之間，康熙二十八年五月，因受到康熙的批評而被撤銷掌院學士，使得他在爲學宗尚方面作出調整，一改先前的徘徊遊移，轉而篤信朱學。〔註60〕

可知，康熙帝與李光地在互動過程，並非完全互信與順暢，之間也難免有隔閡；因此，身爲臣子、學士身份者，僅能修正自己行爲，以迎合帝王；而李光地此修正態度所表現出對學術的前後不一，即所謂的由王學返回朱學的轉換，再加上其漢人血統而從政於清廷的現象，也就格外令後人觀察時倍感刺眼。因此，當其〈年譜〉介紹李光地幼年，云：「幼穎異，四歲，未就塾，已識字，見關侯廟有『忠義』二字，輒取炕炭摹肖之。」〔註61〕以關雲長一生「忠義」於蜀漢陣營，至死不渝的精神，來做爲與李光地之從政心態比較後，實諷刺不已！或許，李光地沒有朱子與王夫之時代的強烈「外患」焦慮，但是滿、漢之間的民族衝突，所發展出如何調合的「內憂」焦慮，必然也是深刻的！

因此，李光地多以學者身份，思考著如何借著作的機會，來表達其對皇室的忠貞與含蓄奉承帝王的筆法，這也是一種由「焦慮」的撫平到「憂患意識」展現的機會；所以李光地於《易》學注解中，又顯現出與朱子不同意境，當然，

---

〔註59〕《清史稿校註》卷二百六十九〈列傳四十九〉〈李光地〉，頁 8539。

〔註60〕韓琦：〈君王和布衣之間：李光地在康熙時代的活動及其對科學的影響〉，頁 430。

〔註61〕李光地：《榕村全集》〈文貞公年譜〉（臺北：大西洋圖書公司，1969 年 1 月），頁 11028。

與王夫之「孤臣孽子」的強烈心態相較，在李光地的身上，則是完全嗅覺不出了。誠如汪學群所說：「如果說明遺與清廷或儒臣在通經致用上有所不同，那麼主要表現在明遺側重總結明亡經驗教訓上，而清廷及儒臣則重在如何使《易》為新朝服務，前者批判成分多，後者建設成分大，這是時代環境不同、身份不同所致。」〔註62〕簡單的講，「政治壓力」對彼此之間所產生的「焦慮」不同，其治《易》的「憂患意識」之出發點與目的，必然也就隨之不同。

## 第二節　學術思潮——從普遍學風到個人觀點的建立

傳統之學術思潮，源源不絕來至當下，學者不可能也不需要全盤照收；大抵上，都是面對時代新課題，抉取其合乎個人所理解的重點，以作新詮釋進而提出新方案；畢竟「作品的意義並非完全來自作品本身，而是來自闡釋活動。」所以「作品出現之後，讀者和批評家便會從不同的角度和方法去進行了解和評估，由此而產生某些新意義。」〔註63〕而這些新意義的積極性，都是與時代新課題有關；陳榮華說明了此意義：

> 研究者是研究他的題材，但是，題材之所以是意義深長的，是由於它相應著研究者的處境，或者說，它回答了研究者在他的處境中向它提出的問題。對於不同時代和不同觀點的研究者，相同的研究題材會相應地呈現不同的意義。〔註64〕

是知學者的研究題材，都有著「選擇性思維」，所以對某些課題有積極興趣，而這其中是蘊涵諸多生命理趣，是值得吾人仔細探討的。從朱子開始，歷經王夫之，到李光地，在他們的時代課題而用心於學術概念中，有一項精神是貫穿的，那就是對學術的「疑」。因為有了「疑」，所以不會是僅作為反應時代課題而已。以《易》學為例，朱子的「疑」，進而有「《易》本卜筮之書」的觀點；王夫之的「疑」反對了朱子「圖書」《易》學的建構；李光地的「疑」反應在看似與康熙帝推尊朱子學之際，卻又常有不與朱子認同的觀點，如「卦變」說即是一例。畢竟後學者之反對、或修正前賢之說，就學術之後出轉精之開放性格，必然是樂見其成，況且王夫之、李光地對前賢朱子的尊重，仍

---

〔註62〕汪學群：《清初易學》〈導論〉（北京：商務印書館，2004年11月），頁27。
〔註63〕劉介民說：《比較文學方法論》（臺北：時報文化公司，1995年），頁389。
〔註64〕陳榮華：《葛達瑪詮釋學與中國哲學的詮釋》（臺北：明文書局，1998年3月），頁116～117。

是充滿著敬畏之情,並不影響朱子在學術史地位以及所呈現的價值。因此,就王夫之與李光地二人,學界均讚其羽翼朱子學,然而其所謂的「朱子學」羽翼角度不僅不同,更有可能是,若以朱子自己學術立場來看,或許已經不是朱子的原本概念了,是以本研究旨趣云「繼承與發展」,其敘述重點即在此也,這是必須釐清之處。

## 一、朱子對宋代學風的繼承與開新

朱子學術背景環境,雖然是在南宋,但是無可忽視的是,其所討論議題並不僅於當下,而是對北宋以來的繼承和總結,並進而有創新與發展;是以探討朱子學術,應結合宋代思想文化的全面性。

### (一)延續北宋學風對漢唐弊病的反省

自北宋以來,學者思考學術傳承以來的弊病,以程子之說,可作為觀察起點;程子曰:「今之學者有三弊:一溺於文章,二牽於訓詁,三惑於異端。苟無此三者,必趨於道矣。」〔註65〕因此,學者具體措施有:一者、棄華而不實的駢文,發展出所謂的「古文」以及類似《論語》的「語錄」體,以避免因文而害意。二者、摒棄自《五經正義》以來的「注不駁經、疏不破注」的解經原則,認為那僅是傳鈔工作,不是發揮儒學義理的表現;更有進者,還認同中唐啖助(724~770)之主張,以捨棄由〈傳〉求《經》的方式,倡導以《經》為本,直接研讀原典,發揮了掌握源頭的自覺治學法;之後,更發展出所謂「疑經改經」風氣,影響甚殷。〔註66〕余英時先生也從《禮》學的注疏內容中,指出唐代的學術已漸趨僵化,余先生說:

> 從兩唐書的「儒學傳」來看,唐代的儒學只是南北朝以來的繁瑣的
> 章句之學的研續。以儒學經典的研究而言,唐代治三禮的人尚多專
> 家。這也是上沿南北朝的風氣而來,和門第禮法頗有關係。但安史
> 之亂以後,門第漸趨衰落,因此與維持門第生活有關的禮學也不免
> 失去其現實的意義。〔註67〕

〔註65〕程顥、程頤:《二程遺書》卷十八《文淵閣四庫全書》冊698,頁150。
〔註66〕詳葉國良:《宋人疑經改經考》(臺北:國立台灣大學出版委員會,1980年6月)。
〔註67〕余英時:〈中國近世宗教倫理與商人精神〉收入《中國思想傳統的現代詮釋》(臺北:聯經出版公司,1999年初版8刷),頁294。

因此，從韓愈起就察覺此間之不同，開始注意於「人倫日用」之應用，終至宋代而形成普遍共識。三者、強調人生價值仍在今生今世，不必「捨離」而相信佛說，去另求飄渺虛無的極樂世界；此間有兩項工作，一方面要積極建立儒學新系統，另一方面要指出佛學謬誤之處，在破立雙管齊下，以便安排社會倫理及安頓人心寄託。此三者即是程子所云「弊」者，亦是宋學針對此弊所努力的目標；當然，朱子以時代學風繼承自居者爲名，自會接續此一文化工作。

## （二）從反佛、老之學到新《易》學的建立

宋代學者之所以會開出與唐代學術迥然不同的觀點路徑，雖說有宋學者的自覺性，但是不能否認的是佛學禪宗的教義刺激，亦有絕對的影響力，諸如「喝佛罵祖」的從懷疑到棄除權威限制，「明心見性」的發展與肯定自我的完整性；種種方式的呈現，都足以啓發學者新視野，所以吾人得以發現，佛教因禪宗之起，勢力大增，在儒家方面，亦沾染禪宗氣息，而有兩項表現，即其治經方法與研究內容，已完全改變儒家在北朝時專講註疏的流習；首先，中唐以後，更要把《春秋》三《傳》束之高閣，這是方法的改變；接著，儒家在北朝時，專講訓詁名物，中唐以後，主張明心見性，這是內容的改變；所謂儒者去《傳》窮《經》，亦要明心見性，其與佛教禪宗相較，大致相同也。〔註68〕杜松柏於〈宋代理學與禪宗之關係〉一文即提出所見，云：「無禪宗即無宋學」，而「禪宗」又爲佛教中國化之結果，接引佛學契機爲魏晉玄學，是以學者用語常取之，以說明關鍵語，故佛、道、儒三家有相互影響、相互擷取義理，則是確定的事實。〔註69〕劉述先則觀察後亦指出其中特徵：

> 由內在而超越，修內聖之學的儒者與道、佛實走上了一條十分相似的道路。此所以翻閱宋明儒的傳記，莫不有出入老佛幾十年的經驗。

〔註68〕就此現象之描述，有司馬光（1019～1086）云：「近歲公卿大夫，好爲高奇之論，喜誦老、莊之言，流及科場，亦相習尚；新進後生，未知臧否，口傳耳剽，翕然成風，至有讀《易》，未識卦爻，已謂〈十翼〉非孔子之言；讀《禮》未知篇數，已謂《周官》爲戰國之書；讀《詩》未盡〈周南〉、〈召南〉，已謂毛鄭爲章句之學；讀《春秋》未知十二公，已謂《三傳》可束之高閣。循守注疏者謂之腐儒，穿鑿臆說者謂之精義。」見《司馬溫公集》卷四十五〈論風俗箚子〉（臺北：臺灣商務印書館，《四部叢刊初編》），頁351～352。

〔註69〕杜松柏：《禪是一盞燈》〈附錄〉（臺北：漢光文化公司，1987年10月5版），頁187～221。

> 然二氏則一去不返，終不能從本質上肯定人倫日用的意義與價值。
> 而儒者則由超越而回歸於內在，完成了整個的圓周，故必闢二氏，
> 以其彌近理而大亂眞。由此而可以看到儒者的內聖之學與道佛實有
> 一微妙之辯證的關係。就其同反現實功利之態度而言，則雙方結爲
> 友軍，就其終極體驗或託付而言，則又判若雲泥。故此宋儒要建立
> 道統就不能不接觸到儒者與二氏的分疏的問題。〔註70〕

由此說可知，宋代儒者，特別是朱子，何以一方面取取佛家之說，另方面又排除佛家之理的用心，並接著是要積極建立道統學術體系，實乃入室操戈，以完成了儒學「形而上」架構系統的完備建立。

朱子於此學術思潮之環境下，除了有所承襲之外，亦有所創新；首先，就佛學之所以能令不分階層的眾人心儀之處，先行點出核心，進而道出其盲點處；接著，提出儒學新價值，以證明儒學是完備的。朱子曰：

> 以其有空寂之說而不累於物欲也，則世之所謂賢者好之矣。以其有
> 玄妙之說而不滯於形器也，則世之所謂智者悅之矣。以其有生死輪
> 回之說而自謂可以不淪於罪苦也，則天下之傭奴爨婢黥髡盜賊亦匍
> 匐而歸之矣。此其爲說所以張皇輝赫、震耀千古，而爲吾徒者方且
> 蠢焉鞠躬屛氣，爲之奔走服役之不暇也。〔註71〕

朱子論學之所以能受學界普遍肯定，就在於其所展現的客觀與雅量，就以對於「佛學」的優勝處，朱子是肯定的，畢竟無論賢者、智者，甚至任何階層者，佛學都可以提供一套精神理論，令他們能滿足於當下，也能引導於未來，對於來世之憧憬，有著積極的安頓作用；這一切的說法，就「苦業」之現象的人生來看，的確是很有吸引力的；〔註72〕不僅一般的庶民熱衷，甚至士大夫、皇室也積極參與；余英時指出：「皇帝崇信釋氏，士大夫好禪，這是宋代政治文化的一個基本特徵。我們要想認清北宋道學家『闢佛』的性質，必須以此爲起點。」〔註73〕由於「風吹草偃」，佛學之所以一直爲時代顯學，

---

〔註70〕劉述先：《朱子哲學思想的發展與完成》，頁 396。

〔註71〕朱子：《朱文公文集》卷七十〈讀大紀〉，頁 3377。

〔註72〕勞思光說：「生命中之所以有『苦』，乃因生命永有所需求：每一需求構成一壓力，即成爲生命中之『苦』生命中之『苦』既由『需求』而來，而『需求』又是生命本身所必有，故生命之『苦』爲不可避免者。」《新編中國哲學史（二）》，頁 182。

〔註73〕余英時：《朱熹的歷史世界──宋代士大夫政治文化的研究（上篇）》〈緒說〉，頁 107。余先生又舉一例，以智圓和尚（976~1022）《閒居編·中庸子傳》云：

可知不是偶然的結果；既是學理事實，則朱子給予相對的肯定，自無不可。但是其衍生弊病，理學家自不能無議，朱子就指出，云：「佛家一向撒去許多事，只理會自身己。其教雖不是，其意思却是要自理會。所以他那下常有人，自家這下自無人」〔註74〕這種違背社會倫理，否認今世價值者，是儒家入世立場所無法認可的。朱子就截佛學之長，以補儒學之短，〔註75〕於《易》學表現上，以具體成果足以對抗佛學者，有三點可述：

1、疑經惑傳的思潮，提出「《易》本卜筮之書」的伏羲根源說，主張「經、傳分編」，先區分「象數」與「義理」兩系統，進而合併彼此，以證說新義理。

2、破注離疏的新義理學，提出迥異於傳統的注解內容，甚至也不同於《程傳》的義理思維，眞正開展出屬於朱子《易》學的理性與智性的新義理學。

3、對抗佛、老以回歸於新儒學，提出新「象數」觀，論述「太極」、強調「先天」「後天」之學，導引價值依據所由來，以安頓人心，並發展出新「天人合一」之學，標榜人的價值不再「捨離」爲主，而是成就於人倫制度上。

朱子於《易》學上的新觀點建立，在看似從復古的占筮開始，其實是要建立「象陳數列，言盡理得」的終極目的。因此，在佛學禪宗風潮的刺激下，終使朱子有發展宋代《易》學，進而完成以《易》學爲底蘊的「理學」內容之集大成。〔註76〕

---

「非仲尼之教則國無以治，家無以寧，身無以安，釋氏之道何由而行哉？」同上書第六章〈秩序重建──宋初儒學的特徵及其傳衍〉，頁402。可證佛徒爲了推行教義，其包容力比儒學者來得寬闊多了；這的確會吸引更多知識份子加入佛學陣營。

〔註74〕 黎靖德編：《朱子語類》卷八〈總論爲學之方〉，頁141。

〔註75〕 曾昭旭〈中國哲學史提綱〉說：「儒家的道德生命固然是正面的陽剛富厚，……其意義可以說是一種正面的建立。由於著眼在正面，所以對生命負面的認識就不夠了。……而印度的學問，卻直從生命的負面入手，……足以補華族之不足，而省卻我們一段工夫。」收入《國學研究論集》（臺北：學海出版社，1977年11月），頁54～55。

〔註76〕 史少博〈朱熹理學的易學底蘊〉說：「朱熹的理學體系是通過對《周易》的解釋而形成的。」見《青島科技大學學報──社會科學版》（2004年3月第20卷第1期），頁60。

## 二、王夫之對時代學風的反省與批判

生於明、清交替之際的王夫之，其「天崩地解」時代的大變動下，必然對其學術思想產生重大刺激與影響，這包括對明代學術之觀察點的反應與未來學術走向的提出，是以本主題云「反省與批判」云云，即要強調其心情對文化的激動情緒；當然，時至今日，在時間長河的證明下，王夫之的學術觀，雖有其時代限制性而難免有著一廂情願的盲點，但是亦有啓迪後繼者之價值；吾人於清末見當時學者對其學術觀點之抉微，足證王夫之學術價值有肯定之處。〔註77〕

### （一）對科舉弊端的批判

針對科舉取士的反省與批評，朱子亦有深入的指明其缺失；朱子曰：「某常說今日學校科舉不成法，上之人分明以盜賊遇士，士亦分明以盜賊自處。」〔註78〕將朝廷與應試者之邋遢心態，不避諱的點出，因此朱子重視書院教育，企圖與政治時流背道而馳，以眞正教出有良知、爲國爲民的人才，吾人觀其〈白鹿洞書院規〉大抵可知；〔註79〕然而，朱子可能沒有料到，他念茲在茲所編訂的《四書集注》，〔註80〕諷刺的是，在元代仁宗延祐（1314）年間，被官定爲科舉應試之書，雖然這是肯定了朱子的學術價值，但是，相對的也變成了限制學者思維的枷鎖來源！〔註81〕

明成祖永樂十二年（1414）不僅隨元代尊「朱子學」體制，更敕胡廣等人編《四書大全》、《五經大全》，從中明顯可以看出：其一、將漢、唐古注疏

---

〔註77〕 參閱張立文《正學與開新——王船山哲學思想》第九章〈埋心不死留春色〉（北京：人民出版社，2001年12月），頁395～427，有收集後人對其觀點的敘述。

〔註78〕 黎靖德編：《朱子語類》卷一百零九〈論取士〉，頁2694。

〔註79〕 贅錄於後：「熹竊觀古昔聖賢所以教人爲學之意，莫非使之講明義理以修其身，然後推以及人，非徒欲其務記覽爲詞章以釣聲名取利祿而已也。今人之爲學者，則既反是矣。然聖賢所以教人之法具存於經，有志之士固當熟讀深思而問辨之，苟知其理之當然而責其身以必然，則夫規矩禁防之具，豈待他人而後有所持循哉！」見朱子：《朱文公文集》卷七十四〈雜著〉，頁3587。

〔註80〕 朱子臨終前三日，仍在修改〈大學・誠意章〉。王懋竑：《朱子年譜》：「慶元六年三月辛酉，改〈大學・誠意章〉。甲子，先生卒」（臺北：臺灣商務印書館1987年8月2版），頁226。

〔註81〕 干春松：「當一種思想被制度化之後，別的思想觀念便處於被排斥的境地，而爲了證明這種思想的眞理性，現實的變化往往被曲折屈服理論的需要。這樣思想的僵化便是不可避免的。」見《制度化儒家及其解體》（北京：中國人民大學出版社，2003年3月），頁27。

全部摒棄，〔註82〕其二、也同樣取「朱子學」定爲科舉考試標準用書，使得號稱聖人之學已淪爲利祿工具，致使士人研習經書，已失去崇高的目標，經學中所蘊涵的「經道合一」〔註83〕眞義，已屆臨喪失而無人會去注意了；楊愼（1488〜1559）指出當時的現象，說：

> 本朝以經學取人，士子自一經之外，罕所通貫。近日稍知務博以譁名，苟進而不究本原，徒事末節；五經諸子，則割取其碎語而誦之，謂之「蠹測」；歷代諸史，則抄節其碎事而綴之，謂之「策套」，其割取抄節之人，已不通經涉史，而章句血脉，皆失其眞，有以漢人爲唐人，唐事爲宋事者，有以一人折爲二人，二事合爲一事。〔註84〕

楊愼是明代中期人，處於當時環境而批評，其看法難免有著情緒化下的誇大之嫌，但是就現象來看，也必然有所依據，因此仍是值得參考以見當時學風的。到了明末，顧炎武（1613〜1682）就此現象，有更明確的指出其弊端，說：「一時人士，盡棄宋、元以來所得之實學，上下相蒙以饕祿利，而莫之問也。嗚呼！經學之廢，實自此始。」〔註85〕當治學與祿利作直接連結後，也就是代表學術客觀良知已濱臨瓦解了，顧炎武又說：

> 秦以焚書而五經亡，本朝以取士而五經亡。今之爲科舉之學者，大率皆帖括熟爛之言，不能通知大義者也，而《易》、《春秋》，尤爲謬蟄，以〈彖傳〉合〈大象〉，以〈大象〉合爻，以爻合〈小象〉，二必臣，五必君，陰卦必云小人，陽卦必云君子，於是此一經者，爲拾瀋之書，而《易》亡矣！取胡氏傳（周易大全）一句兩句爲旨，而以經事之相類者，合以爲題，《傳》爲主，《經》爲客，有以彼《經》證此《經》之題，有用彼《經》而隱此《經》之題，於是此一《經》者，爲射覆之書，而《春秋》亡矣！〔註86〕

---

〔註82〕試以《周易大全》爲例。《四庫提要》《周易大全提要》引朱彝尊《經義考》之說：「《易》則取諸天台鄱陽二董氏，雙湖雲峰二胡氏，於諸書外未寓目者至多。」（臺北：臺灣商務印書館，1985 年 5 月增訂 3 版），頁 68。

〔註83〕汪學勤《清初易學》〈導論〉所提出之概念，他說：「清初經學提出的經道合一，主要表現爲經書辨僞、依經釋道、通經致用。」（北京：商務印書館，2004 年 11 月），頁 15。

〔註84〕楊愼：《升庵集》卷五十二〈舉業之陋〉《文淵閣四庫全書》冊 1270，頁 447 〜448。

〔註85〕顧炎武著，黃汝成集釋：《日知錄集釋》卷十八〈四書五經大全〉條，頁 427。

〔註86〕顧炎武著，黃汝成集釋：《日知錄集釋》卷一〈朱子周易本義〉條，頁 4。

也就是說，明儒胡廣等人奉敕所編的《大全》系列官書，在比較有學術良知者楊慎、顧炎武等人的見解中，是僵化於傳統、且不識大義，僅是傳鈔的掇拾集合品，可謂之明朝君臣上下，集體欺罔經典，誠爲一無是處；簡單的說，就是顧炎武所言的：「自八股行而古學廢，《大全》出而經說亡。」〔註87〕明朝普遍的浮誇學風可由此見之。

事實上，對科舉取士之缺失，尚不止於此，「由這種考試培養出來的各級官員，既無處理政務的實際經驗，又無治國安邦的雄才大略，使得宦官弄權，政治腐敗，明朝統治走向崩塌。」〔註88〕以時代性感受頗強的王夫之，其敏銳觸角，面對這些錯誤恆出的決策，自然會有所反省與修正，而提出他的政治論點；王夫之於史事觀察，作《讀通鑑論》，即在借史諷今、借過去以指導現在、甚至說是未來的期許，而提出一系列之價值判斷，最後結論說：

> 編中所論，推本得失之原，勉自竭以求合於聖治之本；而就事論法，因其時而酌其宜，即一代而各有弛張，均一事而互有伸詘，寧爲無定之言，不敢執一以賊道。有自相踦礙者，無強天下以必從其獨見者也。〔註89〕

無論王夫之對歷史觀察點是否正確，其指責缺失後的建議方案是否可行，或許都是有待時間證實，〔註90〕但是其企圖心與自我虛心包容的雅量，至少仍是具備的。因此，相信其對科舉制度與科舉內容之不滿，自會有其相應的表現。張立文就認爲，王夫之非常重視《四書》學，不僅取《四書大全》爲資源，就問題進行辨析，暢抒己見，發揮義理，心所獨契，並且與《五經》一以貫之，成爲眞正《六經》，構成了他的思想根基。〔註91〕依此，則吾人可以

---

〔註87〕 顧炎武著，黃汝成集釋：《日知錄集釋》卷十八〈書傳會選〉，頁 428。

〔註88〕 汪學群：《王夫之易學——以清初學術爲視角》，頁 11。

〔註89〕 王夫之：《讀通鑑論》〈敘論四〉，頁 1113。

〔註90〕 勞思光說：「船山之史論，其實則大抵依于臆測，隨意發揮；既無史學價值，亦與哲學無干，只可算是文人對往史抒感之作。……即以其所持之價值理論應用於史事，而作價值判斷之論著。……蓋中國經生向有以『春秋』爲孔子評史之作之一派，此派傳播一種對史事作價值判斷之風氣。」《新編中國哲學史（三下）》，頁 757。按勞先生之說，是針對有學者以「歷史哲學」定義來概括王夫之的「史論」下的評論，認爲以嚴謹的「歷史哲學」的定義，王夫之是沒有達到此一要求，除此之外，並非王夫之史論眞的一無是處。見同書，頁 685。

〔註91〕 張立文《正學與開新——王船山哲學思想》（北京：人民出版社，2001 年 12月），頁 26～42。

確定的是，《四書》絕非科舉系統可以單獨出題的材料而已，也可以反證，其對《四書大全》的確是有不滿的想法，當然也就否認科舉取士的策略了；但是，應該注意的是，其要闡揚朱子《四書》學的概念，則仍是鮮明的。

## （二）對陽明心學弊端的糾舉

宋明理學最引人注意的成就，當是他們在心性領域的表現，而且這種表現有愈辨愈精微，愈逼愈向裡的趨勢；但這種用心於內以成就人格修養的學風，隨著明朝政權滅亡，而開始被重新省視，甚至徹底轉變觀點，尤其是陽明學風，其用心於內的無限擴大，稱之為「心學」，就立即遭到嚴厲批判。

明清之際，大儒批評心性之學重點有二：其一、「用心於內」的心性工夫與禪學太過接近。其二、心性之學是一種逃避現實，而且不能成就事功的空虛茫昧之學。由此兩點可以得知，明末學者就在以「經世致用」的標準來批判心學的缺失。〔註92〕就目前學術共識上，有所謂「清初三大家」，此三家中對此議題有此共同觀點。以顧炎武治學用心為例，他說：

> 顏子之幾乎聖也，猶曰：『博我以文』，其告哀公也，明善之功，先之以博學。自曾子而下，篤實無若子夏，而其言仁也，則曰：『博學而篤志，切問而近思。』今之君子則不然，聚賓客門人之學者數十百人，譬諸草木，區以別矣。而一皆與之言心言性，舍多學而識以求一貫之方，置四海之困窮不言，而終日講危微精一之說。是必其道之高於夫子，而其門弟子之賢於子貢，桃東魯而直接二帝之心傳者也，我弗敢知也。……愚所謂聖人之道者如之何？曰：『博學於文』，曰：『行己有恥』，自一身以至於天下國家，皆學之事也。〔註93〕

以歷史事實作為古今對比，指出孔門親炙弟子，是在「博學於文」的積極學習下，若學有所成，進而從政，以達成治國安民的目標；畢竟，「學以致用」是一體兩面，相輔相成。反觀明代學者，其所謂的號稱講學內容，儘是心性之論，而對於天下、國家諸事，卻是絲毫不予關心！兩者相較，其高下價值，立即可顯。顧炎武又云：

> 至於齋心服形之老莊，一變而為坐脫立忘之禪學，乃始瞑目靜坐，日夜仇視其心，而禁治之，及治之愈急，而心愈亂，則曰：易伏猛獸，難降寸心。嗚呼！人之有心，猶家之有主也，反禁切之，使不

---

〔註92〕林聰舜：《明清之際儒家思想的變遷與發展》，頁269。
〔註93〕顧炎武：《亭林文集》卷三〈與友人論學書〉《四部叢刊初編》，頁94。

　　得有爲，其不能無擾者勢也，而患心之難降歟！〔註94〕

不僅評述明末學風之無助於修身養性，並直接將學術性質直接與老莊、禪風劃歸等同，甚至將朱明王朝亡於滿清的責任，諉過於其清談形式下之流弊，而有所謂「三王」之譏。〔註95〕顧炎武由此來考察，得出現象的反省，進而提出所謂「博學於文」、「行己有恥」兩信條，作爲他的歷史經驗修正論，也可作爲自我期許之標的；〔註96〕以現今治學立場來考察，諸如：倡言客觀者、言之有據、不得剽竊、虛心接受評議等等要求，仍是具有放諸四海皆準之啓發價值，〔註97〕相較於陽明「心學」來看，是以又稱「實學」、「樸學」，是很有說服力的。

　　因爲是時代普遍學風，則不僅是顧炎武有此積極論點，即使就於陽明學最爲崇拜的黃宗羲，也不免懷疑陽明「四句教」的「無善無惡是心之體」近於「釋氏之說」，而必須迂迴以費辭解釋，以息他人質疑。〔註98〕至於，王夫

---

〔註94〕顧炎武著，黃汝成集釋：《日知錄集釋》卷一〈艮其限〉，頁11。

〔註95〕顧炎武著，黃汝成集釋：《日知錄集釋》卷十八〈朱子晚年定論〉條：「以一人而易天下，其流風至於百有餘年之久者，古有之矣。王宜甫之清談、王介甫之新說，其在於今，則王伯安之良知是也。」頁439。然而一歷史事件之產生、甚至一帝國之滅亡，並非可以簡單到如此就能論斷，說陽明學派是始作俑者，實需有更多資料以證。勞思光先生說：「亭林對陽明之學本無所知，對王門流派亦不知其實況，但憑一己之感想而發議論。」《新編中國哲學史》三下（臺北：三民書局1990年11月增訂6版），頁669。張麗珠師也說：「其實以亡國大罪歸咎理學，非但理由並不充分，在學理上也不足以憾動理學根柢。」《清代新義理學——傳統與現代的交會》（臺北：里仁書局，2003年1月），頁15。林啓屏則說：「明亡的原因很多，是以將亡國之因，歸咎於學者的清談誤國，有時是犯了『化約』眼光的毛病。事實上，一個政權的瓦解，是包括有整體的因素在其中，我們實難抽離任何其中一端，並擴大解釋。」《儒家思想中的具體性思維》（臺北：臺灣學生書局，2004年2月初版），頁125。另外，筆者也認爲，說明朝學子之不務於實學、對天下大事不關心，此一現象之產生必然有其因素，理應再從此原因探討，而不是僅就現象描述而已；難道國家滅亡了，皇室不用負責？皇室廷杖官吏，致使學者不敢仗義執言，皇室不用負責？因此，顧炎武等人只就現象批評，未就何以此現象原因探索，筆者以爲，顧炎武倡言改進之道，將是隔靴搔癢，未能確實挑到關鍵點。

〔註96〕顧炎武《日知錄》〈四書五經大全〉條又說：「後之君子，欲掃而更之，亦難乎其爲力矣。」頁427。話雖如此說的保守，其實亭林先生要掃蕩陽明禪學的企圖心是很強烈的。

〔註97〕梁啓超《中國近三百年學術史》說：「大學者有必要之態度二，一曰精慎，二曰虛心。亭林著作，最能表現這種精神。」（臺北：臺灣商務印書館，1987年2月臺11版），頁62。

〔註98〕黃宗羲云：「而或者以釋氏本心之說，頗近於心學。不知儒釋界限只一理字，

之更以其時代敏銳性之強的特質，就其《易》學解讀上，積極主張是「乾、坤並建」之實有的觀念，是絕對無法認同釋家所說的「天地是幻滅」之象，主張應「捨離」態度，因此，對於陽明心學也就等同視之，王夫之說：

> （釋氏）但見來無所從，去無所歸，遂謂性本眞空，天地皆緣幻立，事物倫理，一從意見橫生，不睹不聞之中，別聞理氣。近世王氏之說本此，唯其見之小也。〔註99〕

就是以「經世致用」及實有的觀點，先論釋家之謬，並取陽明之說與之並論，來說明陽明心學之流弊；當然，也只能說流弊，畢竟，王陽明的外王事業是有目共睹，可是明末袖手談心性而亡國，卻是事實，因此，歸咎源頭，則「心學」必然是成爲明清交替，所無法遁形而遭受被批判之課題！

### （三）尊經崇史之意識觀

明末學者在以「經世致用」的標準來批判心學的缺失，因此推崇《經》書，一直深信從中可以找到經世法門。對於這樣的觀念，就中國經學史的範疇來考察，其實是不陌生的；早自漢代以來，就有此信念，諸如皮錫瑞所言：「（漢代）皇帝詔書，群臣奏議，莫不援引經義，以爲據依。國有大疑，輒引《春秋》爲斷。」〔註100〕甚至，梁‧劉勰處在崇尚聲律、注重對偶、講求辭藻的美文風潮中，其著作《文心雕龍》仍云：「經者，恆久之至道，不刊之鴻教。」因此，重視《經》書，歷代有之，只是在程度上有些許差異，所以，若單以「推崇《經》書」來檢視明末學者，其特色不顯。但是，若從重視「史學」的角度來觀察，以配合《經》書的討論，則是眞能呈顯特點。

明末學者的共識中，普遍認爲史學的積極作用，是可以減輕《經》學權威的思想束縛。林聰舜說：「因爲比起經學來，史學無疑更能達到求眞、求實的要求，如果以『即事求理』與『立理限事』這一對對比的觀念來形容史學與經學精神，史學就是『即事求理』，而經學則是『立理限事』，所以若能以客觀的態度從史學吸取經驗、教訓，將有助學者從經學的束縛中解放出來，

---

釋氏於天地萬物之理，一切置之度外，更不復講，而止守此明覺；世儒則不恃此明覺，而求理於天地萬物之間，所謂絕異，然其歸理於天地萬物，歸明覺於吾心則一也。」《明儒學案》卷十〈姚江學案一〉，頁75。

〔註99〕王夫之：《張子正蒙注》卷一〈太和〉（臺北：世界書局，1959 年 9 月），頁10。

〔註100〕皮錫瑞：《經學歷史》第四章〈經學極盛時代〉（臺北：鳴宇出版社，1980 年5 月），頁 94。

以開放的心靈面對時代挑戰。」〔註101〕以王夫之學術來看，其著有《讀通鑑論》、《宋論》等史論，就知對史學投注心力之多；至於王夫之《易》學，從「史事《易》學」的角度，要溝通兩者之價值，因爲，就學《易》價值來看，人們僅可以借《易》之精微以體察天理與人性；而就《史》學價值來看，人們亦可以掌握客觀世界的演化，但是，單就一方，都難免失之一偏，誠如吳龍川所說：「聖人雖全然體知其性體，盡顯其性理之神妙，對客觀世界的認知，仍有所限。而要成就道德事業，不能單憑實踐之知，還要對客觀世界有不斷的理解。」〔註102〕基於這個理念，王夫之特別重視歷史解讀，並引《史》解《易》，以呈現其具體觀點。所以其取歷史事件闡述卦爻辭，單就《周易內傳》，就有一百餘條之例證，〔註103〕足證「尊《經》崇《史》」的學風，在王夫之方面，亦是其重點。

## （四）「通經」重於「致用」之趨勢

通《經》以致用，是傳統學者治《經》以來的主要目的，他們都相信，只要將經典熟讀與活用，必能對政治有所助益，雖然這種信念，於今觀之，是有所偏失的，因爲，其主張是落實在經籍的研究上，所以難免陷入傳統儒者乞靈於古聖，向古人求救的思考模式之泥淖。畢竟，政治、社會、文化諸問題代代各有不同的課題，經書不可能是萬驗的靈丹的，是以將改革的希望寄託在經書中，祇會蒙蔽問題的眞像，鬆弛人們改造現實的努力；但是，其對社會向心改造的積極性，仍是值得吾人肯定的。

然而，時勢所趨，滿清政府自康熙二十二年後，隨著清廷對全國進行有效統治，並逐步確立以尊朱爲特色的重儒重道的文化政策，使理學日趨僵化，思想日趨專制，當然也使著經學的「致用」目的，遭受多方面的限制，導致「通經」，原本是手段，漸漸趨向於目的了，最具體的現象，就是考據學開始興盛。

以王夫之《易》學爲例，汪學群就具體的指出：「這一趨勢也反映在王夫之易學上，順治十二年撰寫的《周易外傳》爲他的早年代表作，此書是通經致用的著作，可以說是《易》的運用；康熙二十五年撰寫的《周易內傳》爲他晚年代表作，此書側重於解經，從通經致用到解經的轉變，大體與清初學

---

〔註101〕林聰舜：《明清之際儒家思想的變遷與發展》，頁274。
〔註102〕吳龍川：《王船山「乾坤並建」理論研究》（臺北：國立臺灣師範大學國文學系博士論文，2005年6月，岑溢成博士指導），頁20。
〔註103〕參見本研究第九章〈附錄〉。

術發展趨勢一致。」〔註104〕除此之外，王夫之於二十八歲所作的《周易稗疏》，其特色之一是「偶有疑義，乃爲考辨」，以「乾」字爲例，王夫之云：

> 凡字之有釋，自鳥獸草木之有異名，人之有姓名爵號，可以彼釋此
> 而更無異義。若其他言事言理，則一字有一字之實義，可以意相通
> 而不可以相代。如云：「學，效也。」豈可云：「效而時習之乎！」
> 乾非徒健，健不即乾，明矣。故可云：「天行建」者，合「天行健」
> 三字而可共贊一乾，不可云：「天行乾」也。〔註105〕

是【乾】具有多種內容，凡屬積極、正面者，皆可言其有【乾】性，而「健」字，即是【乾】性其中之一，因此，說「天行建」可，說「天行乾」則不可。〔註106〕王夫之接著說：

> 乾之爲字，從倝從乙。倝，日出之光氣；乙，氣之舒也。六陽發見，
> 六陰退處於內，如朝日之升，清朗赫奕，無繼陰之翳滯，物以之蘇，
> 事以之興，此乾之本義。〔註107〕

考許慎（30～124）《說文解字》云：「乾，上出也，從乙。乙、物之達，倝聲。」段玉裁（1735～1815）注：「此乾字之本義也。」〔註108〕即知據於《說文》，再加以「乾坤並建」之應用發揮，達到「義理必據於考證」的基本要求，是以《四庫提要》稱之其爲：「言必徵實，義必切理，于近時說《易》之家爲最有根據。」〔註109〕依此則知，學術風氣使然，也不一定是因爲政治干涉所致，誠如余英時先生所強調的，在明朝羅欽順（1465～1547）爲了平息程朱與陸王思想上的爭辯，因此主張論學一定要「取證於經書」，所以「理學發展到了這一步就無可避免地要逼出考證之學。」〔註110〕但是，政治力有意的主導介入，壓縮學者治學用世空間，致使學術風潮改變，則又是令人不得不改變的

---

〔註104〕汪學群：《王夫之易學——以清初學術爲視角》，頁33。

〔註105〕王夫之：《周易稗疏》卷一〈上經〉【乾】，頁463～464。

〔註106〕王夫之此《稗疏》之學理，其實與王弼掃象理論相近，其王弼〈周易略例〉曰：「義苟在健，何必馬乎！」簡博賢師闡述云：「象所以表德，故凡合於乾健之德者，皆可爲乾之表象。」參閱〈王弼易學研究〉收入《魏晉四家易研究》，頁89～90。

〔註107〕王夫之：《周易稗疏》卷一〈上經〉【乾】，頁464。

〔註108〕許慎著，段玉裁注：《說文解字注》（臺北：天工書局，1987年再版），頁740。

〔註109〕紀昀：《四庫總目提要》《周易稗疏提要》，頁85。

〔註110〕余英時：〈清代思想史的一個新解釋〉，收入《歷史與思想》（臺北：聯經出版公司，1995年3月初版19刷），頁133～134。

事實;因此,明清之際學術思潮,無論是外在環境、或是內在理念,的確都有令學者從「通經致用」的氣勢,漸趨於「通經考據」的傾向了。

明、清交替之際,學風思潮的特點,應該不僅於此,以林聰舜研究所得,指出大旨有以下幾點,是迥異於前代的新觀念,是為:經世致用、批評宋明理學、尊崇經史、重氣重器之宇宙觀、重工夫重氣質人欲、正視客觀知識、反專制的政治、重商重功利、重行的知行觀等等觀念,甚為詳細,可參考之,〔註111〕只是,本研究重點以對比視野來與朱子《易》學相較,在選擇討論議題方面,僅能就相關內容為主;由此,可以發覺王夫之《易》學之差異於朱子原因,就在此四種條件裏,就已明顯出不同的轉變。當然,以此順進,從王夫之到李光地,學風必然轉變,則治《易》趨向,勢必也會隨之改變。

## 三、李光地對時代學風的批判與認同

李光地的學術性格與其政治經驗,是有直接關係。他本是出身陽明學風的地域環境,但是為了配合康熙帝,無論是治國需要、或時代學風之丕變,也不得不傾向於對宋代程、朱理學的靠攏;但是,就其陽明學的認同亦不偏廢,仍可在某些著作強調之。至於為了鞏固清代政治,為其首要之務,則污衊前朝官版學術著作,自為可行途徑之一。是以論李光地學術論點,其特徵已不似王夫之激烈,故云其「認同」,即認同康熙帝之觀點也。

### (一)延續明末對《大全》的批判

新政權的建立,為了標榜本身的價值,勢必有取於前代的優劣兩方面之探討,作為殷鑑與策勵,以進而證其有承先啟後的時代地位。就《易》學來說,康熙帝於《周易折中》〈序〉云:「朕自弱齡,留心經義五十餘年,未嘗少輟,但知諸書、《大全》之駁雜,奈非專經之純熟。」〔註112〕可知《折中》之纂修是針對《大全》而來。之後的《四庫提要・周易折中提要》就更進一步的說明《大全》一書之缺失,其云:「明永樂中,官修《易經大全》,龐雜割裂,無所取裁,由羣言淆亂,無聖人以折其中也!」〔註113〕就是在展現此種概念。畢竟《大全》是明代官修的版本,否定了它,即是否定了明代學術,因此,無論是康熙帝的〈序〉,還是《四庫提要》的編纂動向,針對明代學風

〔註111〕林聰舜:《明清之際儒家思想的變遷與發展》〈綜論〉,頁 267～293。
〔註112〕李光地:《周易折中》,康熙帝〈序〉,頁 3。
〔註113〕紀昀:《四庫總目提要》,頁 83。

一直是持否定態度，是不爭的事實，也是必然的行爲！

　　之前有顧炎武者，曾以亡國遺民悲慟的心態，將之化爲學術作品，期許日後能夠有學術指導政治的願景出現，誠如李紀祥所說：「他（顧炎武）未曾因清政權日趨穩固而剝落了學術中『經世』的目標，雖然他不能『致用』，但卻把『經世』之志、業，留在『著述』，以期待一個『後王』的繼清而興。這種『後王』的心態，對顧炎武這位遺民來說，是非常重要的，也是支撐他能夠不計身前名利而爲儒者擔當，將『外王經世』的理想、學問全部形於文字的一個動力。《日知錄》自是這樣信念下的一部作品。」〔註114〕換句話說，《日知錄》不僅是亭林先生的學術成果，也是他的經世致用的具體期望之願心；也因爲顧炎武企圖之強烈，所以能發揮影響力，直接或間接指導著清代學術之走向。〔註115〕但是令人覺得感慨的是，顧炎武的一面反對清代政治，一面批判《易經大全》，並且期待「後之興文教者」的願景，結果他的對《大全》的批判想法，竟是實現於他所反對的異族政權；在康熙帝與《四庫》館臣的前後否認的觀點下，《易經大全》在後人的觀點，當然也就隨之予以藐視了！〔註116〕因此，不僅李光地奉康熙帝理念要譏評《周易大全》，甚至到乾隆帝時，紀昀等人的奉敕編《四庫全書》時的看法，還是認爲《大全》僅僅在「就前儒成編，雜爲鈔錄，而去其姓名」，〔註117〕甚至說：「胡廣《大全》既爲前代之功令，又爲經義明晦、學術升降之大關，以特存之，以著明二百餘年士習文風之所以弊，蓋示戒非示法也。」〔註118〕依舊是延續明末學者的看法。由

---

〔註114〕李紀祥：《明末清初儒學之發展》（臺北：文津出版社，1992年12月），頁118。
〔註115〕顧炎武重視程朱學的願心，隨後就受到清朝君臣所執行，形成了學術權威；康熙帝說：「讀書五十載，只認得朱子一生居心行事。」陸瓏其以其「洙泗干城」、「程朱嫡派」氣勢，成爲一代理學正統宗師，死後，且受到朝廷從祀孔廟。因此，顧炎武推崇程朱學，縱使沒有直接效應，相信推波助瀾、間接影響仍是具備的。可惜的是，朝廷所重視的程朱學，僅是取鞏固政權、維繫人心的工具用途，重點並非學術上的哲學思辨，以致於程朱理學日漸邁向僵化、枯槁，因此，亭林的經世致用之願心，在清帝國的實踐上，算是沒有實現。有的只是「博學於文」的治學方法而已。
〔註116〕如皮錫瑞就認爲：「明時所謂經學，不過蒙存淺達之流，即自成一書者，亦如顧炎武云：『明人之書，無非盜竊。』」見《經學歷史》第九章〈經學積衰時代〉（臺北：鳴宇出版社，1980年5月），頁285～286。
〔註117〕紀昀：《四庫提要》《周易大全提要》引朱彝尊《經義考》之說，頁68。
〔註118〕紀昀：《四庫提要》《四書類存目》，頁 756。所謂「示戒非示法」，正可說延續顧炎武觀點，仍視明朝科舉學術，無一是處。

此可知，政治或許有改朝換代而產生停頓、驟變，但是，學術風潮卻可以不受此限，只要是普遍已被接受的概念，就依然可以繼續發揮其效用，誠如錢賓四先生所言：「清初學風盡出東林，亦無不可。」〔註119〕斯言甚是。足證李光地之反對與批判《大全》系列者，概秉承此學風。

## （二）依循康熙帝尊朱子學

康熙帝是推尊朱子學，只不過他所推尊的朱子學，在文化與道德仰慕之餘，政治考量才是其推尊的重要原因。因為「理學一方面正是以其君臣大倫，而為維護封建君權的有力後盾；另方面則亦以其修身之道、倫理名教，而為維護封建社會倫理秩序的有效規範。是以講講求束身斂心的程朱理學，就在王學末流已經形成學術廢弛、道德涯涘破壞、禮法蕩佚等敗壞的社會風氣，成為清主的不二選擇。」〔註120〕

對朱子學的推崇，之前的顧炎武，就曾於《日知錄》卷一《易》類時，已有相關議題的討論，並且用了很大的篇幅，說明經、傳分合的源流等相關過程，而顧氏辨析之目的，一者是感歎：「惜乎朱子定正之書，竟不得見於世，豈非經之不幸也夫！」再者是要標舉價值：「兩漢而下，唯多保殘守缺之人。六經所傳，未有繼往開來之哲。惟絕學首明於伊雒，而微言大闡於考亭。不徒羽翼聖功，亦乃發揮王道；啓百世之先覺，集諸儒之大成。」〔註121〕顧炎武此一標舉朱子學概念，實乃當時普遍的共識，即是對明朝陽明學風的反動，而有回歸程、朱學術的企圖；至於王夫之，雖以「希張橫渠之正學，而力不能企。」但是對於程、朱理學，仍抱有相當多的推崇之意，陳來就曾指出說：「在朱熹與王陽明兩者之間，王船山更接近朱熹。」〔註122〕又說：「（船山）並與朱子有著廣泛複雜的繼承關係。」〔註123〕所以說，在學風的普遍下，清代主要學風依然承續朱子學；況且滿清政府以外族入主中原之特殊身份，若要爭取學界普遍的認同，當然顧炎武、王夫之等人所推衍的學風，勢必是其所要籠絡的立場，是以清廷一

---

〔註119〕錢穆：《中國近三百年學術史》第一章〈引論〉（臺北：臺灣商務印書館，1990年10月臺5版），頁20

〔註120〕張麗珠師：《清代新義理學——傳統與現代的交會》第二章〈理學在清初的沒落過程〉（臺北：里仁書局，2003年1月），頁57。

〔註121〕顧炎武：《亭林文集》卷五〈華陰縣朱子祠堂上梁文〉，頁130。

〔註122〕陳來：《詮釋與重建——王船山的哲學精神》（北京：北京大學出版社，2004年11月），頁10。

〔註123〕陳來：《詮釋與重建——王船山的哲學精神》，頁15。

方面批評《易經大全》，另一方面又不遺餘力，返回程、朱要義，蓋爲普遍學風，自是順水推舟，又何樂不爲乎。誠如張麗珠師所說：

> 清人在建立政權以後，亟思以道統做爲治統之後盾，因此一方面刻意表現了對明學術、尤其是王學之極其詆毀；另方面則特意拉攏正統理學，表現了以程朱爲尊的學術傾向，以示其所接續才是道統之正。〔註124〕

因此吾人再回《周易折中‧凡例》所述，觀其內容，就明顯可見其中政治用心明顯是高於學術企圖的。李光地以其朝廷重臣身份，再加上奉敕編書，自然要將朱子學作爲第一學術考量，所以在所謂的「御纂」之《周易折中》中，即以朱子爲首要，就是此風氣的具體呈現。〔註125〕所以王夫之與李光地，同樣都是以闡揚朱子學自居，然而，標榜的重點卻已逐步改變；汪學群說的好：「康熙後期，（中略）對經書的研究，（中略）其重道經世的特徵雖然存在，但已經變味，其中憂患救亡意識、社會批判性、反抗性的色彩漸漸淡化，建設性、服務性的成份逐漸增強，成爲維護新朝的工具。」〔註126〕蓋學術風氣使然，則治學用心亦隨之丕變。以下試以一例說明之。

【坤】卦有言：「先迷後得主利。」朱子《本義》注：「陰主利，西南陰方。……利以順健爲正，如有所往，則先迷後得而主於利。……大抵安於正則吉也。」〔註127〕王夫之《內傳》注：「坤之德元亨，同於乾者，陽之始命以成性，陰之始性以成形，時無先後，爲變化生成自無而有之初幾，而通乎萬類，會嘉美以無害悖，其德均也。陰，所以滋物而利之者也。」〔註128〕李光

---

〔註124〕張麗珠師：《清代新義理學——傳統與現代的交會》〈紀昀反宋學的思想意義〉（臺北：里仁書局，2003 年 1 月），頁 85。

〔註125〕楊晉龍說：「『御纂』諸書固非皇帝親筆所作，然代言者固知自己乃代皇帝立言，下筆行文之際，心中實有一無形的皇帝在內，因之其說必循順著皇帝指示的原則、或代筆所認定的皇帝之意旨進行，這類書籍完成之後，恐怕也要經過一番修飾或檢查，纔能正式對外公佈，所以書中呈現的觀點，即使不是全部都是皇帝的獨特觀念，但至少是皇帝或不反對的意見，所以將其視爲皇帝思想的呈現，應該不會有任何不妥之處。」見〈「四庫學」研究方法芻議〉，收入蔣秋華編：《乾嘉學者的治經方法》（臺北：中央研究院中國文哲研究所，2000 年 10 月），頁 26～27。

〔註126〕汪學群：《清初易學》〈導論〉，頁 19。

〔註127〕朱子：《周易本義》，頁 32。本研究使用版本爲戴揚本、曾根美校點：《朱子全集》第壹冊。

〔註128〕王夫之：《周易內傳》卷一上【坤】，頁 39。

地《折中》案語：「蓋事主者，惟知有主而已。……故自此卦首發明之，而六四卦，臣道準焉。」〔註129〕按此三家說，朱子以解經說人事普遍義理爲主，所以，朱子又說：「『主利』，不是【坤】主利萬物，是占者主利。」〔註130〕既是占者主利，則人人都可占，凡得【坤】者，均可有利，因此，說朱子討論的是普遍義理；至於，王夫之則在闡揚其「【乾】、【坤】並建」理論，當然也是與朱子同，仍以人事普遍義理爲主；相較之下，李光地的官方色彩，以維護帝王爲職志，是以會強調《易》者爲「臣道」之書。李光地其爲朝廷服務的積極用心，可能是朱子、王夫之所無法想像的，但這也證明了，時代性與學者治學課題，的確是有直接的互動，雖然是同樣的材料，卻可以提供截然不同的解釋；只是在後人客觀的考察時，李光地的特殊、狹窄等等政治立場，是明顯不如朱子的普遍、寬廣下的長久價值，則爲其必然之局限。

## （三）對陽明心學的修正

李光地有《周易通論》之作，依《四庫提要》所說：「其論【復】、【无妄】、【中孚】、【離】四卦爲聖賢之心學，亦皆以消息盈虛，觀天道而修人事，與慈湖《易傳》以心言《易》者迥殊。」〔註131〕且依李梅鳳之研究也指出，李光地於《周易折中》【訟】六三、【復】〈象〉、【離】初九、【咸】卦、【睽】卦等案語中，亦有取「心學」觀點來討論，〔註132〕如此看來，則梁啓超所云：「依草附木」，以批李光地「從王學轉入朱學」，看來並非無據；然而亦非全面現象。

案：「李光地，其先世自閩北尤溪徙入閩南安溪，傳至六世樸菴公李森，因有武功，受爵於朝，爲邑右族。至其父惟念公李兆慶時，家道已中落，但其學問淹博宏深，爲縣學中之庠生。又閩中鄉先輩有《易》學大師李贄、黃道周者，二人屬陽明派，安溪一帶之學術皆受其籠罩。」是知，乃大環境之地緣風氣，身於此境，必然是最早接觸，但是有自覺之學者未必是爲其永遠之學術立場，若是有謬論之處，必然無法接受。例如在當時有一種傳說：「彼時在安溪長老心中，朱熹乃秦檜一流之人物。」李光地則云：「某自幼聞得長老言，朱子說秦檜有中興之功，岳武穆強橫，即任之果專，亦恐不能成功。及後讀朱子書，何嘗

〔註129〕李光地：《周易折中》卷一【坤】，頁155〜156。
〔註130〕黎靖德編：《朱子語類》卷六十九【坤】，頁1732。
〔註131〕紀昀：《四庫提要》《周易通論提要》，頁92。
〔註132〕李梅鳳：《李光地周易折中案語研究》（彰化：國立彰化師範大學國文系碩士論文，2003年6月，游志誠教授指導），頁50、76、84、88、99。

有此！」〔註133〕俗話說的好「三人市虎」、「習非成是」，當時之環境與流行觀念，的確是會成為集體共識，就如同西哲培根《新工具》一書，所指出的「洞穴的偶像」、「劇場的偶像」所必然引出的學術障礙與限制。但是針對「陽明學派」信仰者之衍流產生的謬論，李光地卻有質疑的思想，而積極尋找其他異說，以證流傳觀念之不可皆信。李光地又云：

> 當明季時，如李贄之《焚書》、《藏書》，怪亂不經，即黃石齋的著
> 作，亦是雜博欺人。其時長老，多好此種，卻將周、程、張、朱
> 之書譏笑，以為事事都是宋人壞卻。惟先君（李兆慶）性篤好之。
> 〔註134〕

對於鄉里的學術共識，其父親已能有不同見解，自然會給與李光地強烈影響，李光地又曰：

> 其幼時，曾聞耆老云：「孔子之書，不過是立教如此，非是要人認以
> 為實。」豈不是癡人說夢！明末人都是此見，風氣雖嘉靖以後方壞，
> 卻是從陽明開此一派。〔註135〕

針對「陽明學風」之流弊，學者多能言之，本研究於此不再詳述；只是要強調的是，其幼年家鄉教育的基礎必然深入其心，致使雖中年入閣從政，仍然無法摒棄其對陽明心學的肯定。但是可以確定的是，李光地當然不會是「束書不觀」的心學弊端之繼承者，而是反對空談，以「實心」而論的具體之學。

王陽明之學，就是「致良知」之學，因此，後人有所謂「心學派」之稱呼，其用之以解讀《易》學，必然又有不同面貌，所呈顯之現象，自不同於「象數派」、「義理派」之範疇。只是「心學派」《易》學，其實論述重點仍然以「義理」為要，只是「義理」的建構，完全建立在「心性」上的「致良知」。但是，吾人不可忽略的是，王陽明《易》學的建構，尚有取於「象數派」理論；試以【遯】為說，以見王陽明《易》學之廣博與採納，王陽明云：

> 【遯】，陰漸長而陽退遯也。〈象〉言，得此卦者，能遯而退避則亨。
> 當此之時，苟有所為，但利小貞而不可大貞也。夫子釋之以為【遯】
> 之所以為亨者，以其時陰漸長、陽漸消，故能自全其道，而退遯，
> 則身雖退而道亨，是道以遯而亨也。雖當陽消之時，然四陽尚盛，

---

〔註133〕李光地：《榕村語錄》卷二十四《文淵閣四庫全書》冊725，頁368。
〔註134〕李光地：《榕村語錄》卷二十九，頁523。
〔註135〕李光地：《榕村語錄》卷二十四，頁374。

而九五居尊得位，雖當陰長之時，然二陰尚微，而六二處下應五，
蓋君子猶在於位，而其朋尚盛，小人新進，勢猶不敵，尚知順應於
君子而未敢肆其惡，故幾微。君子雖已知其可遯之時，然勢尚可爲，
則又未忍決，然舍去而必於遯，且欲與時消息，盡力匡扶，以行其
道，則雖當遯之時，而亦有可亨之道也。〔註136〕

案：【遯】卦二陰四陽，十二消息卦中之陰消六月卦，所以說：「陰漸長而陽
退遯也。」又，六二、九五，陰陽相應且均當位，是以說：「雖當陽消之時，
然四陽尚盛，而九五居尊得位，雖當陰長之時，然二陰尚微，而六二處下應
五，蓋君子猶在於位，而其朋尚盛，小人新進，勢猶不敵，尚知順應於君子
而未敢肆其惡，故幾微。」是知，陽明論《易》仍有取漢、魏條例以作爲敘
述依據，然而，其後之繼承者，如王龍谿者，卻拋棄王陽明學術之包容氣魄，
完全以「心性學」來解讀《易》學，王龍谿說：

嗟嗟，《易》學之不傳也久矣！自陽明先師倡明良知之旨，而《易》
道始明，不學不慮，天然靈竅。其究也，範圍天地，發育萬物，其
機不出於一念之微，良知之主宰，即所謂神；良知之流行，即所謂
氣。盡此謂之盡性，立此謂之立命。良知先天而不違，天即良知也；
良知後天而奉時，良知即天也。文王之辭，周公之爻，效此者也；
孔子之《易》贊此者也。〔註137〕

不僅聖人所解的《易》學都是合乎「良知」，甚至連天地萬物之存在與否，都
是「良知」下，才有其價值；而依據王龍谿的理解，此中之價值是由王陽明
所闡揚而大明，以此而論，之前的《易》學者，從漢、魏以來到兩宋，均沒
有掌握到《易》學箇中涵蘊，說「心學」才是眞正解《易》之途徑矣！由此
可知，所謂「心學派」之稱呼，應從王龍谿來說，只是王陽明首創之地位，
當然也就難免遭受後人毀譽參半的評價了。

這種由「心」所掌握的一切，是既籠統又無限，至李光地，以其護切之
情，給予重新詮釋，其說：

漢唐以來，都不識天，多以天爲茫茫蕩蕩，無有知覺，不過胡亂生出
人物來，任他升沉顯晦。後來儒者，覺得不是，亦只空說有箇理在，

---

〔註136〕王陽明：《王文成全書》卷二十六《五經臆說》，頁 197～198。
〔註137〕王畿：《王龍谿全集·雜著·易測授叔學》卷十五《四庫全書存目叢書》集部
冊 96（台南：莊嚴文化公司，1997 年 6 月），頁 557。。

> 不然何以日月星辰，萬古不錯，生人生物，都有條緒！其實天之形勢
> 大，其運動包羅，人豈能與之同。乃聖人說來，天與人直是一般，說
> 天聰明果然天聰明，說天有好惡果然天有好惡，說上天震怒果然天有
> 震怒，說皇天眷佑果然天有眷佑。人有性，天亦有性；人有心，天亦
> 有心。無絲毫之異，一切風雨雷霆，都是天之材料，而中間有箇主宰，
> 謂之帝。各項職掌，無不聽命於帝，其生殺舒斂，氣候一到，無有鉅
> 細，莫不響應如人一身，其五官百體，皆人之材料，亦各有職掌，而
> 主宰乃心也。拔一根毛髮，心亦知痛，所以謂之天君。聖人說天，竝
> 不說他精微奧妙，只在人日用飲食上，說盡道理。〔註138〕

天的運行，或許渺茫不可識，但是透過日月星辰的運作，持續不變，可以令
天地萬物依循而生存，其間必有個主宰；聖人體會天地主宰之意，而能依循
之，而所體會者，必是以「心」交「心」，所謂：「人有心，天亦有心，無絲
毫之異。」因此用此心以體會於日用飲食上，以呈現天是具體的，而說「心
性」者，也必然是具體的。因此李光地又說：「古人之學，皆是以心地爲之本。
聖人固是，以一心而涵萬理，學者亦當涵養其心，以爲窮理之源。」〔註139〕
李光地主張的「心學」是由「天」所發端，經由聖人體會，而創制出的日用
飲食之舉，他就是一種「實學」；誠如汪學群所言的：「天地之心者，道心也。」
〔註140〕修正了「心學」，以挽回長期被誤解的學術觀點。由此看來，李光地之
學術企圖甚爲弘遠，不可僅以程、朱學術之繼承者爲範疇概括之。

## 第三節　政治環境對治《易》者的具體影響

本節的討論重點，是要觀察：「政治環境對治《易》者的體影響」此一命
題，而在朱子、王夫之、李光地三人中，由於李光地相對的有長期政治經驗，
且《周易折中》又是奉敕所編，因此，必然有更鮮明的看法，足以觀察出政
治環境的確對學者的影響是巨大的，因此本節將由李光地爲主，然後再對比
於朱子、王夫之，在同樣的卦爻解讀下，有著那些不同的觀點，即可鮮明呈
現差異處。

---

〔註138〕李光地：《榕村語錄》卷十一〈周易三〉，頁172〜173。
〔註139〕李光地：《榕村語錄》卷四〈下論〉，頁51。
〔註140〕汪學群：《清初易學》（北京：商務印書館，2004年11月），頁575

　　由於李光地以漢人身份，而入閣於滿清政治，不僅從政時間長，而官位又厥高，況且《周易折中》又是於 72 歲晚年奉敕之所編，因此其解《易》內容，必然會有長期從政經驗以及與康熙帝互動下的觀點投射。首先，借【乾】〈象〉表達其對康熙帝的稱讚，李光地案語說：「以君之元亨言之，九五以一位統六位之德，是亦天之元矣。」「以君之利貞言之，九五一爻爲卦之主，上下五陽與之同德，如大君在上，萬民各得其性命之理。」〔註 141〕接著，表達臣服於康熙帝的忠貞態度，於【坤】：「元亨利牝馬之貞，君子有攸往，先迷後得主，利西南得朋，東北喪朋，安貞吉。」李光地案語：

> 「後得主」，當以孔子〈文言〉爲據，蓋【坤】者地道、臣道，而【乾】
> 其主也。居先則無主，故迷；居後則得其所主矣。〔註 142〕

李光地《周易折中》就「經、傳」關係，雖然在編排上，主張以朱子《周易本義》說爲主，採用「經、傳分編」，但在解釋過程中，卻又認爲要「以傳解經」，積極認爲孔子所云《易傳》才是解釋《易經》最可靠的依據；所以於此段言「當以孔子〈文言〉爲據」，即是此觀點的呈現。這種觀點的特色，就是以某家權威爲標的，其實與朱子「經、傳分編」的精神，是相違背的，〔註 143〕然而，李光地無識朱子用心，更將學術權威概念，擴及至政治權威，以帝王爲其思考中心，此爲混「學統」與「政統」爲一脈之意念，即是李光地念茲在茲的「從政」意謂之投射所在；於【坤】〈文言〉有言：「【坤】道其順乎，承天而時行。」當然，李光地的理解「天」者，就是康熙帝，因此順帝之則，是爲臣道唯一從政標準，因此要強調臣道若居先，無英明帝王領導，必然迷惑。李光地接著又說：

> 蓋事主者，惟知有主而已。朋類非所私也，然亦有時而宜於得朋者，
> 西南是【坤】，代【乾】致役之地，非合眾力，不足以濟，於是而得
> 朋，正所以終主之事，是得朋即得主也。惟東方者，受命之先，北
> 方者，告成之候，稟令歸功，己無私焉，而又何朋類之足云，故必
> 喪朋而後得主也。〔註 144〕

帝王之重要，一直是李光地要強調之處；當然這也就提供後人對李光地批判的重要因素之一。

---

〔註 141〕李光地：《周易折中》卷九【乾】〈象〉案語，頁 874〜875。
〔註 142〕李光地：《周易折中》卷一【坤】，頁 155。
〔註 143〕詳細討論於本研究第三章。
〔註 144〕李光地：《周易折中》卷一【坤】，頁 155〜156。

其實李光地並非僅是奉承君王，仍有強調仕者、學者執行上的重要地位，畢竟國家事務紛雜多端，單非帝王一人就可奏其功，因此，臣屬的責任分工，也就明顯重要，而群臣必須要眾心一志，否則無法完成國家之事，但是要強調的是群臣的集合與一致，非以往之朋黨私營為中心，而是在帝王領導下的為國謀利，至於眾臣無私，能具體完成君主交付之事。李光地此解有一特色，將歷來解「西南」、「東北」等方位之說完全摒除，〔註145〕純粹就以帝王領導、眾臣致役來作說解，頗有截斷眾流、一新耳目之勢。李光地接著又說：

> 為人臣者而知此義，則引類相先，不為阿黨，睽孤特立，不為崖
> 異，……故自此卦首發明之，而六十四卦，臣道準焉。〔註146〕

再度強調眾臣不營私結黨，亦不特立孤行，自命清高，心中僅有一個信念，那就是在服膺康熙帝的領導，且是唯一價值標準；最後要強調，《易》六十四卦，都在闡揚臣道，而應無條件盡忠於帝王也。

雖然，這種借【坤】卦來說明君臣關係的概念，李光地並不是唯一，從他所「集說」諸家中，都有類似說法，如孔穎達說：「臣不可先君，卑不可先尊。」張浚說：「君造始，臣代終。」楊簡：「君先臣後。」喬中和：「妻從夫，臣從君而已。」只是李光地更擴大作為凡例，認為六十四卦，一言以蔽之：「臣道準焉。」這應該與他的政治身份，絕對有直接影響。相較於朱子而言，僅就卦辭說解，最多只說：「陽先陰後，陽主義，陰主利。」〔註147〕並沒有聯想至政治上的君臣關係；同樣的，王夫之也不從政治聯想來注解，僅強調君子要「體之以行，能知先之為失道，而後之為得主，則順道而行，無不利矣。」〔註148〕事實上，就於【坤】卦辭，甚至〈象傳〉來看，也沒有言及「君、臣」關係應如何；由此可證，學者身份，的確會與治學興趣有直接反應，這在三人之對比下，李光地的政治用心是鮮明的；當然就其首席讀者康熙帝，在觀此書所言後，可想而知必然是龍顏大悅，自不在話下。然而若跳離個人政治立場，李光地以此論點說明君臣互動，仍是有其爭議之處的。

---

〔註145〕李鼎祚《周易集解》引崔憬之說：「妻道也。西方坤兌，南方巽離，二方皆陰，與坤同類，故曰西南得朋。東方艮震，北方乾坎，二方皆陽，與坤非類，故曰東北喪朋。」（臺北：廣文書局，1989年6月再版），61。朱子《周易本義》也說：「利西南陰方，東北陽方，安順之為也。」李光地《周易折中》卷一【坤】引，頁151。

〔註146〕李光地：《周易折中》卷一【坤】，頁156。

〔註147〕朱子：《周易本義》，頁32。

〔註148〕王夫之：《周易內傳》卷一上【坤】〈象〉注，頁41。

考先秦儒家，以「君、臣」關係來作討論，於孔子來看，亦有所指出，孔子曰：「君君，臣臣。」〔註149〕又說：「事君，敬其事而後其食。」〔註150〕又說：「君使臣以禮，臣事君以忠。」〔註151〕都是在強調，雙方僅是職務上的不同，而非階級上的差異，更不是具有絕對服從的不變關係；至孟子時，討論的更澈底，言：「聞誅一夫紂矣，未聞弒君也。」〔註152〕更是令帝王聞之動怒，而有棄之而後快之意；〔註153〕但相對的，這也是令學者最欣慰、最想實行的政治理念。〔註154〕可惜的是，「孔孟精神」此傳統卻斷層，並沒有貫注於李光地身上，李光地仍然礙於君王權威，學者風骨或多或少已喪失；有的只是汲汲營營，幫帝王思考如何統治國家，於是，在【坤】初六：「履霜堅冰至。」李光地案語又說：

> 陰陽之義，以在人身者言之，則心之神明，陽也，五官百體，陰也。以人之倫類言之，則君也、父也、夫也，陽也；臣也、子也、妻也，陰也。心之神明，以身而運，君父之事以臣子而行，夫之家以婦而成，是皆天地之大義，豈可以相無也哉！〔註155〕

除了強調君王是重要標準之外，就社會倫理制度亦要普遍建立起以「三綱五常」為主之制度，且是必要、積極之舉，規定尊卑之差，以利國家運作過程能順利推行，因此，李光接著又說：

> 然心曰大體，五官百骸則曰小體，君、父與夫，謂之三綱而尊，臣、子與妻主於順從而卑，自其大小尊卑之辨，而順逆於此分，善惡於此生，吉凶於此判矣。誠使在人身者，心官為主，而百體從；令在人倫者，君父與夫之道行，而臣子妻妾聽命焉，則陰乃與陽合德者，而何惡於陰哉！〔註156〕

〔註149〕朱子：《四書章句集注》《論語‧顏淵》，頁136。
〔註150〕朱子：《四書章句集注》《論語‧衛靈公》，頁168。
〔註151〕朱子：《四書章句集注》《論語‧八佾》，頁66。
〔註152〕朱子：《四書章句集注》《孟子‧梁惠王下》，頁221。
〔註153〕如明太祖朱元璋讀《孟子》至草芥寇讎之語，雷霆大怒，直欲將孟子逐出孔廟而後快。見楊家駱編：《新校本明史并附編六種》卷一百三十九〈列傳27〉（臺北：鼎文書局，1982年11月4版），頁3981～3982。
〔註154〕黃俊傑：「中國的專制現實壓迫《孟子》書及其政治思想，《孟子》也成為撻伐專制有力的思想武器。」《中國孟學詮釋史論》（北京：社會科學文獻出版社，2004年9月），頁64。
〔註155〕李光地：《周易折中》卷一【坤】，頁157。
〔註156〕李光地：《周易折中》卷一【坤】，頁157～158。

強調彼此關係與主從的身份判別。李光地認為這是維繫上至國家、下至個體，人人依其當下身份，完成其應盡義務，則天下太平、安居樂業；倘若亂了此一倫理制度，人人只想逞其私欲，則國家將亂，個人勢必也必遭受災殃，李光地接著說：

> 惟其耳目四肢，各逞其欲，而不奉夫天官；臣子妾婦，各行其私，而不稟於君父，則陰或至於干陽，而邪始足以害正，在一身則為理欲之交戰，而善惡所自起也；在國家則為公私之迭乘，而治亂所由階也。〔註157〕

至此可知，李光地積極闡釋【坤】卦「順從」之理，除了有要安定社會、鞏固國家制度之外，並且要與《禮記》之規定相互配合，〔註158〕以證明《經》書之聖人要義是融通的，以強調用「禮」治國，勝於用「刑」治國；當然更要汲汲向康熙帝輸誠，表達其無限效忠之志。所以說李光地的政治環境有影響其治《易》想法。

　　李光地既全力效忠於康熙帝，這是無所置疑的，可是下情真能上達？「只為浮雲能蔽日，長安不見使人愁」，君臣隔離，史不絕書；因此李光地接著要指出，為臣從政之最大焦慮點，是來自君臣之間橫亙著溝通不良的障礙物，致使彼此產生芥蒂而有所隔閡，李光地於【姤】〈象〉案語：

> 必如天地之相遇，而後品物咸章也。必如此卦以羣剛遇中正之君，然後天下大行也。苟天地之相遇，而有陰邪干於其間；君臣之相遇，而有宵類介乎其側，則在天地為伏陰，在國家為隱慝，而有女壯之象矣。〔註159〕

對於小人的批判，自來都是君子的首要之務，也就是說，當小人存在，因其利益薰心，則破壞君臣之間的互動是必然的，所以李光地諫請康熙帝絕對勿用小人，於【師】上六：「大君有命，開國承家，小人勿用。」李光地〈案語〉有一異於其他學者的看法，其云：

> 小人勿用，非既用而不封，亦非既封而不用，乃是從初不用。……
> 但此處「小人勿用」，小人二字又似所包者廣，蓋非專論在師立功之

---

〔註157〕李光地：《周易折中》卷一【坤】，頁158。
〔註158〕《禮記・禮運》云：「禮義以為紀，以正君臣，以篤父子，以睦兄弟，以和夫婦。」阮元編：《十三經注疏本》（臺北：藍燈出版社，不標出版年。），頁413。其精神可謂相呼應。
〔註159〕李光地：《周易折中》卷十【姤】〈象〉，頁1002。

人，乃是謂亂定之後，建官惟賢，不可復用小人，恐爲他日之亂本爾。如【解】卦，難既平矣，必曰小人退，【既濟】卦三年克之矣，又必曰小人勿用，皆此意也。〔註160〕

從源頭處，就斷絕小人鑽營機會，則日後無動亂之憂，如此一來，朝廷必然是君臣合心；當然以康熙帝之聖明，朝中自無小人，這是李光地要借機不忘褒讚君王。

李光地於清廷是位居高位，因此也要表達其對屬下、同僚的建議。於【渙】六四：「渙其羣，元吉。渙有丘，匪夷所思。」李光地案語：

常人徒知散之爲散，不知散之爲聚也。散中有聚，豈常人思慮之所及乎！世有合羣黨以爲自固之術者，然徒以私相結，以勢相附耳，非眞聚也。及其散也，相背相傾，乃甚於不聚者矣。惟無私者，公道足以服人，惟無邪者，正理可以動衆，此所謂散中之聚，人臣體國者之所當知也。〔註161〕

李光地從政多年，於身爲閣臣所看出癥結點，深知官場人事效應之大，因此以其多年經驗，特別點出箇中要義。蓋所謂結黨者，多爲營私，於共衆事務上，反而難成共識，因此其影響力，大多不強；反倒是獨自一人，因無利害關係，見事論理，反多能客觀服衆，其效果比其朋黨強得多，所以從政之道，要多加聽取此類耿介人士建議，以達防患未然，畢竟類似這種因一人而亂天下者，於史書上常有記載，〔註162〕這是身爲國家重臣者，所必須知道之理；李光地此一防微杜漸的細心處，點出了「大事應由小處著手」、「大亂萌於小疵」等等現象，值得肯定。但是李光地將「黨派」一律視爲利益團體的集合群，因此不鼓勵群臣「結黨」，是以鼓勵節身自愛的個人，凸顯出其意義；在看似尊重之背後，則又是明顯以君主立場來解讀「黨派」，並進一步給予汙名化。蓋自宋‧歐陽修（1007～1072）有〈朋黨論〉之名作，朱熹也在〈與留丞相書〉云：

熹不勝愚者之慮，願丞相先以分別賢否忠邪爲己任，其果賢且忠耶，則顯然進之，惟恐其黨之不衆，而無與共圖天下之事也。其果姦且

〔註160〕李光地：《周易折中》卷一【師】，頁224。
〔註161〕李光地：《周易折中》卷八【渙】，頁805。
〔註162〕顧炎武《日知錄集釋》卷十七〈御試黜落〉條：「舊制殿試，皆有黜落，臨時取旨，或三人取一、或二人取一、或三人取二，故有累經省試取中，而擯棄於殿試者。自張元以積忿降元昊，爲中國患。」頁398。

邪耶，則顯然黜之，惟恐其去之不盡，而有以害吾用賢之功也。不
惟不疾君子之爲黨，而不憚以身爲之黨；不惟不憚以身爲之黨，是
又將引其君以爲黨而不憚也。如此則天下之事其庶幾乎！〔註163〕

強調丞相之權與識人之能，並主張以君子之「結黨」，方能有效率的執行國事、
造福天下。但是，朱子這種尊崇士大夫的觀點，在以權威治國的滿清時代，
凡事以君王爲主體，致使就李光地的思維中卻是無法想像朱子的「結黨」想
法，反而是借此《易》注，打擊「結黨」者，而以尊重「個別」學者，強調
其「惟無私者，公道足以服人，惟無邪者，正理可以動眾」爲幌語，事實上，
仍不離維繫君王利益政治爲考量。另外李光地認爲學者從政，是爲國爲民的
終身責任，因此期望同僚能常反思修身，於【晉】上九：「晉其角，維用伐邑，
厲，吉，无咎，貞吝。」李光地案語：

晉其角者，是知進而不知退者也。知進而不知退者，危道也，然亦有
時事使然，而進退甚難者，惟內治其私，反身無過，如居家，則戒子
弟、戢僮僕，居官則杜交私，嚴假託，皆伐邑之謂也。如此則雖危而
吉无咎矣，若以進爲常，縱未至於危也，寧無愧於心乎。〔註164〕

無可否認的，從政道理大家都懂，包括對內的居家要嚴、及對外的交友要慎，
然而有些情況發展，非所能掌握，畢竟有求全之毀，亦有不虞之譽，捫心自
問，若不求私利，無愧於心，則錯不在己，亦可對得起良心，此說仍然合乎
君主期許。

總之，李光地於《易》解內容，與其從政心態、朝廷地位，是有絕對關
係，因此多有迥異於其他《易》學家的觀點，甚至斷言之前學者，皆無善解，
如【小畜】九五：「有孚攣如，富以其鄰。」李光地案語：

此爻之義，從來未明。今以卦意推之，則六四者近君之位也，所謂
小畜者也，九五者君位也，能畜其德，以受臣下之畜者也。〔註165〕

爲什麼「此爻之義，從來未明」？原因是治《易》學者無此從政體驗，縱使
有從政體驗，卻又職位不高，縱使職位之高，又未必能深受君王長期信任；
總而言之，能具備上述條件且又集於一身者，李光地眞是史上第一人，因而
有此機緣，故能反應於《易》學上，勢必有其生命之眞體驗。

〔註163〕朱子：《文集》卷二十八〈與留丞相書一〉，頁1243。
〔註164〕李光地：《周易折中》卷五【晉】，頁531。
〔註165〕李光地：《周易折中》卷二【小畜】，頁247。

　　要考察學者彼此之間的觀點差異處，本研究採用「對比視野」方法，於此主題下，亦可得鮮明概念。由於朱子與君王相處時間並不長，另外依據余英時先生所指出的，兩宋士大夫對於從政概念上，都普遍存有「君臣同治天下」的理念，〔註166〕則君臣關係僅是職務上的不同，於身份地位上實屬平等，是以反應於《易》解內容，必然與李光地不同。至於王夫之自詡為「孤臣孽子」，僅是於「小南明」之處有短暫從政經驗，其可影響之處更少。因此就李光地借《易》解，所要強調表達效忠於君王部份，看來絕非朱子、王夫之的思索重點，因為縱使朱子、王夫之有述及，立場不一，則感受不深，縱使有提及，也只能泛泛而談，無法具體深入，所以與李光地相較下，是不能相提並論的；是以接著所要討論之主題，就從「政治道德觀」開始，以「君子」、「小人」之主題為範圍；因為這是儒家的大傳統，且三人均有自承本身是君子者，而在政治生命體驗中，又有與小人接觸之經驗，因此由此主題著手，相信會有深入的概念。就【師】上六，王夫之注：

> 大君謂五也，開國命為諸侯，承家命為大夫。上居事外，不與師旅之事，師還論功，六五命之，定爵行賞。賞雖以功為主，而抑必視其人。小人不可開國承家，而命之則貽害方大，故戒之。然小人僥倖有功，與君子等，而以志行見詘，則將有如趙汝愚之於韓侂冑者，激之反成乎亂。故勿用者，宜早慎擇於命將之日。上六雖柔不能斷，但戒之，而無歸咎之辭；責在六五，不在上六也。六五遣弟子分長子之任，雖免輿尸，亦終為咎。至於小人已有功而抑之，乃忠臣憂國、不恤恩怨之道，直道雖伸，國亦未易靖也。〔註167〕

王夫之的看法，有幾點特點：其一、區分發令之君主與執行任務之大臣，而就此範疇來看，上六爻位之身份，是負責執行之事，至於人事來源，則是由六五爻位所令，因此當任務完成，論功行賞之多寡，也就在六五之君，至於上六者，僅有建議之責，所以說：「責在六五，不在上六也。」其二、就小人因任務有功必須行賞，然而因其本質是為小人，日後必然會驕縱誤事，所以

---

〔註166〕余英時：《朱熹的歷史世界——宋代士大夫政治文化的研究(上篇)》第三章〈「同治天下」——政治主體意識的顯現〉，頁287～312。余先生並舉清乾隆帝之語：「且使為宰相者居然以天下之治亂為己任，而目無其君，此尤大不可也。」余先生結論：「乾隆的政治感覺十分敏銳，深明宋儒壓抑君權的意向。以乾隆與宋神宗對比，即可見『士』的政治地位在宋、清兩代的升降狀態。」頁309。
〔註167〕王夫之：《周易內傳》卷一下【師】，頁78。

建議六五在行賞時，不可給予爵位，而上六也必須在任務執行過程，適時教育告誡，以免擴大小人驕縱之心。其三、小人雖說有功，然而爲了國家整體著想，不給予爵位時，則小人必然心生怨懟，然而忠臣憂國，抑制小人，也無法面面俱全，但是仍要防患小人因心生不滿，所導致的可能破壞後果；但是可以確定的是，小人之舉必然會危及國家，所以忠臣接著要思考，其重點就是擺在防患未然之掌握！

　　就第二點中，君子可以教育小人、感化其心的看法上，王夫之是充滿信心的，其於【解】六五：「君子維有解，吉。有孚于小人」注云：

> 五以柔居尊，道不足，而二以婞直自用，則其慢疑不釋，將激而與
> 小人黨，以犯上醜正。幸上之柔和不迫，從容而解之；維其有解，
> 是以吉。君子既得解，則且以道感孚小人，而小人亦化矣。……郭
> 子儀之處程、魚，庶幾得之。〔註168〕

以唐・郭子儀的典故事蹟，作爲正面歷史見證，揭櫫著，凡是有持正道君子者，必然得以感化小人，使之歸之於正途。這是王夫之的理想，但是其所採用「郭子儀」事蹟，卻仍無法呈顯其理想，畢竟君子的背後，仍要君主的力量來維繫所謂正義。〔註169〕由此可見王夫之對於政治觀察點，對於所謂的小人的任命權責，是出自於君主，而君主之所作所爲，大臣是無制衡力量，僅能無條件接受小人後，再施予教育，以求能改變小人心態，接著在君主行賞時，建議不要給予小人爵位，以避免後果擴及。而王夫之雖然有時會認爲小人是可以感化，但是若處理不當，如史上記載：「蕭望之唯不知此，恃其剛以柔懦之元帝爭得失，而弘恭、石顯之忿娼愈烈。」〔註170〕則挑起禍端之弊害，

---

〔註168〕王夫之：《周易內傳》卷三上【解】，頁262。

〔註169〕司馬光編：《資治通鑑》卷二百二十七〈唐紀四十三・德宗建中二年〉（781）記載：「子儀爲上將，擁強兵，程元振、魚朝恩讒毀百端，詔書一紙徵之，無不即日就道，由是讒謗不行。」頁7303。蓋唐朝安史之亂起，宦官權利獨大，一言不合常參文臣武將，郭子儀亦曾被魚朝恩所讒，所幸君王相信其忠，故能免其罪。《新唐書》卷一百三十七〈列傳六十二・郭子儀〉亦載：「子儀事上誠，御下恕，賞罰必信，遭幸臣程元振、魚朝恩短毀；方時多虞，握兵處外，然詔至即日就道，無纖介顧望，故讒間不行。」（臺北：鼎文書局，1981年1月3版），頁4602。可資參考，是以王夫之取之爲說。然而，魚朝恩後被誅，則仍是小人必然結局，是知郭子儀並未感化魚朝恩；王夫之於此例，僅是斷章取義，是不合史實的。

〔註170〕王夫之：《周易內傳》卷三上【解】，頁262。按《漢書》卷七十八〈蕭望之列傳〉載蕭望之上奏漢元帝，指石顯等人之罪，後來反而處理不當飲鴆自殺

屆時更難處理，是以寧願先行防患；至於如此防患小人，必然會遭受小人怨懟、甚至報復，只是忠臣爲國，不計後果。就以上所述分析後，可以發現，王夫之對於君主權位的無限意志之推行而無法給予有效制衡，是充滿的焦慮感，這與王夫之的從政於「小南明」經驗是相符的，身爲臣子僅能眼睜睜看著小人從受命到立功、到受爵、到因權大而危及國家，而忠臣也僅能建議、徒託空言罷了。

相較之下，於朱子的看法中就比較直接了，認爲此狀況之時，小人之獎賞，只要給予金帛財物，不可以給爵位權勢。朱子說：

> 師之終順之極，論功行賞之時也。坤爲土，故有開國承家之象。然小人則雖有功，亦不可使之得有爵土，但優以金帛可也。戒行賞之人，於小人則不可。用此占而小人遇之，亦不得用此爻也。〔註171〕

其實，朱子的看法是上有所承，他的精神可以說與之前的《周易正義》、《伊川易傳》是如出一轍。《周易正義》云：

> 大君有命者，上六處師之極，是師之終竟也。大君謂天子也，言天子爵命，此上六若其功大，使之開國爲諸侯，若其功小，使之承家爲卿大夫；小人勿用者，言開國承家須用君子，勿用小人也。〔註172〕

由此看來，不僅在朱子，對於王夫之的六五、上六的解釋，以及「開國」、「承家」依據，大都是來自《周易正義》的看法。而程頤《伊川易傳》也說：

> 上師之終也，功之成也。大君以爵命賞有功也，開國封之爲諸侯也，承家以爲卿大夫也。承、受也，小人者，雖有功，不可用也，故戒使勿用。師旅之興，成功非一道，不必皆君子也。故戒以小人有功不可用也，賞之以金帛祿位可也，不可使有國家而爲政也。小人平時易致驕盈，況挾其功乎，漢之英、彭所以亡也！聖人之深慮遠戒也。〔註173〕

他們都認爲國家大事，紛雜多端，需要各種人才來處理，因此也不否認小人亦有其施政過程的重要地位性，但是事成之際，論及行賞之時，則一致認爲小人只要給予金帛財物，以避免因驕盈而誤國。相較於王夫之的方法中，還

云云（臺北：鼎文書局，1983年10月5版），頁3286。至於《資治通鑑》卷二十八亦有載。

〔註171〕朱子：《周易本義》，頁38。
〔註172〕孔穎達：《周易正義》卷二，頁6。
〔註173〕程頤：《伊川易傳》（臺北：文津出版社，1990年10月2刷），頁75。

主張施予機會教育來看，則朱子等人是比較直接，其對小人是持負面的否定。但是他們仍有共同觀點，就是給予與否，權在君王，眾人僅有建議權；至於所謂的小人，遭受這些君子的安排，僅得金帛財物，其心理狀況是如何設想，王夫之還會稍加論及其效應，朱子等人則完全不是其思考重點，甚至認為，只要君子進，則小人必退！〔註174〕由此看來，孔穎達、程頤、朱子等人，對所謂小人心理層面的過份簡單解讀，則是不爭事實。吾人可以確定的結果是，當事成之際，論功行賞時，凡得金帛財物者，就是被判定為小人，則誰會服氣？朱子等人的概念，若真的執行，不僅不是在論功行賞，反而是製造新問題，且為另一動亂的新開始，就人事管理上，實不可取。

　　或許是經驗之累積會改變以往的看法，朱子在後來的確是有著不同的看法，也認為對「小人」的處理態度，有必要改變。《朱子語類》云：

> 「開國承家，小人勿用。」舊時說只作「論功行賞之時，不可及小
> 人。」今思量看理去不得，他既一例有功，如何不及他得？看來「開
> 國承家」一句，是公共得底，未分別君子、小人在。「小人勿用」，
> 則是勿更用他與之謀議經畫爾。〔註175〕

其記載之學生林學履，有言：「先生云：『此義方思量得如此，未曾改入《本義》且記取。』是知朱子於《本義》寫成之後的想法，已經有了不同見解，至少注意到所謂的「小人」云云，要麼一開始不採用，若用，則行賞應公平，以達用人不疑、疑人不用的領導原則。

　　因此，再來看李光地的說法，他主張一開始就不用小人，至於所用者必是君子，因此事成之後，當論功行賞時，也就必須依法行事，不得有任何不同標準去污衊有具體事功者；須知，所謂的小人，常常是君王因行賞不公，所激怒而生的，也就是說，小人者，常是君子高道德自以為是的價值下，所衍生出的結果！〔註176〕這是李光地的長期的從政經驗，所要積極指出書齋學者的思想單純之錯誤效應，至於朱子稍後的較為全面之理解，就倍感珍貴，而此概念是否有對李光地產生直接影響，不得而知，然而由此可證，政治經

---

〔註174〕程頤：《伊川易傳》【解】六五注：「小人去則君子進矣，吉孰大焉。有孚者，世云見驗也。」頁358。朱子的看法亦同《程傳》。

〔註175〕黎靖德編：《朱子語類》卷七十【師】，頁1753。

〔註176〕如三國‧蜀大將魏延本無叛意，實是被楊儀所逼而逃亡，甚至被夷三族。詳楊家駱主編：《新校本三國志注附索引》卷四十〈劉彭廖李劉魏楊傳〉（臺北：鼎文書局，1997年5月9版），頁1004。

驗會對《易》解內容產生改變，此命題是確定的。

說政治環境與經驗，會對《易》解內容產生不同看法，在【姤】卦的注解中，也可看出不同企圖。就朱子《本義》來看，其重點僅在「《易》例」的闡述，但也指出是：「女德不貞而壯之甚也。」〔註177〕於《語類》則又繼續解說：「大率【姤】是一箇女遇五陽，是箇不正當底，如人盡可夫之事！」可說是就泛泛之理、普遍現象而論，特色不多；但是就王夫之則云：「乍然相得，終必相亢，豈可長哉！宋與女真遇，而欲恃之亡遼，高麗主知，而宋不知，乃終以亡。」〔註178〕由於王夫之是處在明、清交替之時，國家變異巨大的狀況下解《易》的，因此在內容上比較會傾向討論國際間之合縱連橫的過程經驗；相較於李光地，是處在大一統且是盛世的時代裏，外患已被鏟除，比較會將心思注意到內政方面，所以會說：「苟天地之相遇，而有陰邪干於其間；君臣之相遇，而有宵類介乎其側，則在天地爲伏陰，在國家爲隱慝，而有女壯之象矣。」這也是因政治環境的不同，導致學者所關心的議題，會有不同看法的有力證據。是以說用此「政治環境」來考察李光地、王夫之、朱子等學者意圖，是一種可行進路。

## 第四節　學術思潮對治《易》者的具體影響

政治環境有對學者產生焦慮而激起其憂患意識，而學術思潮上，亦有其觀點上的因焦慮而反應於《易》學詮釋內容。以諸《經》詮釋對照來看，「《詩經》方面，僅是「比、興」角度之不同，《春秋》則是「史、義」之辨，《尚書》是文獻問題居多，唯獨《易》的詮釋，其歧異性則至爲顯然」，〔註179〕其卦、爻象與卦、爻辭之間的搭配，如何有合理善解，長久以來，一直無法有共識，每位學者都意圖以爲其說是「後出轉精」的新解，結果後學者在承續之餘，又有新看法，而將其所謂的創見給予推翻，又產生了自認更「後出轉精」的觀點，當然再續者又是新觀點，將又是重新「後出轉精」。對此現象，樂觀來講，學術著作本來就沒有十全十美，因爲學術永遠在研究發展中，本

---

〔註177〕朱子：《周易本義》，頁70。

〔註178〕王夫之：《周易內傳》卷三下【姤】，頁283～284。

〔註179〕謝大寧：〈言與意的辯政：先秦、漢魏《易經》詮釋的幾種類型〉收入李明輝編：《中國經典詮釋傳統（二）：儒學篇》（臺北：喜馬拉雅研究基金會，2002年），頁66。

來就允許後人在前賢的基礎下有更超越的具體成果，這也是本研究將於第三章所要闡揚的朱子其所謂「《易》本卜筮之書」的精神內涵；誠如林忠軍所說的：

> 在易學詮釋中，這種創造綜合表現在易學解釋者把前人的成果納入自己的視野下進行檢討，分析其詮釋思路方法，批判其詮釋過程中的『過失』，尋找合乎或貼近自己詮釋的觀點和成果，爲我所用，建立既不同於前人又與前人有著千絲萬縷聯繫的易學系統。〔註180〕

但是若換個角度來論述，則一部經典經眾多前人累積下的觀點，竟然還無法提供令後學信服的內容，以致使後學者，仍得在戰戰兢兢再研究提出創造新觀點，而在此之後，仍有被再批判的事實；這樣的治《易》學術傳承，縱使是一種責任，當然也就是另一種「焦慮」之來源了！特別是學術自覺心特強的學者，更有明顯的表現，以朱子來講，於《朱子語類》中就記載著：

> 黎季成問：「伊川於『以直』處點句，先生却於『剛』字下點句。」曰：「若於『直』字斷句，則『養』字全無骨肋。只是『自反而縮』，是『以直養而無害』也。」又問：「配義與道。」曰：「道義在人須是將浩然之氣襯貼起，則道義自然張主，所謂『配合而助之』者，乃是貼起來也。」先生作而言曰：「此語若與孟子不合者，天厭之！天厭之！」〔註181〕

因斷句上的差異，而產生對於文本解讀有著不同觀點下的進路，本就一直存在於學界上。是以當時的發問者，認爲朱子與程伊川的講法明顯不同而提出以進一步討論，這代表著朱子有其新看法，而且是很堅定之見解，但此一堅定見解之支撐力量爲何，朱子並不是以學理上的論述，而竟然激動的類似情緒化的下一賭咒，來表示自己的觀點才是正解。這種激動式的賭咒，就可以證明，對於學術上的堅持是強烈的，已經近乎「宗教情懷」了，〔註182〕但是隨之而來的潛在「焦慮」，也必然是強烈的如影隨行。

　　在《易》學範疇上的討論中，以「焦慮」來說朱子，吾人可於《周易本

---

〔註180〕林忠軍：〈從詮釋學審視中國古代易學〉收入《文史哲》（2003 年第 4 期），頁 73。

〔註181〕黎靖德編：《朱子語類》卷五十二〈孟子二·公孫丑上之上〉，頁 1250。

〔註182〕林啓屏則認爲：「我想這種動力的產生，應該就是根源於儒者所特有的『宗教情懷』吧！」見《儒家思想中的具體性思維》第二章〈「正統」與「異端」〉（臺北：學生書局，2004 年 2 月初版），頁 124。

義》上來作爲討論依據。朱子言:「《程傳》備矣。」〔註183〕但是,如果都是「《程傳》備矣」,已有標準可循,則朱子何必再疊床架屋,傳述一遍,試想其個人的學術價值何在?〔註184〕畢竟,後人不能也不是前人的拓印者、傳聲筒而已,其間必有解讀上的明顯差異處,這些條件的變化,包括:時代背景、學術風潮,以及各人所感受出的特殊性格,當然最重要的是「學以致用」理念,其「致用」點爲何?何以會選此爲「致用」點?此「致用」點的成效將如何?諸多原因,吾人若一一探索,則必然會有得出程子與朱子之間的差異處,這也是本研究所要釐清的重點;至於最重要的是,朱子一定認爲,程子的經典詮釋,其內容是有不足之處、甚至說是缺失,不僅是誤解經典,並且無法解決時代課題,因此朱子要提出質疑,並企圖予以新解。孔子曾昭示著曰:「知之爲知之,不知爲不知,是知也。」雖說學問是「前修未密,後出轉精」,然而也常有前修看似有定論,事實上此定論是錯誤的。朱子《易》學,在《本義》的注解上,就是以此態度,來衡視前賢,對於其注解有不認同,但是朱子也承認在沒有更好的資料佐證時,則很誠實的的表現其「不知闕疑」的態度。朱子曰:

> 《易》於六《經》,最爲難讀,穿穴太深,附會太巧,恐轉失本指。故頃嘗爲之說,欲以簡易通之,然所未通處極多,未有可下手處,只得闕其所不知,庶幾不至大差繆耳!〔註185〕

又說:

> 《易》其中言語,亦煞有不可曉者,然亦無用盡曉。蓋當時事與人言語自有與今日不同者,然其中有那事今尚存,言語有與今不異者,則尚可曉爾。如「利用侵伐」,是事存而詞可曉者,只如【比】卦初六:「有孚比之,無咎。有孚盈缶,終來有他吉」之類,便不可曉。
> 〔註186〕

畢竟《易》是卜筮之書,其先以占卜爲主,而後才有將其記錄收集的動作,

---

〔註183〕計有三條,於【坤】〈文言〉、【履】〈大象〉、【夬】九五〈小象〉;另外於義理觀點完全相同者更多,於此不贅述,將由各章之討論時隨文說明。

〔註184〕黎靖德編:《朱子語類》卷六十七〈易三·綱領下·讀易之法〉記載:「朱子曰:『呂伯恭教人只看依川《易》,也不得致疑。某謂若如此看文字,有甚精神?卻要我做甚!』」頁1663。

〔註185〕朱子:《朱文公文集》卷五十六〈答方賓王〉,頁2663。

〔註186〕清·程川編:《朱子五經語類》卷二〈易二〉《文淵閣四庫全書本》冊193,頁20。

至於編輯過程中，某卦爻與辭之間，相信應該有著編輯者的想法，〔註187〕只是年代久遠，漸漸喪失其間關聯性，致使後人研讀上，產生極大的困擾，當然也提供極寬闊的詮釋空間，所以才有那麼多種書籍之說法。但就朱子來看，並不想完全以自己的「言之成理」去涵蓋整部《易》書，相信朱子若要「言之成理」，也能有一套完整的說解，然而朱子卻自承目前之「無知」，而因無知所以能不受傳統拘束，進而指陳出部分疑點；在《本義》中，朱子有言「不詳」、「闕疑」者，即所謂「直承不知而闕疑者」，計有5例：

1、【需】上六象曰：「不速之客來，敬之終吉，雖不當位，未大失也。」朱子注：「以陰居上是為當位，言不當位，未詳。」（頁107）

2、【臨】九二象曰：「咸臨吉无不利，未順命也。」朱子注：「未詳。」（頁110）

3、【明夷】六四：「入于左腹，獲明夷之心，于出門庭。」朱子注：「此爻之義未詳。」（頁63）

4、【夬】大象：「澤上於天，夬，君子以施祿及下，居德則忌。」朱子注：「澤上於天，潰決之勢也。施祿及下，潰決之意也。居德則忌，未詳。」（頁117）

5、【小過】九四：「无咎，弗過遇之，往厲必戒，勿用永貞。」朱子注：「當過之時，以剛處柔，過乎恭矣，无咎之道也。弗過遇之，言弗過於剛，而適合其宜也。往則過矣，故有厲而當戒。陽性堅剛，故又戒以勿用永貞，言當隨時之宜，不可固守也。或曰：弗過遇之，若以六

---

〔註187〕近來學者透過出土文物，積極證明卦爻辭內容，是有著精心編輯的；諸如金春峰：〈《周易》之編纂成書及其思想哲學意義〉就認為：「上述三十七卦的編纂，已足以證明《周易》卦辭、爻辭、卦名之形成與定型是理性創造的一大飛躍，是精心思慮勞作的成果。」見《周易經傳梳理與郭店楚簡思想新釋》（臺北：臺灣古籍出版公司，2003年4月），頁19。可惜的是，金春峰的三十七卦，卻沒有觸及到朱子此闕疑之五卦，致使無法參引討論。另外鄭吉雄作〈從卦爻辭字義的演繹論《易傳》對《易經》的詮釋〉說：「卦爻辭有前後一貫的辭例，對於字義演繹，亦隱然有一系統性的通則。」發表於〈《漢學研究》第24期第1卷〉，頁13。其中有【明夷】之解，認為「夷」是「痍傷」引申有「滅」之義，然而，將此義解六四辭「獲明夷之心」，仍是無法有善解；且朱子於【明夷】卦之解，就認為「夷，傷也」。廖名春《周易經傳十五講》認為「明夷」解為：「光明夷滅。」於六四辭解：「進入敵人的腹地，了解黑暗的內幕，于是毅然舉兵討伐。」（北京：北京大學出版社，2007年1月第5次印刷），頁118～119。總之，學者都堅信卦爻辭是有著一貫相連、前後呼應的義理，是普遍共識。

二爻例，則當如此說，若依九三爻例，則過遇，當如過防之義，未詳孰是？當闕以俟知者。」（頁85～86）

從歷代史書之〈藝文志〉或〈經籍志〉的目錄中，在《易》學詮釋傳統到了朱子時代之前，實已不乏有許多有名、權威的注解者，然而朱子卻還有所謂的「不詳」二字，此一舉動，簡單來說，不僅是對《程傳》的反動，甚至是對《正義》、《集解》的否定，等於是對〈十翼〉以來的注解者，全部都投反對票了！除非朱子有其學術信念，否則此一反動，可是在《易》學史上之大動作，吾人實不輕易的等閒視之。

以【臨】九二：「咸臨吉无不利」此爻爲例，朱子注：「剛得中而勢上進，故其占吉而无不利。」〔註188〕《程傳》也說：「二方陽長而漸盛」云云，這說明朱子是可以理解爻辭，且是依循程子之說；但在〈小象〉：「咸臨吉无不利，未順命也」的解釋中，《程傳》說：「未者，非遽之辭。……九二與五感應以臨下，蓋以剛德之長而又得中，至誠相感，非由順上之命。」〔註189〕以此來看朱子的《易》學「不詳」說，其實是對《程傳》解「未順命」是有質疑的，所以才會直接講「未詳」；然而朱子的「未詳」焦慮，於朱學繼承自居的李光地來看，亦是「焦慮」不已的，因此於《周易折中》案語云：

君子道長，天之命也。然命不于常，故〈象〉言：「八月有凶。」而〈傳〉言：「消不久。」君子處此，惟知持盈若虛，所謂大亨以正天之道者，則順道而非順命矣。以二爲剛長之主，即卦主也，故特發此義，以與〈象〉意相應，凡天之命，消長焉而已，方其長也，則不順命，不受命，知盈不可久，而進不可恃也，及其消也，則志不舍命，知物不可窮，而往之必復也，《易》之大義盡在於斯。〔註190〕

李光地用了許多篇幅來講解，其中有以「老學」觀點說「持盈若虛」，有以王弼「卦主」說九二爻，最後結論則言：「《易》之大義盡在於斯。」可說將此爻之〈小象〉所理解的，給予相當大的評價，而此評價，李光地是以《程傳》之說爲要的延續，而這些種種表現，都是自認要積極填補朱子的「未詳」說之不足處；只是李光地以官方力量來推行，有無達成任務，以令後學者接受，相信於今來看，仍是仁智互見，還是有再討論之空間。若以今人之研究成果

---

〔註188〕朱子：《周易本義》，頁48。
〔註189〕程頤：《伊川易傳》卷三【臨】，頁175。
〔註190〕李光地：《周易折中》卷十一〈象上傳〉，頁1150～1151。

來比較觀之，有南懷瑾、徐芹庭合註譯的《周易今註今譯》說：「雖然沒有什麼不利的現象，但是還有未能完全順命的象徵。」〔註191〕以及傅隸樸《周易理解》則說：「因爲以剛應柔，非是順命，故曰未順命也。」〔註192〕由此看來，傅隸樸說是取《程傳》說，但是南懷瑾、徐芹庭還是有其個別之見；因此在《易》學注釋長河中，沒有那一家的說法，是爲永遠的定論，但是卻又積極的提出一家之言，相較之下，朱子的「未詳」說，實在是很突出，也很令人疑惑？就本研究的觀察點是認爲，朱子是要回歸原典，主張重新探索，因爲朱子深怕在學者的解說中，《易》已被遮蔽原意了，所以朱子此說蘊涵義，仍是「《易》本卜筮之書」說的具體運用。但是可證明朱子是「焦慮」的，李光地於朱子的「焦慮」也很「焦慮」，在「焦慮」中，積極的提出其見解，也因而豐富了《易》學多元面貌，所以對於「焦慮」，它的存在仍有積極價值的。〔註193〕

　　同樣的，以王夫之爲例，其所處明、清交替的政局「焦慮」，以及陽明學風與佛禪交織的學術流弊下的「焦慮」，有此雙重「焦慮」而反應於《易》學時，特別是考察朱子《易》學觀，其「焦慮」感的顯見，就特別清晰；王夫之一方面嚴斥「《易》本卜筮之書」，一方面又反對《易》圖，稱之爲「畸人」所得、所立，明顯與「孔子『不可爲典要』之語相背。」〔註194〕最後，直接說：「朱子師孔子以表章六藝，徒於《易》顯背孔子之至教。故善崇朱子者，捨其注《易》可也。」〔註195〕畢竟，「朱子學」風潮太強勢了，且爲官訂科舉必讀書籍，其影響力之大，倘若不作廓清之舉，則《易》學價值將永遠無大白之時！由此看來，王夫之其「焦慮」也深、其自詡之責任也重，頗有「雖

〔註191〕南懷瑾、徐芹庭註譯：《周易今註今譯》（臺北：臺灣商務印書館，1994年4月修訂版第8次印刷），頁140。

〔註192〕傅隸樸：《周易理解》（臺北：臺灣商務印書館，1994年7月初版第5次印刷），頁170。

〔註193〕「焦慮」的正面作用是可期待的，《E.Q.》一書作者Daniel Goleman說：「深思熟慮的確可能找出解決問題的方法。憂慮其實就是對潛在的危險提高警覺，這是人類進化過程中的基本生存能力。當腦部接受到恐懼的刺激時便開始感到憂慮，從而將注意力集中在眼前的威脅上，迫使腦子暫時拋開其他事情，絞盡腦汁想出因應辦法。可以說憂慮是預演可能出現的問題，及早設計趨吉避凶的方案。」（臺北：時報文化公司，1996年4月），頁83。此說更可呈現學者的積極用心。

〔註194〕王夫之：《周易內傳發例》第一則，頁346；第二則，頁347。

〔註195〕王夫之：《周易內傳發例》第二十四則，頁382。

千萬人吾往也」之氣概！

　　總之，在經典詮釋學中，《易》學面貌的不確定性，雖然提供詮釋的多元面向，但是，相對的其多元面向中，又很容易偏離「聖人」作《易》本旨，因此治《易》學者，一方面在傳承學統，另一方面，又不得不解構而重新建立新學統，但是不久之後，又被其他《易》學者以同樣信念，給予再「解構與整合」，因此說《易》學「焦慮」之現象，是永遠在進行。本研究以朱子、王夫之、李光地為範圍之討論，於此先點出大方向，至於其他例證的說明，將於其他章節的各項主題中，詳細說明之。

# 第五節　借「卜筮」決事之例證解析

　　世事瞬息萬變，非人性理智思維所能完全掌握，有疑則占筮，雖說有些迷信、消極之意，但是其心理深層，仍蘊涵著祈望蒼天可以提供些許提示，以令當事者參考而有啓發之意。《左傳・哀公九年》記載：

> 晉趙鞅卜救鄭，遇水適火，占諸史趙、史墨、史龜，史龜曰：「是謂沈陽，可以興兵，利以伐姜，不利子商，伐齊則可，敵宋不吉。」史墨曰：「盈，水名也，子，水位也。名位敵，不可干就也。故炎帝爲火師，姜姓其後也。水勝火，伐姜則可。」史趙曰：「是謂如川之滿，不可游也。鄭方有罪，不可救也。救鄭則不吉，不知其他。」陽虎以《周易》筮之，遇泰之需，曰：「宋方吉，不可與也。微子啟，帝乙之元子也。宋鄭，甥舅也，祉祿也。若帝乙之元子歸妹而有吉祿，我安得吉焉？」乃止。[註196]

按、早在《左傳・僖公四年》[註197]就記載著晉獻公欲以驪姬爲夫人，卜之不吉，筮之吉，獻公主張從筮，於是同卜人辯論，雖然，卜人堅信「筮短龜長，不如從長」之說，然而裁斷者仍在執行者，而非解釋者，說穿了，執行者其實已經有一套定見，訴諸卜或筮，僅是要得到再堅信的佐證條件而已，因此傳統上所謂「筮短龜長，不如從長」之說，於此並不適用。同理可證，就上引晉趙鞅之例，其所作最後決定者，以《周易》之筮可證，龜卜已漸失公信；另外「遇泰之需」因而得出：「宋方吉，不可與也。微子啓，帝乙之元

---

〔註196〕阮元編：《十三經注疏・春秋左傳正義》，頁 1014。
〔註197〕阮元編：《十三經注疏・春秋左傳正義》，頁 203。

子也。宋鄭，甥舅也，祉祿也。若帝乙之元子歸妹而有吉祿，我安得吉焉」
之斷語，乃因【泰】六五爻辭：「帝乙歸妹，以祉元吉。」可見陽虎以殷商之
歷史典故，作爲判斷依據；由此可見，《周易》之筮卦何以得流傳，而卜卦何
以未能流傳之原因，就在於《周易》有資料可依循作解，卜卦則完全是解者
自解，導致言人人殊，其公信力必然隨時間的流轉與與經驗的累積而備受質
疑；這也可以說是神秘的自然性減低了，而人爲的自信與自主性則相對增多
了！對此現象，徐復觀先生更進一步指出，說：

> 以《周易》爲筮，除〈僖十五年〉秦係由卜徒父執行外，餘皆屬於
> 史的職守，因史的文化水準較卜人爲高，故史對卦辭的解釋，已較
> 卜人對卜兆的解釋，含有較多的合理性。其中特別值得注意的是，《周
> 易》不僅由史所主管，而且也成爲賢士大夫教養之資。〔註198〕

雖然占筮行爲仍有充斥著迷信，而被有心人士操弄的機會，〔註199〕但是並不
影響人文自覺性較強之學者，依然給予正面看待，畢竟早在《左傳》時代的
占筮行爲，其實多已僅是提供當事者參考作用，充其量僅用以降低對未來不
可知的焦慮心情而已，個人的自信心才是論斷決策來源。顧炎武對此概念有
一深刻見解，說：

> 舜曰：「官占惟先蔽志，昆命於元龜。」詩曰：「爰始爰謀，爰契我
> 龜。」洪範曰：「謀及乃心，謀及卿士，謀及庶人，謀及卜筮。」孔
> 子之贊易也，亦曰：「人謀鬼謀。」夫庶人至賤也，而猶在著龜之前，
> 故盡人之明，而不能決，然後謀之鬼焉。故古人之於人事也，信而
> 有功，於鬼也嚴而不瀆。〔註200〕

就顧炎武的說明，凡是有自覺的政治家、學者，早已視庶民福祉爲先前考量，
並以天下之公心決斷作爲前提，若尙有所疑慮，才就教於鬼神、行之以占筮，
如此一來，人事、鬼神兩兼顧，既合乎人文自主性，亦合乎「天地不測」之
神聖性；是以此「占筮」現象，仍得以傳承不絕，至朱子處於南宋內憂外患

---

〔註198〕徐復觀：《中國經學史的基礎》〈西漢經學的形成〉（臺北：臺灣學生書局，1990
　　　　年7月初版2刷），頁5。
〔註199〕《史記》卷一百二十七〈日者列傳〉記載有宋忠與賈誼說出對卜筮的負面
　　　　觀點，云：「夫卜筮者，世俗之所賤簡也。世皆言曰：『夫卜者多言誇嚴以
　　　　得人情，虛高人祿命以說人志，擅言禍災以傷人心，矯言鬼神以盡人財，
　　　　厚求拜謝以私於己。』」（臺北：鼎文書局，1987年11月9版），頁3216～
　　　　3217。
〔註200〕顧炎武著‧黃汝成集釋：《日知錄》卷一〈易〉「卜筮」條，頁20

時代、王夫之明、清鼎替之際、李光地於康熙盛世之時，仍然都有著借著「占筮」儀式，來作爲決策行止之行爲。

朱子政治活動，雖然一直遭受不順，進而被逼離開朝廷，然而朱子的政治正義感，並不因此而消減，他仍然有著高度的關切之心，據清初王宏撰（1622～1702）言：

> 慶元元年，韓侂胄誣害趙丞相，竄置永州，中外震駭，且肬爲僞學之名，以斥善類。朱子考亭草封事數萬言，極陳其奸邪蔽主，因明丞相之冤；諸生力諫，遂筮之，遇【遯】之【同人】，朱子默然，焚其草，遂更號遯翁。〔註201〕

朱子對於正義堅持的積極性可見一斑；然而，周遭關心者以「旁觀者清」的洞見，唯恐朱子此書函一到京城政治紛亂之圈，必然掀起風波而遭受不測，因此，積極勸阻朱子打消念頭；朱子對諸人的關懷不忍拒絕，但又與所堅持之正義情感相違背，因此借「占筮」，以取得彼此共識，得【遯】之【同人】。

按，所謂「某卦之某卦」，或「某卦之六、七、八、九」等等，都是占筮後的專有名詞；程石泉先生依《左傳》所記載占筮，說：「明顯的看出有兩種現象：一是得了『之卦』；另一現象是『艮之八』。」〔註202〕就此來看朱子【遯】之【同人】者，即是根據『之卦』而來，由【遯】之初六爻變成初九爻，卦象因而成【同人】。又此現象爲「變一爻例」，都以本卦之爻辭爲斷，即【遯】初六：「遯尾，厲，勿用，有攸往。」對此解釋，早於朱子前的都絜〔註203〕《易變體義》卷七有云：

> 此【遯】之【同人】也，而爻辭云爾者，夫【遯】于二陰，浸長之際，已不若用九于一陰未生之前，而初六又居六爻之後，其遯疑于不早，況有近已而同德者，或往而與之同，則不能去之早，而後時以縮，不能无厲矣，此《詩》所謂「我之懷矣，自詒伊慼」者也。故變體爲【同人】，而戒之曰：「遯尾，厲，勿用，有攸往」，而夫子釋之曰：「不往何災也」，蓋初六居一卦之初，【遯】之始也，在六位

---

〔註201〕王宏撰《周易筮述》卷八〈推驗〉《文淵閣四庫全書》冊41，頁163。又，請參閱呂紹剛主編：《周易辭典》（吉林：吉林大學出版社，1992年4月），頁639。

〔註202〕程石泉：〈周易成卦及春秋筮法〉收入《易經論文集》，頁181。

〔註203〕南宋都絜，生卒年不詳，宣和六年（1124）進士。以上參閱呂紹剛主編：《周易辭典》，頁534。

之後，遯之尾也，處下體之下，則趨下已甚而屬也，與近已俱陰，疑往而與之同也。然【艮】體之止，亦能止而不往焉，故其義如此。然卦以【遯】爲主，而戒其同乎人，故爲【遯】之【同人】而與【同人】之本體異焉，且【同人】之【遯】以同爲主，故曰：「出門同人」，然有變而爲【遯】之義，故「同人于門」而【遯】之【同人】以【遯】爲主，故曰「遯尾屬」，然有變爲【同人】之義，故戒之以「勿用，有攸往」焉。〔註204〕

按都絜的看法，不僅要依【遯】初六爻辭，還要參閱【同人】初六爻辭，蓋因【同人】初六爻辭：「同人于門，无咎。」是以朱子依此兩爻，不違背「同門」之勸，而選擇「遯」、「勿用」之行爲，因此，將其諫書焚燒，以和同門之意。

至於王夫之亦有類似行爲，他不僅治《易》甚精，而且還試圖用《易》來指導自己的實踐。於順治十年（1653）撰寫的〈章靈賦〉記載了這一事實。當時孫可望據滇黔，有人相邀往投。王夫之對孫可望的人品與抗清動機心存疑慮，去與不去，委決不下，於是於壬辰元日親占一卦，「筮得【睽】之【歸妹】。明年癸巳，筮復如之。」王夫之自解云：

> 觀於〈象〉而知【睽】之道，不苟同而尚別，二女之志不同，美之與惡，豈可頡頑同居哉！今卦爻之動，不動於【兌】，而動於【離】。且【睽】者，【離】宮初世之卦，則道宜用【離】明，而不宜用【兌】說。眾人無知，爲少女所惑，慕其膏澤，而忘其衷情之狠躁，則以可望爲歸者固矣。若夫中女之含光以照四國者，則非專壹其心於忠貞者，不能求也。使誠得主而爲之死，雖鬼車其勿恤，況今之張弧者，自有其說弧之時。〔註205〕

他對此卦的解釋雖受京房「八宮世應」的影響，但已經含有「象爻一致」以爲釋的特點。【睽】卦〈象傳〉云：「二女同居，其志不同行」，由此，他認爲「【睽】之道，不苟同而尚別，二女之志不同，美之與惡，豈可頡頑同居哉？」

---

〔註204〕都絜：《易變體義》卷七《文淵閣四庫全書》冊11，頁708。

〔註205〕王夫之《薑齋文集》卷八〈章靈賦〉自注，云：「章，顯也，靈神也，善也，顯著神筮之善告也。壬辰元日，筮得【睽】之【歸妹】，明年癸巳，筮復如之；時孫可望挾主滇、黔，有相邀赴之者，久陷異土，既以得主而死，爲歃託比匪人，尤以遇巷非時爲戒，仰承神告；善道斯章，因賦以見。」見《四部叢刊》初編，冊86，頁44、47。

【睽】以上九之動，即上九之【離】動，而下體【兌】不動。【睽】者，上體為為【離】，故「宜用【離】明，而不宜用【兌】說。」以孫可望為【兌】說，認為不可為孫可望抗清的口號所迷惑。以上九一爻之動而言，上九以孤陽處上而失位，則往投孫可望非為得主。「鬼車」、「張弧」、「說弧」，皆見上九爻辭，若能遇到真能收復國土的英明賢主，為之效死，「雖鬼車其勿恤」，何況爻示張弧之險，自有脫弧之夷。九二有「遇主於巷」之辭，然上九之動則有「遇巷非時」之戒。通過分析得出結論，即孫可望不可往投。〔註206〕

　　另外，李光地其政治立場雖不似朱子、王夫之困窘，但是就從政理想與不同理念黨派的潛在壓力，仍有著如影隨行的「焦慮」，因此也常借機表達對「小人」在朝的不滿。據《文貞公年譜》〈四十七歲條〉記載李光地與康熙帝之間對話，蓋因當年旱災，康熙帝要李光地卜筮：

> 上命筮之，得【夬】德。公占之曰：「卦象澤上于天，但未下耳。曰：
> 「德何如而雨乃下？」曰：「夫【夬】者決小人之卦也。去小人則雨
> 矣！」曰：「誰為小人者？」曰：「一陰據五陽之上，以象論之，非
> 卑位者也。上所尊寵委重者為誰斯足以當之矣！」上嘿然。當是時，
> 專竊依附之徒競為門戶。公既嫉之……。〔註207〕

李光地借「卜筮」之舉向康熙帝表明應注意小人環伺下的汙濁聖聽之現象。平情而論，李光地之目的不得說不對，然而將「雨不雨」之原因推給小人云云，難免有借題發揮、鏟除異己，以達爭權之嫌，所以其方法仍是粗糙的；同樣的，對方也可以如法庖製，將李光地呼為小人，並假一理由為之，則雙方永遠在紛爭中，並進行黨同伐異之舉；〔註208〕因此，康熙帝之「嘿然」究是何意，可以有很多可能，然而以康熙帝之理性、對西洋科學熱衷的學術基礎，對於李光地言：「去小人則雨矣」云云之論斷，看來應不會認同。

　　總而言之，對於「占筮」行為及其心理層面來說，自《左傳》時代以來，學者在解讀上已多不將其視為迷信行為；甚至說，以教育目標來看，大都將

---

〔註206〕以上所述，可參閱汪學群：《王夫之易學——以清初學術為視角》，頁42～43。

〔註207〕李清植纂：《文貞公年譜》（臺北：文海出版社，1966年10月），頁89～90。

〔註208〕於此，可借《三國志演義》以佐證之。第一回有述因狂風驟起、青蛇、大雨大雷、冰、地震、海水泛溢、雌雞化雄、黑氣、虹、山崩之由靈帝下詔問群臣以災異。議郎蔡邕上疏，以為蛇墮雞化，乃婦寺干政之所致；結果換來雙方相互誣陷，蔡邕獲罪放歸田里；其彼此雙方所述論根據非事實，都是「借題發揮」，以達鏟除異己。《三國志演義》雖是小說，然小說比起歷史是更真實，反倒能表達普遍看法。

它視爲具有「神道設教」的權宜之計；〔註 209〕以指點迷津來看，它是有提供選項、啓發新思維的特質；以「天地不測」的神秘現象來看，它是有著要學人對天理應有一份「敬畏」之心。是以至朱子、王夫之、李光地等等大學者之時代，仍樂於引用，以進行理性思維的下的推論，而推論之前，實與《左傳》所記載一樣，就當事者來說，均早有其堅定立場，只是、或許要不違衆意、或許用之借題發揮，因此多有採用「占筮」行爲，充分體現〈繫辭下傳〉第十章所言：「是以君子將有爲也，將有行也，問焉而以言，其受命也如嚮，无有遠近幽深，遂之來物，非天下之至精，其孰能與於此。」當然，更可減輕當下的「焦慮」、紓解壓力，以化解時下困境，進而激起「憂患意識」，提供強烈信心，以便接受未來更大挑戰，這是《易》學「占筮」行爲之所以能長期佔有一席之地的蘊涵價值。

---

〔註 209〕時至清末，皮錫瑞仍說：「聖人因卜筮而作《易》，乃神道設教之意。」可證之。見《易學通論》〈論筮易之法今人以錢代蓍亦古法之遺〉條（臺北：臺灣商務印書館，1989 年 10 月臺 5 版），頁 45。

# 第三章 《易》本卜筮之書

　　朱子《易》學主張，最令學界引發高度興趣而討論不斷者，莫過於其所強調：「《易》本卜筮之書」說的觀點。就後代學者的看法裡，大旨可分兩種意見：一種是認為朱子此說是汙衊聖書、藐視經典，此說可以王夫之為說；另一種是認為朱子在續成聖意、呈顯象數與義理之關聯，此說可以李光地為說。但是，無論是「汙衊聖書」或「續成聖意」，就朱子此主題中實存有三大問題理應先行釐清：即一者、「《易》本卜筮之書」之「本」字何解？二者、何以朱子要重提「《易》本卜筮之書」？三者、其時代性與目的性為何？相信，若將此三疑釐清，再來討論王夫之與李光地對朱子說之優劣判斷，則對於朱子之用心，才能如實掌握。否則，以王夫之觀點，僅僅是顧名思義，一見「卜筮」，就與「迷信」、「落後」等概念畫上等號，則議題失焦，論述則無任何意義了；至於李光地一昧的翼護，亦僅是信仰下的包容，非客觀的學術討論。

　　本研究初步認為，王夫之的批判，是誤解朱子，而李光地之謬贊又不著邊際，二人均未如實掌握朱子內在蘊涵意義。再者，既要涉獵此題旨，則有必要全面釐清「卜筮」說的源頭、歷代的引用者之心態，直至朱子之時代中，又是如何的面貌；也許在全面釐清後，方能呈現朱子主張之「《易》本卜筮之書」的究竟原意，以及面對時代課題下的挑戰與回應；再由此回溯察其學術用心，則其價值意義，也就昭然若揭了。更有進者，朱子之整體《易》學架構，亦將由此開展，甚至說引《易》學以論證其「理學」體系。是知，朱子「《易》本卜筮之書」觀點的建立與整體之概念營造，是前後呼應、彼此配合的。這是本研究於此章節的「設準」也。

# 第一節　朱子「《易》本卜筮之書」說之闡述

## 一、朱子前的《易》與卜筮之觀念及其運用情形

### （一）從春秋時代到《漢書》之觀念簡述

　　《易》書存在的原始意義，具有「卜筮」功能，是合乎上古時代需要，畢竟依先民之生活水準與處事智商，在還是相當簡單之際，認為有天神、地仙，甚至萬物皆有神靈者，用以主導人間各種行為，是一種很合情理的移情反射作用，當此種看法受到集體共識形成後，即是所謂「神話」的濫觴矣。〔註 1〕因此，基於對未知的恐懼，轉化成對天意的敬畏及天命的窺探，以思索如何去瞭解神靈意圖，消極上避免觸怒，積極上以趨吉得利，就變成是一項重大工程；〔註 2〕這種「唯天、唯神」是從的觀點，至少在殷商末年前，尚是普遍信念。李輯說：「殷人幾乎事無巨細都要通過占卜，乞求天命啟示。大至於發動戰爭之類的國家大事，小至於起居行止之類的生活瑣事，皆秉諸占而後行。」〔註 3〕然而，當殷商民族，被姬周氏集團給取代後，整個神靈庇佑之價值信仰，完全被打散了，開始會反省與質疑，要逼問的是：「何以崇敬神靈、自認為『帝子』的殷商集團，竟會被姬周集團給取代？」不論是殷商、還是姬周，雙方都在找答案；在不斷的自覺反省過程，體會到人文主體力量的信念，個人的修養與為民無私奉獻的道德性，以及強烈的「憂患意識」才是「天命」賜給與否的關鍵點，〔註 4〕徐復觀先生說：

---

〔註 1〕　魯迅說：「昔者初民，見天地萬物，變異不常，其諸現象，又出於人力所能之上，則自造眾說以解釋，今謂之神話。」《中國小說史略》（上海：上海古籍出版社，1998 年 1 月），頁 6。

〔註 2〕　楊懋春：《中國社會思想史》說：「在遠古時候，某種動物具有特別技巧與能力。人多次見過其技巧能力的表演後，……企望由以獲得此技巧與能力。」又說：「有某種動物天生與人處於敵對地位，……又常隱身於草叢中或泥水中，使人防不勝防，……不得已，乃對之取屈服態度。」又說：「遠古時代的人也會把一種使他們驚奇、驚愕、震驚、或敬仰的自然物或自然現象當作圖騰，加以敬拜。例如有拜太陽者、敗星宿者、拜彩雲者等。」以上三種意識，就是「圖騰而拜之」的現象結果。（臺北：幼獅文化事業公司，1990 年 11 月3 印），頁 43。因此說消極上是為了避禍，積極上是要得福。

〔註 3〕　李輯：《中國遠古暨三代思想史》（北京：人民出版社，1994 年 4 月），頁 92。

〔註 4〕　此說根據牟宗三先生所云而簡述之，詳：《中國哲學的特質》第三講〈憂患意識中之敬、敬德、明德與天命〉及第四講〈天命下貫而為「性」〉（臺北：臺灣學生書局，1987 年 10 月），頁 19～30。

憂患心理的形成，乃是從當事者對吉凶成敗的深思熟考而來的遠見；在這種遠見中，主要發現了吉凶成敗與當事者行爲的密切關係，及當事者在行爲上所應負的責任。憂患正是由這種責任感來的要以己力突破困難而尚未突破時的心理狀態。所以憂患意識，乃人類精神開始直接對事物發生責任感的表現，也即是精神上開始有了人地自覺的表現。〔註5〕

人心思維，從被動的聽命於神靈，到主動的自我道德的承擔；相對之下，神靈主導的立場的觀念，就在人文化成中逐步退出，因此，借卜筮行爲去探求神靈意旨的行爲，也在人文精神自覺下，漸漸淡化了神秘感，有的僅是一種參考指標而已；至此，卜筮在先民自覺者的觀點中，特別是政治領導，若說是佔有重要地位，其運用價值也在「神道設教」的架構上之運用。諸如《禮記・曲禮》所說：「卜筮者先聖王之所以使民信時日，敬鬼神，畏法令也。所以使民決嫌疑，定猶與也。」〔註6〕司馬遷於《史記》中，也闡釋這種意義，說：「自古受命而王，王者之興，何嘗不以卜筮決于天命哉。其于周尤甚，及秦可見，代王之入任于卜者，太卜之起，由漢興而有。」〔註7〕又說：「自古聖王，將建國受命，興動事業，何嘗不寶卜筮以助善。」〔註8〕以上之說，都是根據《左傳》所記載春秋時代以來，所形成的普遍價值觀，它所呈現的指向，在在都是邁進人文詮釋的理性解讀，也就是說不管卜筮所呈顯的現象是吉或是凶，都可以在解說者依其主觀看法，予以不同的解釋，最有名的例證莫過於《左傳・襄公九年》所記載的「穆姜」之例：

> 穆姜薨於東宮。始往而筮之，遇【艮】之八。史曰：「是謂【艮】之【隨】，隨其出也，君必速出。」姜曰：「亡！是於《周易》曰：『隨元亨利貞無咎。』元體之長也，亨嘉之會也，利義之和也，貞事之幹也；體仁足以長人，嘉德足以合禮，利物足以和義，貞固足以幹事。然，故不可誣也；是以雖隨無咎。今我婦人而與於亂，固在下

〔註5〕　徐復觀：《中國人性論史—先秦篇》（臺北：臺灣商務印書館，1990 年 12 月 10 版），頁 20～21。

〔註6〕　清・阮元編：《十三經注疏本・禮記正義》卷三（臺北：藍燈出版社，未標出版年），頁 61～62。

〔註7〕　司馬遷著，楊家駱主編：《新校本史記三家注并附編二種》〈日者列傳〉卷六十七（臺北：鼎文書局，1987 年 11 月 9 版），頁 3215。

〔註8〕　楊家駱主編：《新校本史記三家注并附編二種》〈龜策列傳〉第六十八，頁 3223。

位，而有不仁，不可謂元，不靖國家，不可謂亨，作而害身，不可
謂利，棄位而姣，不可謂貞，有四德者，隨而無咎。我皆無之，豈
隨也哉！我則取惡，能無咎乎？必死於此，弗得出矣！」〔註9〕

按：此記載中，具有幾點值得觀察討論者：首先，呈現出信則恆信、否認者自
否認的彼此不同態度，在觀念取捨上已是涇渭分明而相當明顯，由此可以證明
《易》所借以卜筮現象裏，並非是絕對權威般的聖意，它已經是允許人言言殊、
具有多元解釋的空間了。另外，在當時個人意識並非普遍的環境下，莫說婦女，
連一般男子，也不會有強烈自覺意識；然而，依此條文敘述，穆姜竟可挑戰《周
易》權威，而有獨立的自我省察之客觀能力，因而斷言自己是咎由自取，足證
《周易》之卜筮結果，僅是參照作用。依據戴華萱的研究指出：

> 若由《左傳》中按時代先後記載《周易》的事件觀之，從早期的『占
> 筮以決疑』的命定論，即通過占筮來論斷人事吉凶；到中晚期的鬆
> 動，或對占筮的結果有不同的看法，或用道德倫理的角度推翻占筮
> 的結果有不同的看法，或用道德倫理的角度推翻占筮的結果；最後
> 是晚期的引證，引《周易》論證，表示《周易》在春秋時，已經可
> 以不通過占筮的方式，而只應用其中的原理或思維模式來預言及論
> 證事物結局的成敗和吉凶。〔註10〕

總之，由早期的絕對權威到晚期的多元思維概念，代表著從迷信崇拜已經轉
變到人文精神的自覺揚昇了；縱使這樣的概念僅是依存於學士大夫，但是仍
展現出人文化成的可貴了，標識著「卜筮」過程與所得內容，都僅是內心信
仰的共同行為而已；是以執政者僅僅是借取「卜筮」行為，用來領導廣大庶
民，使得彼此之間有共同交集，趨於一致歸向，誠如【渙】〈大象〉所言：「風
行水上渙。先王以享于帝立廟。」程頤《伊川易傳》所闡釋之精神：

> 風行水上，有渙散之象，先王觀是象，救天下之渙散，於享帝立廟
> 也，收合人心，无如宗廟祭祀之報出於其心，故享帝立廟，人心之
> 所歸也，係人心、合離散之道，无大於此。〔註11〕

是為「神道設教」，則知「神道」者是為手段，「設教」方為目的，重點在糾

---

〔註9〕 清・阮元編：《十三經注疏本・春秋左傳正義》卷三十，頁 526～527。
〔註10〕戴華萱：〈論《周易》道德思想的發端——以《左傳》所載《周易》為例〉引
自私立華梵大學杜保瑞「哲學研究室」之網路資料，網址：
www//hfu.edu.tw/~baurnei/srso/conference/iging/ig012.htm，10/25/2007。
〔註11〕程頤：《伊川易傳》（臺北：文津出版社，1990 年 10 月 2 刷），頁 526～527。

合民心。論述至此，我們可以得知，「卜筮」原是借「鬼謀」來助長人謀的肯定，在原始角度的看法中是正確的，然而經過春秋時代，人文思想的耀動後，其鬼謀成份已淡化到幾乎微乎其微了；換句話說，認同卜筮者而完全遵信不渝，應該是少之又少，最多僅是取之作為參考指標而已；這樣的概念是時代的學術共識，也是人文化成的可貴境界。

　　千年之後，有朱子者，被學界喻為最有智性思維者之一的大學者，稱為：「致廣大，盡精微，綜羅百代矣。」〔註12〕當他暢談「《易》本卜筮之書」之時，怎麼可能是會相信《易》就是「卜筮」之書，而且僅是「卜筮」之書如此單純、如此不合時宜呢？高懷民先生曾批評朱子，說：「朱子之言『易為卜筮之書』，則是站在學術的立場，斷言易原起於卜筮，本無哲學思想可言，其有義理乃是孔子後來『依傍』加上去的。」〔註13〕又說：「近世以來，視易學為哲學思想的人稀，而視之為算命之學的人眾。本文乃就朱子此一觀點，指陳其為錯見之故。」〔註14〕高先生此用心雖是理性下的焦慮，而有此「愛之深、責之切」的積極用心。然而倘若朱子「《易》本卜筮之書」的說法並非如此之義時，則高先生的「指陳」就成為誤解朱子用心了。況且單就人類「卜筮」之簡單行為裏，也並非就一無是處，顏婉玲作《周易心理思想研究》，就指出古代占筮的心理基礎可歸結為幾項正面價值：

　　　　一、提供現象變化之詮釋，滿足人類渴望因果關係的求知需求。

　　　　二、承擔禍福成敗之責任，滿足人類渴望撫慰及怯於負責的需求。

　　　　三、提供吉凶禍福之先知，滿足人類渴望保護和幫助的安全需求。

　　　　四、提供政權所需之威權，滿足統治者渴望有效控制的權利需求。

　　　　五、提供邏輯推衍之理論，滿足人類渴望思維發展的理性需求。

　　〔註15〕

縱使在看似迷信、消極的行為中，仍可積極導引出正面價值蘊涵；這證明任何事件的討論，絕對沒有僅存在單一標準，它必然同時存在正反意義等兩種以上

〔註12〕黃宗羲撰・全祖望補：《宋元學案》卷四十八（臺北：世界書局，1991 年 9 月 5 版），頁 846。

〔註13〕高懷民：〈朱熹「易為卜筮之書」述評並論其對近代易學研究的影響〉（臺北：政大學報七十一期），頁 4。

〔註14〕高懷民：〈朱熹「易為卜筮之書」述評並論其對近代易學研究的影響〉，頁 1。

〔註15〕顏婉玲：《周易心理思想研究》（臺北：國立臺灣師範大學國文學系碩士論文，2002 年 6 月，賴貴三先生指導），頁 16。

的概念，可以刺激多元面向中以挖掘價值。因此對於朱子「《易》本卜筮之書」說的眞正意涵，究竟實情如何，以及觀念之產生與衍繹，實有必要再釐清。

以下討論仍《漢書・藝文志》開始，因爲此書可說是後漢以來各學者引用之起點。其云：

> 《易》曰：「宓戲氏仰觀象於天，俯觀法於地，觀鳥獸之文，與地之宜，近取諸身，遠取諸物，於是始作八卦，以通神明之德，以類萬物之情。」至於殷、周之際，紂在上位，逆天暴物，文王以諸侯順命而行道，天人之占可得而效，於是重《易》六爻，作上下篇。孔氏爲之〈彖〉、〈象〉、〈繫辭〉、〈文言〉、〈序卦〉之屬十篇。故曰：《易》道深矣，人更三聖，世歷三古。及秦燔書，而《易》爲筮卜之事，傳者不絕。〔註16〕

根據此述，大抵可知《漢書》之《易》學史觀是爲：一、已視「經、傳」爲一體，二、伏羲作《易》孔子作〈十翼〉，三、秦火不焚「卜筮」書等等。就《漢書》以上之說，其實充滿許多有待再證明的議題，諸如：取〈繫辭傳〉之說言「伏羲仰觀、俯觀」云云而作《易》之說，則其根據爲何？〔註17〕再者，「孔子作〈十翼〉」之說，《漢書》與《史記》的說法與內容明顯不同，如何調合？種種議題實有待深論之處甚多，然而後續接棒之學者，無視於此，均從此依據開始，就把《易》之「經、傳」看成是聖人相承相續的文本，至唐代《周易正義》編纂止，算是一個階段的總結；畢竟他是官方版的正式認定而賦予科舉上的標準依據，〔註18〕即是所謂的學術思想之主流意識。然而弔詭的是，當主流思想一產生，其隱藏式的非主流思想，即隨之產生，有啖助（724～770）「捨傳求經」自覺之治學態度發於前，到了宋代更推波助瀾續於後，學術界普遍有了「懷疑」學風，「懷疑」的項目之一，必然是對傳統官方版的科舉典籍予以質疑，其中才有歐陽修所提出的〈繫辭〉以下非孔子所作的說法，則使得「人更三聖，世歷三古」的傳統見解，有了新的思考內容。

---

〔註16〕楊家駱主編：《新校漢書藝文志》（臺北：世界書局，1985 年 3 月 5 版），頁 3 ～4。

〔註17〕對此質疑甚多，最有名的有歐陽修《易童子問》言：「〈繫辭〉……則是繁衍叢脞之言也。」至於今人說法中，以勞思光先生頗有說服力，其大旨言「戰國以前之文獻從不言及伏羲。」見《新編中國哲學史（一）》，頁 41。

〔註18〕馬宗霍《中國經學史》〈隋唐之經學〉云：「（唐高宗永徽）四年（653）書始布下，是爲《五經正義》，……每年明經，依此考試，天下士民，奉爲圭臬。」（臺北：臺灣商務印書館，1992 年 11 月臺一版第七次印刷），頁 93～94。

朱子就是在這種新思維的學術風氣，雖不完全認同歐陽修的〈十翼〉非孔子作說法，但是就《易》為變占之作的看法，是令朱子認同，因此，在時代「闕疑」的普遍風氣之下，使得朱子有迥異於《漢書・藝文志》的主張，提出他的：「《易》本卜筮之書」的說法，這是本研究所持原因之一。

## （二）論秦火不焚《易》與政治利益有關

近來學者研究題材之中，針對秦朝與《周易》之關係、與「秦火」焚書問題，有了不同於《漢書》的新看法。從此一見解中，或許也可以說明朱子的「《易》本卜筮之書」的看法之由來依據。問題的討論，就從「秦火」開始。根據《史記・秦始皇本紀》三十三年之記載：

> 始皇置酒咸陽宮，博士七十人前為壽。僕射周青臣進頌曰：「他時秦地不過千里，賴陛下神靈明聖，平定海內，放逐蠻夷，日月所照，莫不賓服。以諸侯為郡縣，人人自安樂，無戰爭之患，傳之萬世。自上古不及陛下威德。」始皇悅。博士齊人淳于越進曰：「臣聞殷周之王千餘歲，封子弟功臣，自為枝輔。今陛下有海內，而子弟為匹夫，卒有田常、六卿之臣，無輔拂，何以相救哉？事不師古而能長久者，非所聞也。今青臣又面諛以重陛下之過，非忠臣。」始皇下其議。丞相李斯曰：「五帝不相復，三代不相襲，各以治，非其相反，時變異也。今陛下創大業，建萬世之功，固非愚儒所知。且越言乃三代之事，何足法也？異時諸侯並爭，厚招遊學。今天下已定，法令出一，百姓當家則力農工，士則學習法令辟禁。今諸生不師今而學古，以非當世，惑亂黔首。丞相臣斯昧死言：古者天下散亂，莫之能一，是以諸侯並作，語皆道古以害今，飾虛言以亂實，人善其所私學，以非上之所建立。今皇帝並有天下，別黑白而定一尊。私學而相與非法教，人聞令下，則各以其學議之，入則心非，出則巷議，誇主以為名，異取以為高，率群下以造謗。如此弗禁，則主勢降乎上，黨與成乎下。禁之便。臣請史官非秦記皆燒之。非博士官所職，天下敢有藏詩、書、百家語者，悉詣守、尉雜燒之。有敢偶語詩書者棄市。以古非今者族。吏見知不舉者與同罪。令下三十日不燒，黥為城旦。所不去者，醫藥卜筮種樹之書。若欲有學法令，以吏為師。」制曰：「可。」[註19]

---

〔註19〕楊家駱主編：《新校本史記三家注并附編二種》卷六〈始皇本紀〉，頁254～255。

按：以上所述，即是所謂的秦始皇「焚書坑儒」的歷史現象之由來，此一概念導致「人們往往拘泥於所謂『焚書坑儒』，認爲經學中斷於秦代，從而阻礙了對秦代經學的研究。」〔註20〕這必定會影響後代學者對於《易》與秦代之關係的眞實客觀性之掌握了。事實上，秦始皇未必是一概否定《經》學，特別是在《易》學部份，就《史記》的敘述中，吾人仍可體察此種精神之描述。

首先，人類的任何舉動，包括政治措施，可以區分成「手段」與「目的」；就秦始皇「焚書」命令來看，「焚書」應是手段之一，其目的在消極上是與「安定政局」有關，如果更能夠政權延續而歷久不衰，更是其積極所盼；觀秦始皇自稱爲「始」者，即是此用心之具體行動。〔註21〕因此，「焚書」之舉及其所焚之內容，其重點應以諸子之說以及其所憑藉之經典爲主，因爲他們習於「處士橫議」，最擅於引《詩》、《書》經典作爲立論根據，不僅有著歷史雄厚背景作爲基礎，更呈顯個人立論，以指責別人之非，誠如《荀子》〈非十二子〉說的好：「其持之有故，其言之成理，足以欺惑愚眾！」李斯必然深深認同，畢竟有沒有「欺惑愚眾」效應是一回事，然而可以確定的是，他提供多元標準，以至於眾人可以在多元標準價值下批評朝政，致使「主勢降乎上，黨與成乎下」的現象，絕對是存在的；新政權的剛建立，若君王的領導權威，竟可被討論與質疑，這在領導者立場來看，是不被允許的，所以，如何訂定一套新思維標準，以便鞏固帝王之尊，再令全國軍民得以奉行不輟的法令，是爲新帝國的成立下的當務之急；更有進者，若是有敢提出質疑、甚至影響政權穩定者，最快速而有立竿見影之效者，莫過於「殺一儆百」了。

正面表列，以顯帝國治世需要爲何，或許很難斷定；但是負面表列，以警頑民的注意事項，則是不難！不得學習的標準是什麼？依李斯的看法，最直接了當的即是：「天下敢有藏《詩》、《書》、百家語者，悉詣守、尉雜燒之。有敢偶語《詩》、《書》者棄市。」很明顯的，《詩》、《書》內容，即是孔、孟系列下的儒家經典，因爲其積極主張「言必稱堯舜」之古代標準，提供了「語皆道古以害今，飾虛言以亂實，人善其所私學，以非上之所建立」的蘊釀溫床；秦新政之所以厭惡《詩》、《書》以及「百家語」者，是因爲他們有批評

---

〔註20〕李景明：〈「焚書坑儒」與秦代經學〉收入張秋升、王洪軍主編：《中國儒學史研究》（山東濟南：齊魯書社，2004年12月），頁174。

〔註21〕楊家駱主編：《新校本史記三家注并附編二種》卷六〈始皇本紀〉：「朕爲始皇帝，後世以計數，二世三世至於萬世，傳之無窮。」頁236

朝政的功能，提供多元價值選項，如此一來，必然直接衝擊到朝廷權威，所以要積極禁止；由此可見，「焚書」僅是要保障帝制權威的其中一項方法而已，並不是一定要全部「焚書」不可；要是「書籍」內容並不會批評朝政，則就不須焚燒了，諸如「醫藥、卜筮、種樹之書」之類，就不在此限，甚至若能支持朝政的穩定性與神聖性，那更要大力宣揚其不朽之功能；畢竟「書不會自己開口，開口的是人；作書者已故去，講書的却見在，所以問題不在一個學說或一本書本義如何，而在後人講得如何。那麼，《易》不論在當時被視為與詩書同類的先王學之一，還是但為一本筮書，是否都有可能被曲學阿世的人當作古為今用的材料？」〔註22〕倘若《易》是班固〈藝文志〉所理解的「《易》道深矣，人更三聖，世歷三古」，那麼將與《詩》、《書》之功能何異？因此說《易》是儒學經典，秦火焚書何能放過？秦始皇不是睜眼白癡，不可能容許腐儒亂說，單看其對淳於越的說詞之否定，則可知一二矣。所以《易》焚不焚，或是他是否真的被認定為「卜筮」者流而不焚，其中一定另有因緣的；畢竟，秦火沒有燒《易》是事實，則《易》在當時的定位是如何？甚至說，秦政權不一定要批鬥所謂「孔子」形象，如果可以證明「孔子」思想也是支持秦帝國的話，那麼政權的穩固性，不就是更加堅定且有說服力了。

　　針對此點，秦朝受「五行」之說的影響當是不待爭的事實，〔註23〕因此朱曉海認為，就「五行」與《周易》可能相涉的關係，似乎也有四點可論：首先，就「六」此數字來看，是秦朝的聖數。而《易》是以六畫的卦組合成的，所以從某一種意義上說，《易》也可以視為是一種以「六」為基數的作，以致多少蒙上一層保護色。再者，說《易》是秦之聖物，三者，孔子更是為秦制《易》；最後，他認為傳《易》者不脫燕齊之地，即都不離方士巢臼。〔註24〕依此說來，則《易》不僅不是「以古非今」之書，而且可以令秦皇興奮的是，它還是支持新政權的聖典，足以「興太平」之書；甚至說，早在孔子之時，就明確指出未

---

〔註22〕　朱曉海：《讀易小識》〈今本易傳與先秦儒學關係的再審〉（臺北：文史哲出版社，1988年1月），頁89

〔註23〕　司馬遷云：「秦始皇既并天下而帝，或曰：『黃帝得土德，黃龍地螾見。夏得木德，青龍止於郊，草木暢茂。殷得金德，銀自山溢。周得火德，有赤烏之符。今秦變周，水德之時。昔秦文公出獵，獲黑龍，此其水德之瑞。』於是秦更命河曰：『德水』以冬十月為年首，色上黑，度以六為名，音上大呂，事統上法。」楊家駱主編：《新校本史記三家注并附編二種》卷二十八〈封禪書〉，頁1366。

〔註24〕　朱曉海：《讀易小識》，頁92～96。

來政權之所向而大力支持之。畢竟這種從歷史引證，不僅可以確定政統的一脈相傳的穩定性，更可提供普世價值的治國依據，因此當淳于越說：「事不師古而能長久者，非所聞也」時，秦始皇並未當場反對，僅是說：「下其議。」足證秦始皇的認知意識中，只要能穩定政局、甚至傳世萬年，才是真正「目的」；誠如司馬遷所說：「秦有天下，悉內六國禮儀，采擇其善，雖不合聖制，其尊君抑臣，朝廷濟濟，依古以來。」〔註25〕至此可證，任何思想學說，只要有利政權穩固與延續者，即凡可以合乎此目的之手段，都在積極允許的範圍。

說秦政權所理解的「孔子」形象，是支持新帝國，甚至也為新帝國謀籌，並非無據，試看《史記·秦始皇本紀》三十五年之引文：

> 侯生、盧生相與謀曰：「始皇為人，天性剛戾自用，起諸侯，並天下，意得欲從，以為自古莫及己。專任獄吏，獄吏得親幸。博士雖七十人，特備員弗用。丞相諸大臣皆受成事，倚辨於上。上樂以刑殺為威，天下畏罪持祿，莫敢盡忠。上不聞過而日驕，下懾伏謾欺以取容。秦法，不得兼方。不驗，輒死。然候星氣者至三百人，皆良士，畏忌諱諛，不敢端言其過。天下之事無小大皆決於上，上至以衡石量書，日夜有呈，不中呈，不得休息。貪於權勢至如此，未可為求仙藥。」於是乃亡去。始皇聞亡，乃大怒曰：「吾前收天下書，不中用者盡去之。悉召文學方術士甚眾，欲以興太平，方士欲練以求奇藥。今聞韓眾，去不報，徐市等費以巨萬計，終不得藥，徒奸利相告日聞。盧生等吾尊賜之甚厚，今乃誹謗我，以重吾不德也。諸生在咸陽者，吾使人廉問，或為訞言以亂黔首。」於是使御史悉案問諸生，諸生傳相告引，乃自除犯禁者四百六十餘人，皆阬之咸陽，使天下知之，以懲後。益發謫徙邊。始皇長子扶蘇諫曰：「天下初定，遠方黔首未集，諸生皆誦法孔子，今上皆重法繩之，臣恐天下不安。唯上察之。」始皇怒，使扶蘇北監蒙恬於上郡。〔註26〕

秦始皇治國目的，當然是要「興太平」，因此相信諸士可以助其一臂之力；然而事與願違，秦始皇所託非人，導致其威信盡失，以至於有「阬儒」之舉，結果，我們卻發現長子扶蘇所勸阻的理論依據，竟然是「孔子」的說詞！可證扶蘇必有其事實與學理依據，否則不會在此關鍵時刻去做火上加油的動

---

〔註25〕楊家駱主編：《新校本史記三家注并附編二種》卷二十三〈禮書〉，頁1159。
〔註26〕楊家駱主編：《新校本史記三家注并附編二種》卷六〈始皇本紀〉，頁258。

作；由此可證，秦帝國縱使不是依「孔學」治國，至少也沒有全面反對「孔學」，而「孔學」系統中的《周易》內容，絕對是合乎新帝國的需要。張濤說：

> 秦始皇統一天下，對《周易》不加焚毀，且頗爲喜愛和重視，這一方面是因爲《周易》乃卜筮之書，而宗教巫術等神秘主義的東西在秦地一直較爲活躍，秦始皇本人對此亦深信不疑；另一方面也是更重要的方面，則是因爲《周易》的宇宙觀等思想內涵和整體思維方式合於秦始皇的思想性格與政治需要。〔註27〕

無論是傳統概念、或是理論傾向，對秦政權來講，《易》都是富有積極意義；因此我們習慣以班固《漢書》〈藝文志〉所說的觀念來看秦與《易》的互動過程，是要有重新思索的必要；畢竟班固難免是以漢朝時代的立場來看秦政，除了有簡單一廂情願之看法以外，而漢朝取代秦政，對於政權的移轉解釋的策略之一，就是採用後朝以污名前朝內容，用以揭發缺失，當然更要無所不用其極，以達擴大解讀之目的，另外再展現當朝才是眞正「順天應人」的神聖地位繼承者；〔註28〕也就是說，秦亡漢興，講五行的秦政權，是霸而不王，所以份屬閏位，劉漢才是，眞正秉承水德而起的合法政權！〔註29〕總之，對《漢書》的相關內容，作重新體驗是有必要的，至少，在《易》學傳承上的介紹，是未必正確的。以《漢書》中說「秦火」與《易》之內容，是有重新被討論之必要，至少，並非僅是「卜筮」現象而有了不焚的原因如此單純。

　　所以，本研究接著要再提出看法，以確定秦火不焚《周易》之原因，絕

---

〔註27〕　張濤：《秦漢易學思想研究》（北京：中華書局，2005 年 3 月），頁 24。

〔註28〕　就本研究主題中之李光地，其政治環境中爲康熙帝，而爲了鞏固政權、強調學統，以達政教合一，即採取汙蟻前明爲職志，如作《周易折中》，就以《易經大全》爲批判對象。其思維與班固的觀點，是如出一轍。

〔註29〕　趙翼：《二十二史箚記》卷六〈陳壽論諸葛亮〉說：「壽父爲馬謖參軍，謖爲諸葛亮所誅，壽父亦被髡，故壽爲亮〈傳〉，謂『將略非所長』，此眞無識之論也。」然而，趙翼又認爲，其實陳壽仍是肯定諸葛亮的，因此在校定〈諸葛集表〉，及〈亮傳後評〉、〈楊洪傳〉、〈廖立傳〉、〈李平傳〉等敍述時，多持正面肯定諸葛亮，因此趙翼認爲陳壽是：「固知其折服於諸葛深矣！」又說：「壽於司馬氏最多迴護。」（臺北：世界書局，1996 年 3 月初版 11 刷），頁 80～81。可知修史書者，常有政治考量，或壓力、或利益，因此，是無法呈現歷史原貌。與本研究有關的說明，還有清政權對明政權的汙蟻亦是，簡單得證據就是從《四庫全書》〈總目提要〉對明代學術的介紹，就極盡嘲諷，可大概得知此種意圖。

對不可能僅是因爲：「儒學內容有著卜筮外表」，而得以逃過一劫之說。考《史記・秦始皇本紀》十年：

> 尉繚曰：「秦王爲人，蜂準，長目，摯鳥膺，豺聲，少恩而虎狼心，居約易出人下，得志亦輕食人。我布衣，然見我常身自下我。誠使秦王得志於天下，天下皆爲虜矣。不可與久遊。」乃亡去。〔註30〕

尉繚的看法根據，來自兩點，一者從面相觀察出發。針對此點討論，是否能成爲一個人的內在心理之判斷依據，或許是有爭議，於此姑且不論；但是，尉繚另一方面的體會，則是很有說服力，畢竟，身爲一國之王，卻能放下身段，對於一個僅是布衣平民，謙恭請教，而依據尉繚的過去觀察經驗，秦王還在困窮之際，就能忍耐居於卑微之地，但是只要一掌權，立即不顧平時交情的過去記錄，所以斷定他是「少恩而虎狼心」的考語，相信尉繚的判斷是正確的。不要忘記，秦王嬴政的確是有一段淒涼的童年，這與他的後來的個性之形成必然有直接影響，〈秦始皇本紀〉記載著嬴政的家族血緣：

> 秦始皇帝者，秦莊襄王子也。莊襄王爲秦質子於趙，見呂不韋姬，悅而取之，生始皇。以秦昭王四十八年正月生於邯鄲。及生，名爲政，姓趙氏。年十三歲，莊襄王死，政代立爲秦王。〔註31〕

另外在〈呂不韋列傳〉則又說：「不韋……乃遂獻其姬，姬自匿有身，至大期時生子政。」〔註32〕無論呂不韋知或不知「姬有身」、或是有意與無意，也不論此說是否眞實，畢竟在當時有此傳聞，勢必會困擾著嬴政其登大位之合法性，而這段童年經驗，也勢必會導致嬴政內在心理底層之「焦慮反應」，〔註33〕而極須擁有比他人更尖銳的生命戰鬥意志，並堅信維繫自身權益的不二法門，就是不斷的戰鬥、鏟除可慮障礙，那是自保的開始，也是必然的抉擇；之後，秦始皇除呂不韋，〔註34〕不就是略爲證明其意志力之積極性的其中一種罷了。

　　以上討論目的，是要說明秦始皇並不是泛泛之輩，甚至說是容易任人欺

---

〔註30〕楊家駱主編：《新校本史記三家注并附編二種》，頁230。

〔註31〕楊家駱主編：《新校本史記三家注并附編二種》，頁223。

〔註32〕楊家駱主編：《新校本史記三家注并附編二種》，頁2508。

〔註33〕黃堅厚說：「五類情境，常極易引起強烈的焦慮：（1）對於當事者地位或目標具有威脅的情境。（2）可以激發具有危險性衝動的情境。（3）必須作重要決定的情境。（4）可能喚起以往創傷性經驗的情境。（5）可能引起罪人感及耽心受責罰的情境。」參閱《雲五社會科學大辭典・心理學》（臺北：臺灣商務印書館1971年），頁222～223。

〔註34〕楊家駱主編：《新校本史記三家注并附編二種》，頁229。

騙的愚昧昏君，以他的生命經歷，應該是很靈敏的，假使《易》書是如普遍
學者所認為的：「《周易》早已不是卜筮之書了，而是與《詩》《書》《禮》《樂》
《春秋》並稱的義理之書，已成為儒家的經典著作。」〔註35〕與《詩》、《書》
同是「誦法先王」之書，則不可能容許因《易》有卜筮形式，就得以不遭火
喪的舛運，此說嚴重污衊秦王嬴政的判斷力；況且不要忽略了幫秦始皇謀策
者是李斯，而李斯是最有智性思維的大儒荀子之弟子，儒家那一套理論內容，
李斯那裡不知？〔註36〕因此，除非《易》並非與《詩》、《書》有同樣性質的
概念，除非《易》具有新詮釋的內容，否則單就「卜筮」云云，絕對是難逃
焚毀厄運！其實就《易》卦爻象與卦爻辭，正提供多元解釋之空間，任人量
身訂做與汲取，且均能足以言之成理，朱曉海說：

> 要想既發揮語言表述的功能，又能免除伴隨該功能而來的拘限性，
> 惟有採取象徵式的語言才是最佳途徑，因為這種語言在認知過程中
> 只有居於啟發指點的助緣地位，主動力還在於心靈，而心靈正也是
> 無所方，善於化裁通變的，足以與混混乾坤相應。〔註37〕

這是合乎新政權新解釋的適當時機與需要；再加上，嬴政的悲慘童年與鬥爭
性格，致使在自大的外表下，也會有自卑情結，相信冥冥之中的天意，因此
如何積極洞察機先，率先掌握天意，這對嬴政是頗為熱衷的。所以嬴政很重
視卜筮，意圖借卜筮儀式以便掌握未來；當有人傳聞，說：「明年祖龍死，……
於是始皇卜之，卦得遊徙吉。」甚至始皇乃「遷北河榆中三萬家。」〔註38〕
由此可見，嬴政的信仰度是很強烈的。據張濤的研究看法，他說：「《周易》〈乾
卦〉所描寫的龍，其由潛藏水底到躍而飛天的變化發展，可以視為秦始皇事
業由積聚力量到發展壯大這一歷程的寫照。」〔註39〕可見，單就【乾】卦爻
辭，就足以令嬴政心儀，況且秦國的傳統也很重視《易》卜筮。如《史記·

---

〔註35〕 廖名春：〈從郭店楚簡論先秦儒家與《周易》的關係〉《漢學研究第18卷第1
期，2000年6月》，頁60。
〔註36〕 錢賓四先生作〈論十翼非孔子作〉，計有十點以說，其第九點大旨云：「秦人
焚書，以《易》為卜筮之書，獨不禁。若孔子嘗作《易》傳，則《易》為儒
家經典，豈有不禁之理。」收入顧頡剛編：《古史辨》第三冊，頁90。蓋錢先
生即依《漢書》思維而來。〈易傳〉是否為孔子作是一事，然而，《易》為卜
筮獨不焚是另一回事，錢先生沒有分辨其中蘊涵。
〔註37〕 朱曉海：《讀易小識》，頁100。
〔註38〕 楊家駱主編：《新校本史記三家注并附編二種一》卷六〈始皇本紀〉，頁259。
〔註39〕 張濤：《秦漢易學思想研究》，頁35。

秦本紀》記載，秦文公有「至汧渭之會」，「乃卜居之，占曰吉，即營邑之。」〔註40〕而秦穆公則是「伐晉，卜徒父筮之，吉；涉河，侯車敗。」〔註41〕畢竟，占卜是當時之時代風氣，也是權利維繫秘方，在這麼多重因素條件下，秦始皇嬴政不僅信仰，而且必然趨之若鶩，這是不確定與焦慮下，可以稍為撫平脆弱心靈的條件之一，若說惜之如寶，相信亦非過份之言。

總之，《易》是秦政建國、治國的重要精神與依據，絕非《漢書》所言僅是「卜筮」外表而不加以焚毀如此單純。同樣的思維，到了西漢，新政府又必須重新解釋新政權之所由來，除了繼續延用「五行」觀念外，〔註42〕取《周易》的神秘與開放性，又可提供解釋上無限空間，至此，又蒙上幾許政治色彩；試看兩漢「《易》例」之繁榮與多樣，不就是要神奇其術：六十四卦配上二十四節氣、三百六十五又四分之一日、七十二徵候，形成「卦氣說」，《易》有了整套指導農作的新內容；又以【乾】、【坤】兩卦的十二爻配上十二辰、十二星象，形成了「爻辰說」，《易》又有了解釋星相的資格；說《易》學之內容已達無所不包，可真是百科全書了！不僅於此，它也是漢帝國施政的價值依據。長久以來，都一直認為漢朝推翻秦政，其實仔細說來，卻僅僅是帝位換人坐坐而已，漢政對於秦制的延續甚多，〔註43〕包括對於《易》學觀念，更進而「發揚光大」其架構，其積極態度唯恐不及，以便鞏固其權位的合理性與神秘性；由此看來，導致《易》學之被污染與誇大，莫過於此了。

因此，高舉尊崇《易》、重視《易》進而解讀《易》的神聖光環下，卻因政治利益的需要而被遭受的誤解與比附，沒有一本經書是像它一樣，是如此之巨大與多樣！《四庫提要》說的很貼切：「旁及天文、地理、樂律、兵法、韻學、算術，以至於方外之爐火，皆可援《易》以為說。而好異者又援以入《易》，故《易》說愈繁。」〔註44〕的確是總結歷代以來的《易》學研究現象。戴君仁先生曾樂觀的說：「這些說法，不管他有無道理無道理，有價值無價值，總是有事

---

〔註40〕楊家駱主編：《新校本史記三家注并附編二種》卷五〈秦本紀〉，頁179。
〔註41〕清·阮元編：《十三經注疏本·左傳·僖公十五年》，頁230。
〔註42〕楊家駱主編：《新校本史記三家注并附編二種》卷二十八〈封禪書〉，頁1381。
〔註43〕請參錢穆：《國史大綱》上冊第三編第八章〈統一政府文治之演進〉（臺北：商務印書館，1988年12月修訂16版），頁105。以及柏楊：《柏楊曰——讀通鑑·論歷史》（臺北：遠流出版公司，1998年8月1日），頁141。本研究於〈史事易學〉章之朱子部份亦有討論。
〔註44〕紀昀等編：《合印四庫全書總目提要》（臺北：臺灣商務印書館，1985年5月增訂3版），頁2。

于《易》，總是正號的研究《易》，而不是負號的取消《易》。」〔註45〕或許戴先生的說法，套句他自己說的：「我寫這小書的目的，……保存古物，多多少少點衛道的意思。」〔註46〕但是除掉「衛道」，回復以客觀來討論，在看似尊《易》爲說的現象裏，其實已被誇大到無以復加的荒謬程度，畢竟以常理思考，不可能也不須要有一本書可以涵蘊如此廣大的層面！〔註47〕所以後繼之學者只要摒除情緒與迷信，必然會有如此自覺之體會的；就此概念之自覺者，有朱子銳利學養，就指出其謬，其云：

> 《易》於六經最爲難讀，穿穴太深，附會太巧，恐轉失本指，故頊
> 嘗爲之說，欲以簡易通之，然所未通處極多，未有可下手處，只得
> 闕其所不知，庶幾不至大差繆耳！〔註48〕

「穿穴太深，附會太巧」，的確是扼要指出《易》學於政治需要而被汙染的盲點。因此朱子《易》學，其治學首要之務，提出：「《易》本卜筮之書」，就是要遠離秦、漢以來之政治力的介入的限制，將烏煙瘴氣的雜說棄除，重新回歸《易》之原始面貌開始討論起。因此錢穆先生說「朱子之《易》學」，其開宗明義即說：「朱子之易學，多創闢深通之見。」〔註49〕即從「《易》本卜筮之書」說起；另外，陳鼓應也說：「朱熹極力主張有關易學的研究應回歸《周易》的本義來進行瞭解。（中略）他在掃除歷來舊《易》的迷霧，主張回歸本義的立場，則應給予高度肯定。」〔註50〕至於許維萍也認爲：「朱熹提倡『易本是卜筮之書』，某種程度是要將《易》的詮釋單純化，這對越走越朝向多元

〔註45〕戴君仁：《談易》〈自序〉（臺北：臺灣開明書店，1982年2月7版），頁1～5。

〔註46〕其實戴先生的看法，是要矯正《古史辨》等激進派的錯誤見解，未必就是「凡古就好」、「凡存在便合理」的說詞。

〔註47〕許維萍《《周易》學研究》說：「近十年來臺灣的《易》學研究，似乎有越來越多元發展的趨勢。……這樣一種『通俗』，只是突顯出《易經》研究在當今研究領域的窘境而已。……《易經》本身並不曾包括這麼豐富的意涵，卻是不爭的事實。在二十一世紀科技發達的今天，如果凡事仍然必須藉助一本神格化的古老書籍來『指點迷津』，除了顯示現代人在面對情事時的徬徨、困惑與不安外，對《易經》研究本身，並沒有太太的意義。」收入林慶彰編：《1950～2000──五十年來的經學研究》（臺北：臺灣學生書局，2003年5月），頁24～25。

〔註48〕朱子：《朱文公文集》卷五十六〈答方賓王〉，戴揚本、曾根美校點：《朱子文集》（上海：上海古籍社，2002年12月1版），頁2663。

〔註49〕錢穆：《朱子新學案》第四冊〈朱子之易學〉，頁1。

〔註50〕陳鼓應：《道家易學建構》（臺北：臺灣商務印書館，2003年7月），頁86。

的現代《易》學研究，無疑具有『當頭棒喝』的作用。」〔註51〕此說是頗具客觀性的，就如同兩宋時期，普遍要重新解釋經典的用心，在「疑經改經」的信念中，企圖獲至原始的義理，其道理是一致的。

朱子治學的用心與特質，早在朱子年輕時，其師李延平就已是瞭解的給予高度肯定。李延平曾說：「元晦進學甚力，樂善畏義，吾黨鮮有，晚得此人，商量所疑甚慰。」又云：「此人極穎悟，力行可畏，講學極造其微處論辯，某因此追求有所省，渠所論難處，皆是操戈入室，須從原頭體認來，所以好說話。」〔註52〕雖然，李延平於朱子三十四歲時過世，而朱子於四十八歲才將《周易本義》完成，然而，簡單的一句話：「須從原頭體認來」，道出「《易》本卜筮之書」的內在涵義矣！知朱子之積極企圖心者，莫過於其師李延平了。

## 二、論朱子「《易》本卜筮之書」說具有豐富蘊涵

《易》的確是「卜筮」之書，這是歷代以來，學者所普遍的共識，但是，早在歷經春秋時代的文化自覺後，已不僅於此了，在價值認同上，都是要標舉與證明其為文化根源，或許，清末皮錫瑞（1850～1908）的說法，可以說是總結傳統上的普遍共識，他說：「論《易》為卜筮作實為義理作。」又說：「論伏羲作《易》垂教在正君臣父子夫婦之義。」〔註53〕此說最大特色是不僅討論文化根源，並將中國文明的時間，由《史記・五帝本紀》之黃帝，再往上推了四千年之久，〔註54〕甚至將開創與規劃之功，全部歸給於伏羲的聖明；以此來神格化聖人與《易》學的教化力量。

就「伏羲作《易》」的觀點上，朱子也是認同的；但是，朱子的認同又與一般學者自有不同之處，他要強調的是，不同環境下的「時代性課題」。朱子指出著說：「今人說《易》，所以不將卜筮為主者，只是嫌怕小卻這道理，故憑虛失實，茫昧臆度而已。」〔註55〕由於先民知識層面的淡薄，致使內心是

---

〔註51〕 許維萍：《宋元易學的復古運動》（臺北：私立東吳大學中國文學研究所博士論文，林慶彰教授指導，2001年6月），頁288。

〔註52〕 明・胡廣編：《性理大全書》卷四十一〈諸儒三・朱子〉引李延年〈與其友羅博文書〉《文淵閣四庫全書》冊710，頁856。

〔註53〕 皮錫瑞：《易學通論》27則，頁41，及第2則，頁2。

〔註54〕 高懷民說：「大概說來，伏羲氏約生於公元前四千七百年之時，即距今六千七百年以前。」《先秦易學史》（臺北：中國學術著作獎助委員會，1990年6月3版），頁52。

〔註55〕 黎靖德編：《朱子語類》卷七十五〈易十一・上繫下・第十一章〉，頁1924。

脆弱與無助，因此汲汲營造一種前知之能的體驗，以便足夠擁有趨吉避凶的能力，所以普遍上才會有共識將《易》之作與聖人伏羲相結合爲一體，在英雄般的追隨及神秘化的掌握，以減輕個人負擔並降低對未來無知的「焦慮」，當然其目的就是要神乎其無所不能以增進信心，〔註56〕致使作了一些想像、猜測的例證之辭，於朱子觀點來看，均概括爲「憑虛失實，茫昧臆度。」不可採信。

　　朱子以其謹嚴智識，斷然截止這種虛無縹緲之說的延續；積極的轉化《易》學價值，於是一樣是認爲伏羲作《易》，但是首先以還原當時環境來推想了，朱子說：

> 只是理會卜筮，大概只是說箇陰陽，因陰陽之消長，卻有些子理在其中。伏羲當時偶然見得一（陽爻）便是陽，二（陰爻）便是陰，從而畫放那裏。當時人一也不識，二也不識，陰也不識，陽也不識。伏羲便與他剔開這一機，然才有箇一二，後來便生出許多象數來。恁地時節，他也自遏他不住。然當初也只是理會罔罟等事，也不曾有許多嶢崎，如後世經世書之類，而今人便要說伏羲如神明樣，無所不曉。伏羲也自純樸，也不曾去理會許多事來。自他當時別開這一箇機，後世間生得許多事來，他也自不奈何，他也自不要得恁地。但而今所以難理會時，蓋緣亡了那卜筮之法。〔註57〕

強調人類的思維，必然與當時環境相結合，因此伏羲縱是聖哲，也僅能提出當時環境所限制的相對主張；但是其所洞見之精神蘊涵，則可影響後代之人，而允許後人有追隨之氣勢。對於朱子此概念，錢穆先生分析著說：

> 此條黃義剛、陳淳同錄，乃朱子七十時語。今試略析其中涵義。理在先，事在後，苟有此理，事必隨起，一也。方事之單純，理亦只見一些子，只從天地自然法象中可資認識，二也。理非可造作，亦非強探索可得，只從偶然中見，三也。卦象最先只分陰陽，始畫卦者必有其

---

〔註56〕屈萬里先生《說易散稿》有〈利西南不利東北〉章之討論，即認爲是「卦爻辭作於周武王之時，成於周人之手，有寓宣傳於卜筮之意。」以達「周人冀殷人之附己，而惡周人之歸殷，故於征行之人告其來西南則利、則得朋，往東北則否。」見《書傭論學集》（臺北：聯經出版公司，1984 年 7 月），頁 34。由屈先生之說可證，人心脆弱，的確需要借某些「廣告」與「權威」以招攬人心，並強化信念。

〔註57〕黎靖德編：《朱子語類》卷六十六〈易二・綱領上之下・卜筮〉，頁 1623。

> 人，即謂是伏羲，伏羲亦未必便即是一聖人。即謂是一聖人，亦是一
> 上古純樸之聖人，與後繼作如文王、孔子之為聖者不同，四也。《易》
> 之為書，自有象數、卜筮、義理之演進，則其人之固為伏羲、文王、
> 孔子與否，亦不必深求，而治《易》自有坦途可尋，五也。〔註58〕

最後，錢先生即言：「此皆朱子論易卓識，乃自其治學之大體系中得來也。」
〔註59〕針對朱子《易》學理念的闡發，本研究以為從錢穆先生上述的第四點
來探討，最可得探驪取珠之功。因此由錢穆先生的《朱子新學案》第四冊〈朱
子之《易》學〉一書的說明為基礎，詳加敘述，蓋其對筆者之啟發甚多；另
外參照德國哲學家，從海德格（Martin Heidegger 1889～1976）到葛達瑪
（Hans-Georg Gadamer 1900～2002）所謂「詮釋學」（Hermeneutics）的概念
下，「它山之石，可以為錯」，或許可以讓吾人對於朱子「《易》本卜筮之書」
說的真正意涵，更能準確的掌握其蘊涵。

## （一）錢穆闡釋朱子「《易》本卜筮之書」說之內在蘊涵

朱子之《易》學，所討論之問題細節相當廣泛，無論從那個角度切入，
都可以洋洋灑灑鋪述出朱子所要呈現的要旨。然而如果此問題是當時學者普
遍都有觸及到，則朱子之討論再精彩、深入，吾人以後出轉精及客觀立場來
考察，僅能說那是時代的共同聚焦點，依此說明，根本無法呈顯說是朱子學
之特色。換句話說，所謂「特色」，理應是其他學者沒有觸及到層面，而朱子
獨具慧眼以作全面與深入，並且是可以言之成理、持之有故者，方能稱「特
色」。因此就錢穆先生說「朱子之《易》學」，其開宗明義即說：「朱子之易學，
多創闢深通之見。」〔註60〕究竟要從何種角度切入，以便證明朱子《易》學，
的確有「創闢深通之見」，就必須擁有很高的學養，才能洞識而呈顯了。

所謂「多創闢深通之見」，可以從「對比視野」角度來考察，在彼此對照下，
方可見其說之支撐力量之強度與信度有多大；吾人可以從「縱、橫」兩角度來
探討。說「縱」者，是以時間歷史為長河，將《易》學史上比較有公信力的作
品，羅列各家說法，以見其不同處，因此我們可以縮短範圍，從孔穎達《周易
正義》，及程頤《易傳》等二家來考察。蓋《周易正義》是中古學術史中的《易》
學殿軍，影響力之大，眾所皆知；至於程頤《易傳》之義理，則是朱子常強調

---

〔註58〕錢穆：《朱子新學案》第四冊〈朱子之易學〉，頁34。
〔註59〕錢穆：《朱子新學案》第四冊〈朱子之易學〉，頁34。
〔註60〕錢穆：《朱子新學案》第四冊〈朱子之易學〉，頁1。

的以學術繼承者自居；所以當比較此三家之內容，必能明確得出彼此論《易》之差異性，以見朱子《易》學的確是有著「多創闢深通之見」。

考察孔穎達（574～648）奉敕編輯《周易正義》之目的與書中內容，我們可以從其〈序〉文中略窺端倪：

> 江南義疏十有餘家，皆辭尚虛玄，義多浮誕。原夫《易》理難窮，雖復玄之又玄，至於垂範作則，便是有而教有，若論住內住外之空，就能就所之說，斯乃義涉於釋氏，非爲教於孔門也，既背其本，又違於注。……今既奉勅刪定，考察其事，必以仲尼爲宗，義理可詮，先以輔嗣爲本，去其華而取其實，欲使信而有徵；其文簡，其理約，寡而制衆，變而能通。〔註61〕

孔穎達之「正義」目的，是要破謬見、立標準，以便呈現《易》理；首先，將漸次流於道家老學之無爲，與佛家釋學之虛空等諸家之錯誤注解內容予以糾舉導正，接著，標舉學術價值，以孔門義理爲主；以上是爲《周易正義》的編纂立場。然而《周易正義》卻留下一個錯誤決定，那就是採用王弼「以老入易」的精神，縱使其特色是簡約、通變，但是仍然會混淆儒門義旨，致使後代學者批評不已，以儒學自居之學者，紛紛修正了《周易正義》或取材、或編排上的缺失，〔註62〕以程頤（1033～1107）《伊川易傳‧序》爲例，他說：

> 《易》，變易也，隨時變易以從道也。其爲書也，廣大悉備，將以順性命之理，通幽明之故，盡事物之情，而示開物成務之道也。聖人之憂患後世，可謂至矣。去古雖遠，遺經尚存，然而前儒失意以傳言，後學誦言而忘味，自秦而下，蓋無傳矣！予生千載之後，悼斯文之湮晦，將俾後人沿流而求源，此傳所以作也。〔註63〕

程頤之《易傳》所作，是因爲前儒已失其意，後學又沒有自覺性，僅會盲目依循；所謂的前儒應是指著王弼「以老入易」，所謂的後學應是指著孔穎達之以王弼本爲據，而或多或少難脫「老學」概念，以及科舉制度下的學子，只

---

〔註61〕孔穎達：《周易正義》〈序〉（臺北：臺灣中華書局，1986年8月臺5版，據《四部備要》本），頁1。

〔註62〕朱彝尊《經義考》卷十四〈李鼎祚周易集解〉條：「《中興藝文志》李鼎祚《易》宗鄭康成，排王弼。」（臺北：中華書局，1979年），頁7。由此可知，《周易集解》的編纂是針對《周易正義》而來。另外，依許維萍《宋元易學的復古運動》指出，有郭京《易舉正》、陸希聲《周易傳》等書，就「經傳」編排上也與《周易正義》不同。見該書頁4。

〔註63〕程頤：《伊川易傳》（臺北：文津出版社，1990年10月2刷），頁1。

為迎合的背誦而無識聖學價值之所在；就此，程頤要明確指出《易》學精神，其特點是要以「天理」爲據，進以指導人事，並用以純孔門儒學爲依歸。

以上列舉孔《疏》與程《傳》二家之〈序〉，大旨可得其目的與標準，雖然主張之入門手法稍有不同，然而從孔門義理出發、認同與闡揚的意旨，則是一致。相較之下，朱子作《周易本義》，其前之〈序〉言，與程頤之說相承續，強調：「皆所以順性命之理，盡變化之道也」的「理學」建構用心；但是朱子不僅於此，又云：

> 《易》之有卦，《易》之已形者也；卦之有爻，卦之已見者也。已形
> 已見者，可以知言，未形爲見者，不可以名求，則所謂《易》者果
> 何如哉？〔註64〕

依朱子的看法，因爲「顯像」容易體察，「隱像」則難以辨識，況且，多樣紛紜、變化多端的《易》象，如何掌握「隱像」，探求變化之道，是爲治學重點；朱子認爲：「遠在六合之外，近在一身之中，暫於瞬息，微於動靜，莫不有卦之象焉，莫不有爻之義焉，至哉《易》乎！」〔註65〕而掌握的方式，就是「卜筮」，朱子於【乾】卦辭：「元亨利貞。」注云：「此聖人所以作《易》教人卜筮，而可以開物成務之精意，餘卦放此。」〔註66〕將重點擺在「卜筮」，以說《周易》之最早「本義」。朱子之說，大旨可知其求《易》之「本義」，即以「卜筮」說是爲其敘述之出發點；當與孔《疏》、程《傳》之用心對比，在彼此相較之下，明顯是有著截然不同之進路。

至於「橫」的空間方面，與朱子同時之學者或弟子，對朱子《周易本義》所倡導的「卜筮」說，也有所疑慮，而有甚多討論。諸如：「問：伏羲畫卦，恐未是教人卜筮！」朱子則回答曰：「這都不可知，但他不教人卜筮，畫作甚？」〔註67〕此答算是保守。至於朱子所積極堅信的理由，則由教學課程中的教材所體會出來的，朱子云：

> 今學者諱言《易》本爲占筮作，須要說做爲義理作。若果爲義理作
> 時，何不直述一件文字，如〈中庸〉、〈大學〉之書，言義理以曉人，

〔註64〕朱子著・王鐵校點：《周易本義》〈序〉收入《朱子文集》冊1（上海：上海古籍社・安徽：安徽教育出版設，2002年12月），頁3。
〔註65〕朱子：《周易本義》〈序〉，頁2。
〔註66〕朱子：《周易本義》，頁30～31。
〔註67〕黎靖德編：《朱子語類》卷六十五〈易一〉〈綱領上之上〉〈伏羲畫卦先天圖〉，頁1619。

須得畫八卦則甚？《周官》唯大卜掌三易之法，而司徒、司樂、師

氏、保氏諸子之教國子庶民，只是教以詩書，教以禮樂，未嘗以《易》

爲教也。〔註68〕

就內容來說，畢竟要說「人事義理」的觀念，在《詩》、《書》、〈中庸〉、〈大

學〉等古籍上已可盡情發揮，實在不需要借一種語彙抽象、意謂難明的《易》

書來作爲教材；況且從歷史記載來看，古人教授學子的課程中，並沒有《易》

書，可見《易》的抽象性，的確不適合於「人事義理」所闡述的依據，於此

也可旁證《易》「本卜筮之書」，即是用來占筮的主要最初工具性，而不需說

具備「人事義理」；因此當有人問：「看《易》如何」時，朱子則回答說：

《詩》、《書》、執《禮》，聖人以教學者，獨不及於《易》，至於「假

我數年，五十以學易」，乃是聖人自說，非學者事；蓋《易》是箇極

難理會底物事，非他書之比。如古者，先王順《詩》、《書》、《禮》、《樂》

以造士，亦只是以此四者，亦不及於《易》，蓋《易》只是箇卜筮書，

藏於太史、太卜以占吉凶，亦未有許多說話，及孔子始取而敷繹爲十

經，〈彖〉、〈象〉、〈繫辭〉、〈文言〉、〈雜卦〉之類，方說出道理來。

〔註69〕

從典籍的資料中，斷定《易》是極難體會的概念，不僅不適合作爲教學課程、

也沒有深奧義理；其後縱使有著義理的體會，也是後人爲有「時代課題」所

產生的自我特殊驗證。朱子之自信與堅持《易》是卜筮，由此可見；是以錢

穆先生稱讚說：「朱子治經，每能超越傳注而直窮經文之本義。」〔註70〕當我

們從「縱、橫」兩角度來體察時，的確是可以看出朱子說「《易》本爲卜筮之

書」，在整個學術史上的不同風貌之「特色」所在。

　　錢穆先生說朱子《易》學，就從朱子說：「易是箇空底物事，未有是事，

預先說是理，故包括得盡許多道理。」〔註71〕先標舉出《易》是「空底物事」，

所以沒有預期心理、沒有成見限制，充滿著無限包容力，這才是《易》之特

色，因此，錢穆先生引朱子之說：「先通得易本指後，道理盡無窮，推說不妨。

若便以所推說者去解《易》，則失《易》之本指矣。」〔註72〕指出「本義」與

〔註68〕 錢穆：〈朱子之易學〉，頁 17 引《朱子語類》卷六十六。

〔註69〕 錢穆：〈朱子之易學〉，頁 11 引《朱子語類》卷六十七。

〔註70〕 錢穆：〈朱子之易學〉，頁 10。

〔註71〕 錢穆：〈朱子之易學〉，頁 1 引《朱子語類》卷三十四。

〔註72〕 錢穆：〈朱子之易學〉，頁 3 引《朱子語類》卷六十八。

「引申義」之不同概念。

什麼是《易》的本旨？朱子作《易》傳，名之曰《周易本義》，即在溯源此一根本問題。說《易》之本義，朱子於此標榜出：「《易》本卜筮之書」。錢穆先生讚其：「謂《易》是卜筮書，最為大膽創論。」〔註73〕錢穆先生認為，當掌握朱子「《易》本卜筮之書」之概念後，可以有下列之寬廣概念：

> 方叔問：「《本義》何專以卜筮為主？」（朱子）曰：「且須熟讀正文，莫看注解。蓋古《易》，〈彖〉〈象〉〈文言〉各在一處，至王弼始合為一。後世諸儒遂不敢與移動。今難卒說，且須熟讀正文，久當自悟。」〔註74〕

因為，王弼之《周易注》被孔穎達等人認為：「魏王輔嗣之注，獨冠古今。……刪定考察，其事必以仲尼為宗；義理可詮，先以輔嗣為本。」然後以官方力量，公告為科舉必考書目，廣大學子因而誤以為《周易正義》，即是唯一的權威標準，導致沒有人會去再思索，其實他們也僅是一家之說，當以一家之說為標的，視為《易》理之唯一內容，如此一來，令後學者習以為常而限制其創造力的；朱子於此說《易》本旨、「《易》本卜筮之書」，即在破除《周易正義》所衍生之權威迷思，此其一。

> 問：「《程易》以乾之初九為舜側微時，九二為舜佃漁時，九三為『玄德升聞』時，九四為歷試時，何以見得？」曰：「此是推說爻象之意，非本指也。讀易若通得本指後，便儘說去，儘有道理可言。」〔註75〕

程頤《易傳》之價值，誠如錢穆先生所言：「乃其畢生唯一著述，有人問伊川：『聞有五經解，已成否？』曰：『惟《易》須親撰。』其重視如此。此下理學家皆極重此書。」〔註76〕但是，依朱子的看法，若是崇敬《程傳》，而又誤以為是說解權威，仍然又是一種思維限制，因此朱子再倡《易》之本旨，說「《易》本卜筮之書」，即在破除《程傳》衍生之權威迷思，此其二。

第三點，朱子除了要釐清近代《易》學史上，由王弼注、孔穎達《正義》、程頤《易傳》等作品的時代性之外，錢穆先生特別再將朱子《易》學用心往

---

〔註73〕錢穆：〈朱子之易學〉，頁7。
〔註74〕錢穆：〈朱子之易學〉，頁11引《朱子語類》卷六十七。
〔註75〕錢穆：〈朱子之易學〉，頁3引《朱子語類》卷六十八。
〔註76〕錢穆：〈朱子之易學〉，頁4。

上推至孔子之《易》學、文王《易》學、甚至是伏羲《易》學，均是有其個別之時代用心的精神，特別予以抉發，朱子說：

> 今人讀《易》，當分爲三等，伏羲自是伏羲之《易》，文王自是文王之《易》，孔子自是孔子之《易》。……文王之心，已自不如伏羲寬潤，急要說出來，孔子之心，不如文王之心寬大，又急要說出道理來，所以本意浸失，都不顧元初聖人畫卦之意，只認各人自說一副常道理；及至伊川，又自說他一樣，微似孔子之《易》，而又甚焉。故其說《易》，自伏羲至伊川，自成四樣，某所以不敢從，而原《易》之所以作，而爲之說，爲此也。〔註77〕

錢穆先生說：「此條可寬看，可緊看。若不泥殺看，只是分別《易》之三層次而依序讀之，斯可矣。若必緊看，必確認其是伏羲《易》、文王《易》與孔子《易》，則又復引人入歧。又必謂《易》經三聖，其義則一，則是歧而又歧也。」〔註78〕也就是說，錢穆先生特別將朱子所認爲的《易》學源頭闡釋出，即從最早的、學界所共同承認的伏羲《易》，其創作目的就是爲「卜筮」而用。

就錢穆先生此說法，本研究再闡其義，蓋依朱子的說「《易》本卜筮之書」之「本」字，其意就僅是「源頭」意，而說「源頭」本意並未否認《易》可以有「義理」之內涵性；借勞思光先生的說法：「一事之如何發生是一個問題，一事有何種內含意義又是另一問題。」此即：「發生意義與本質意義」〔註79〕的差異。因此，當說「發生意義」時，則《易》要爲「卜筮而作」，是沒有人會反對，也不須反對；至於說「本質意義」時，則因「卜筮」之舉，而產生人事義理的舉一反三之聯想，那是人類思想進步的原動力；所以吾人當能區分此二項意義之分別時，則說伏羲《易》、說「《易》本卜筮之書」之朱子《易》學概念，就豁然開朗，而不需要再焦慮的認爲朱子詆毀聖經，汲汲欲爲朱子辯解。諸如高懷民先生所言：

> 就有功於儒家而言，朱子的《四書集註》當然值得稱讚，然而他的另外一本《周易本義》卻對後世學術產生了負面的影響力，阻礙了《易》學的研究，因爲他固執於「易本卜筮之書」之故。〔註80〕

---

〔註77〕錢穆：〈朱子之易學〉，頁21～22引《朱子語類》卷六十六。
〔註78〕錢穆：〈朱子之易學〉，頁22。
〔註79〕勞思光：《新編中國哲學史（一）》（臺北：三民書局，1990年1月增訂5版），頁104～105。
〔註80〕高懷民：〈朱熹「易爲卜筮之書」述評並論其對近代易學研究的影響〉摘要（臺

高先生對中華文化的積極闡釋與維護的用心，是吾等後生小輩追隨效法的師長之一，然而，高先生於此只見「卜筮」二字因而焦慮不已，致使未能深入瞭解朱子蘊涵意的看法；蓋高先生之說，其實是有著龐大的《易》學「義理」派作爲其論述依據的，他是依循著王夫之「占學一理」的觀點而來。蓋王夫之《周易內傳發例》有云：

> 朱子學宗程氏，獨於《易》焉，盡廢王弼以來引伸之理，而專言象占，謂孔子之言天、言人、言性、言德、言研幾、言精義、言崇德廣業者，皆非義、文之本旨，僅以爲卜筮之用，而謂非學者之所宜講習。其激而爲論，乃至擬之於《火珠林》卦影之陋術，則又與漢人之說同，而與孔子〈繫傳〉窮理盡性之言，顯相牴牾而不恤。由王弼以至於程子，矯枉而過正者也，朱子則矯正而不嫌於枉矣。〔註81〕

王夫之以爲《易》非卜筮之書，而是人生哲理之典籍，占筮僅是《易》之形式中表現的其中手法之一，並非目的，領悟人生大道方爲其重要內容及目的，因此，《易》之爲道，應依據卦爻辭中之義理決疑惑、斷吉凶。王夫之對朱子「《易》本卜筮之作」抨擊頗重，而主張「占學一理」說；此看法並非僅是王夫之一家之言，若再上推歷史淵源，於先前王弼、韓康伯、孔穎達、程頤等義理學派諸家之觀點均有所闡釋。從王弼《周易略例·明象》云：「物无妄然，必由其理。」韓康伯亦以爲，《易》是明理之書，八卦及六十四卦及其卦辭已具備天下之理，韓康伯云：「夫八卦，備天下之理而未極其變，故因而重之以象其動，用擬諸形容，以明治亂之宜。」〔註82〕蓋八卦之義，已備天下之理，然未窮盡事物之變化，故重爲六十四卦，每卦六爻用以象徵事物變動之理，以明人事治亂之義，至孔穎達則云：

> 《易》道周備，无理不盡。聖人用之，上以和協順成聖人之道德，下以治理斷人倫之正義，又能窮極萬物深妙之理，究盡生靈所稟之性，物理既窮，生性又盡。至於一期所賦之命，莫不窮其短長，定其吉凶。〔註83〕

《易》具備一切事物之理，聖人據此可確立其道德，可窮盡萬物之理及人之

---

北：政大學報七十一期），頁 1。

〔註81〕王夫之撰，李一忻點校：《周易內傳發例》第 3 則（北京：九州出版社，2004年 6 月），頁 349。

〔註82〕孔穎達：《周易正義》卷八，〈繫辭下〉，頁 1。

〔註83〕孔穎達：《周易正義》卷九，〈說卦〉，頁 2。

生死貴賤，故程頤曰：

> 《易》是箇甚，《易》又不只是這一部書，是《易》之道也。不要將
> 《易》又是一箇事，即事盡天理便是《易》也。〔註84〕

由此可證，王夫之對「占與學」所涉及學人應如何對待吉凶禍福之遭遇、義
與命等等概念，即受王弼、韓康伯、孔穎達、程頤等人觀點之影響，而此說
即爲《易》學史上之普遍共識，也可以說高懷民先生之論點，即是《易》學
「義理」學派的一致主張。然而，就《程傳》「義理」說，朱子並未否定，僅
是要指出此「義理」是有著限制性，這是朱子「《易》本卜筮之書」所要破除
迷思的重要工作。近代美國學者艾周思（Josoph A.Adler）就此現象，有一不
錯的看法，他說：

> 在朱子看來，義理派的解易方法，集中對文王、周公、孔子所作文
> 本的解釋上，把這些文本僅僅作爲通往他人道德哲學的起點。它不
> 能穿透《易》本身的原初含義，因爲他們對於《易》被創造和卦爻
> 辭被應用的原初形式沒有給予足夠的重視。〔註85〕

簡單的說，朱子認爲「義理」學派忽略了《易》的最原初含義，僅將《易》
作爲道德哲理，這就《易》學研究上，是不完備的。於是，朱子在普遍的《易》
學「義理」共識下，仍要主張回歸原典初旨，倡談「《易》本卜筮之書」，其
道理即在此。

　　或許是朱子用辭犀利，以「卜筮」說《易》，致使被所不瞭解的後學者，
就從「乍見」的第一印象，予以強烈否定，諸如王夫之者，就以「義理」立
場，要對其作激烈的批判，甚至到了《四庫》館臣撰《易學總目提要》時，
將《易》學分爲「二派六宗」的區別，卻未將朱子列入，其云：

> 漢儒言象數，去古未遠也，一變而爲京、焦，入於機祥，再變而爲
> 陳邵，務窮造化，《易》遂不切於民用，王弼盡黜象數，說以老莊，
> 一變而胡瑗、程子，始闡明儒理，再變而李光、楊萬里，又參證史
> 事，《易》遂日啟其論端，此兩派六宗，已互相攻駁。〔註86〕

---

〔註84〕 陸費逵總勘：《二程全書》《遺書》卷二上（臺北：臺灣中華書局，《四部備要》
　　　　本），頁15。

〔註85〕 美・艾周思：〈朱熹與卜筮〉收入美・田浩（Hoyt Cleveland Tillman）編，楊
　　　　立華、吳艷紅譯：《宋代思想史論》（北京：社會科學文獻出版社，2003年12
　　　　月），頁315。

〔註86〕 紀昀等編：《四庫全書總目提要》《經部一・易類一》，頁2。

朱子《易》學對後世影響之大，是有目共睹、舉世皆知；以清康熙帝於《周易折中》爲例，就相當程度的強調朱子學之重要性，其〈序〉有云：「唯朱子兼象數、天理，違眾而定之，五百餘年，無復同異。」〔註87〕而四庫館臣於《周易折中‧提要》也強調對《周易折中》的觀點給予正面肯定，說：「(《折中》)其諸家訓解，或不合於伊川、紫陽，而實足發明經義者，皆兼收並採，不病異同。」但是，離開各書對朱子正面討論介紹後，單就對朱子《易》學時，四庫館臣卻於此這麼重要的「總目提要」《易》史簡介，卻又絕口不提朱子《易》學，換句話說，朱子《易》學在他們的看法，是《易》學中歧出中的歧出，很難歸於那一類？甚至說沒有《易》學術史上的地位乎？還是自北宋已有「兩派六宗」，因此，後人之研究觀點，都已難脫此藩鎮？事實上，就《四庫提要》的介紹中，單就對朱子《易》學闡釋者，就不下十一本，就此現象，不知《四庫》館臣又將何解？〔註88〕

對於館臣的疑惑，或許吾人可以如此理解：事實上，他們都誤解了朱子「《易》本卜筮之作」之意思，而又自認是正確糾舉者、或乾脆視而不見者，種種說辭，有如自承爲朱子學之諍友，然而卻未觸及癥結點，致使討論內容，多未就實質價值闡釋之，或許是康熙帝所說的：「朱子兼象數、天理，違眾而定之」的「違眾而定之」的概念，道出了學界現象，朱子就是「違眾而定之」的行爲，已深入諸學者心中，致使討論無法客觀以對；對此學術現象，以本研究立場來看，實爲可惜！誠如黃震（1213～1280）《日鈔》早已孤明先發，洞識其價值，其云：

> 若謂《易》本卜筮，謂《詩》非美刺，謂《春秋》初不以一字爲褒貶，皆曠世未聞之高論，而實皆追復古始之正說。乍見駭然，熟輒心靡，卓識雄辨，萬古莫儔，而世俗猶以一時異論之士對言之，何

---

〔註87〕 李光地奉敕編：《御纂周易折中》康熙帝〈序〉（台中：瑞成書局，2001年10月，據清康熙54年「武英殿」原刊本影印），頁1～2。

〔註88〕 《提要》介紹有：《讀易大旨》、《田間易學》、《周易筮述》、《讀易日鈔》、《周易淺述》、《易原就正》、《易經衷論》、《大易通解》、《周易傳義合訂》、《周易述信》、《大易擇言》等等，都是歸爲朱子學。另外，江弘毅：《朱子易學研究》（臺北：國立臺灣師範大學國文研究所碩士論文，1984年，胡自逢教授指導）第四章論及〈朱易之遺風〉時，羅列元明清以迄近人註解、闡述、研究朱《易》之相關著作，更達179種。足見《四庫》館臣對於朱子《易》學是有成見的；也反證了《四庫》館臣是「漢學」大本營的說法，是持之有故的。所以說《易》學「兩派六宗」能不能作爲學術公論，是有待再斟酌的。

耶？嗚呼！此固難與世俗言也。〔註89〕

雖然黃震所瞭解的尚不是朱子的全面意義，但是，至少已觸及「追復古始之正說」的體會，因此說，若能客觀的體察，當知朱子之意謂。

近來學界常引梁任公說「清代學術」價值者：「一言蔽之，曰『以復古為解放』」〔註90〕云云，就此來看，早在朱子之「《易》本卜筮之書」時，其實就是這種精神的自覺者。又，余英時先生云清代考證之學，其根源可以追溯到宋明「理學」之爭，他說：「所以追問到最後，一定要回到儒家經典中去找立論的根據。義理的是非於是乎便只好取決於經書。理學發展到了這一步就無可避免地要逼出考證之學。」〔註91〕就余先生的精湛洞見，令人佩服，如果再由朱子之「《易》本卜筮之書」的精神用意來看，其實就是自覺出要回歸原典的重要性了。總之，就錢穆先生得以在歷史上對朱子「《易》本卜筮之書」負面見解中，獨樹一幟，闡揚朱子《易》學當從「《易》本卜筮之書」說起，以說朱子治學的破除權威束縛、追求治學靈活開放性，不僅足以證明朱子真的是「多創闢深通之見」，亦間接說明了研錢穆先生治學亦是「多創闢深通之見」，足令後生之我讚佩而願附驥尾。

## （二）論海德格與葛達瑪之「詮釋學」與朱子「《易》本卜筮之書」說意涵相通

錢穆先生〈朱子之易學〉之於朱子「《易》本卜筮之書」說闡釋，可總結是為：「破除權威」、「分別彼此」、「回歸原典」等三點，此三點之說，對筆者啟發甚大，能夠深刻與精準的指出此主題之蘊涵意義；然而，就筆者目前所參考學者在此主題之研究看法上，卻罕見引用錢穆見解，這說明對於朱子「《易》本卜筮之書」的主張，學界普遍接受著自《正義》、《程傳》、王夫之以來的看法，也就是說，大家對於《易》之本旨，要是過份強調其為「本卜

〔註89〕黃震：《黃氏日鈔》卷三十八〈作文〉條，《文淵閣四庫全書本》冊708，頁134。

〔註90〕梁啟超《清代學術概論》〈二〉云：「綜觀二百餘年之學史，其影響及於全思想者，一言以蔽之曰：『以復古為解放。』第一步：復宋之古，對於王學而得解放；第二步：復漢唐之古，對於程朱而得解放；第三步：復西漢之古，對於許鄭而得解放；第四步：復先秦之古，對於一切傳注而得解放；夫既已復先秦之古，則非至對於孔孟而得解放焉不止。」（臺北：臺灣商務印書館，1968年7月臺2版），頁8。

〔註91〕余英時：〈清代思想史的一個新解釋〉收入《歷史與思想》（臺北：聯經出版公司，1995年3月初版19刷），頁134。

筮之書」的觀點上，仍然深具有強烈不安之感，認為是在汙衊伏羲聖人作《易》初衷，以至於在理解朱子對於其「《易》本卜筮之書」的種種闡釋，沒有人有如實體會，縱使有所認識者，卻又諸多保留；〔註92〕這些觀點，當然包括筆者之前亦如斯思維。直到近來，接觸到德國哲學家，從海德格到葛達瑪之「詮釋學」〔註93〕所闡述之理論時，方有了新的體悟，或許由於「它山之石，可以為錯」的借鏡之下，在相互參照中，更能體認出朱子之「《易》本卜筮之書」的理念蘊涵，就是與海德格、葛達瑪對人文科學中之經典「詮釋學」理念來比較，其概念是相互呼應。此刻，更能體會錢穆先生所闡釋之朱子「《易》本卜筮之書」內容，早已體會箇中三昧。

在引述西方「詮釋學」要旨之前，必須聲明的是，本研究重點，乃在於如何闡釋朱子《易》學其「《易》本卜筮之書」說的蘊涵為何，而非西方「詮釋學」的歷史與其要義，是以引用資料，多為學者對其研究所得之成果，其資料之引用，當然也就不涉及原典，而是以當今學者之間接資料為據；畢竟，

〔註92〕例如朱伯崑先生所說：「總起來說，『易本卜筮之書』這一論斷，有兩層涵義：其一，不贊成以義理注解卦爻辭和文物，要求從卜筮的角度，注明其原意；其二，認為此卜筮之書中存在著天下事物之理，需要後人揭示和闡發。」《易學哲學史》第二卷，頁487。朱先生「要求從卜筮的角度，注明其原意」、「卜筮之書中存在著天下事物之理」此二種論斷，本研究即認為無法清楚呈現朱子之意。

〔註93〕學界對海德格觀點，比較一致性，從「存在主義」到「此在詮釋學」，大旨都描述其對笛卡兒「我思故我在」，區分心靈與事物二元思維的反對。至於，對葛達瑪的「詮釋學」要如何給予明確定標題，則有不同體會，以陳榮華《葛達瑪詮釋學與中國哲學的詮釋》的看法是為「哲學詮釋學」，他說：「詮釋『什麼是瞭解？』或瞭解的本性，這基本上不是認識論的問題，而是存有學。這種詮釋學只是說明或描述其對象的基本結構，而不是說明如何才能真正認識對象，更不是指出方法，引導心靈去追求知識。因此，它不是方法論。對於這種說明瞭解的本性之詮釋學，就是葛達瑪的詮釋學，他稱之為哲學詮釋學（philosophische Hermeneutik）。」（臺北：明文書局，1998年3月），頁17。另外，潘德榮《詮釋學導論》第五章〈語言詮釋學〉以之介紹葛達瑪（按，其譯名用伽達瑪），（臺北：五南圖書公司，2002年9月初版2刷），頁117～143。二家之說，或有差異，然而，陳榮華又說：「葛達瑪在討論他的詮釋學的普遍性時，是在語言的觀點上立論。但我們目前是由瞭解的本性而言詮釋學的普遍性。但這並不違背葛達瑪的主張，因為他認為，凡是可瞭解的，都是語言。因此，瞭解一物就是以語言說出它。」同該章註釋11，頁22。則說「語言詮釋學」亦可。又"Gadamer"，在中文譯名上，就筆者目前看到的，有葛達瑪（陳榮華用）、伽達瑪（潘德榮用）、高達美（傅偉勳、張鼎國用）、嘉達美（林鎮國用）、加達默爾（洪漢鼎用）等等，本研究以陳榮華書為據，一律稱之為「葛達瑪」，特此說明。

筆者之用心不在此，且學養亦無此能力。只是，若能透過西方「詮釋學」的解說，而足以更顯見朱子意謂，則其參照功能，亦如同「格義」，則有其價值而值得吾人多加重視，〔註94〕這是筆者目前所體會之初步見解。

　　就葛達瑪的學術主張上，其概念是承襲海德格而來。海德格說「此在」，由於「此在」，認為人生情境是充滿「不確定性」的觀點，是以有強烈的「焦慮感」，其歷史詮釋即在消解「焦慮感」。

　　在海德格看來，他要人們從新開始以一種非理智化的態度來了解世界，要人們從抽象的概念系統中解放出來，面對在經驗中直接呈現的世界；海德格此一概念，是相較於整個西方文化都是在「理智化」的觀點來看世界，如此會導致主、客分離，人和世界是截然劃分的，世界萬物僅是在所謂的「理智化」裏，純粹變成是觀察，甚至說，與我是無關的。就此錯誤的現象之修正，是海德格用心之處。在海德格看來，人和世界是不可分的，人的「存有」可以通過「在世界中的存有」來了解；換句話說，人要從具體事件或事物上，來看世界，甚至說從我的歷史經驗來看世界，因此，他是一種「存在地參與其中」的關係，人在世界中是心有所屬的，而在此世界中的活動，彼此之間是親切性的。所以，在海德格哲學中的「世界」，不是指科學和傳統哲學中概念化的世界，而是指一個充滿人的關注或事務的場區，是一種存在的參與。〔註95〕就是因為是「存在

〔註94〕引用西學理論以詮釋中國古典，此一精神，遵循余英時先生所說的概念行之，他說：「我雖然也偶而引用西方的理論和事實以為參證比較之資，但其目的祇是為了增加說明上的方便。」又說：「我在中國思想史研究中所偶然引用西方觀念都祇有緣助性的作用。我的立足點永遠是中國傳統及其原始典籍內部中所呈現的脈絡，而不是任何外來的『理論架構』。」見《中國思想傳統的現代詮釋》〈自序〉（臺北：聯經出版公司，1999 年 9 月初版 8 刷），頁 7。另外，潘德榮也指出說：「我們之所以對詮釋學感興趣，是因為它所固有的理論價值，亦即它可能為我們提供的富有啟發性的見解，並且，由於它與中國傳統的思維方式有著某種相似性，尤其有利於我們解剖和發展我們自己的文化傳統與思維方式；然不惟如此，它對於現代人還有具體實踐的意義，詮釋學本身有著強烈的實踐傾向，這一傾向在其形成的源頭上已明顯的表現出來，它不是起源於哲學，而是發萌於語言，但卻不是純粹的語言，而是在宗教、法律經典的解釋中被運用的語言，從中所揭示的意義直接就是人們的行為規範，它干預社會，參與生活，表明了一種社會科學理論所應有的積極態度。」見《詮釋學導論》〈引論〉（臺北：五南圖書公司，2002 年 9 月初版 2 刷），頁 2。此說更堅定本研究的引用西學以參照《易》學之立場。

〔註95〕參閱李天命：《存在主義概論》第四章〈海德格〉（臺北：臺灣學生書局，1992 年 12 月初版 5 刷），頁 73～79。

的參與」，海德格進而說「存在的時間」，在此一概念裏，時間的三態，過去、現在、將來，「過去」仍然是眞實的，「將來」則已經是眞實的，此過去與將來，是人的存有之根本。所以，海德格要強調，人總是從一個「過去」出發，朝向一個「將來」，且在「現在」決定他自己要成爲什麼。〔註96〕海德格認爲，「歷史」不僅意味著人們可以從中獲得關於存在的知識，而更多的是我們自身的存在。因此，哲學必須以實際的生命體驗爲開端，這個生命體驗的實際狀態就是「此在」。此在與世界同在著，這個「世界」不是一種知識客體，而是意義的世界；此在在它通常的存在方式中總是當下地存在著，從歷史、即時間中獲得自己確定的意義，因此，它又必然是歷史的存在。〔註97〕海德格認爲，整個世界都是屬於此在自己的存在，世界的意義和結構正是伴隨著此在的意義和結構之理解過程一同展示出來。〔註98〕這表明，理解不是在客體與主體不斷疏遠化的過程中達到的，相反地，只是在始終不渝地轉向本體和主體的存在時，理解才是可能的。〔註99〕至於說「可能性」，不僅在邏輯上先於一切現實性，先於一切已經顯現的存在者，它還表徵了此在存在的籌劃本質，因此是最始源、最根本的本體論規定。此在的籌劃可能性基於存在的超越性，正因其「超越」，才能夠不受現實性和物質性的束縛而擁有多種可能，體現了此在內在地蘊含著的豐富性，而現實性的東西只是這多種可能性中的一種。〔註100〕是以海得格認爲，人要瞭解眞理的方法，不是去主宰它和限定它，而是去聆聽它，接納它和領略它。但是，聆聽、接納和領略是沒有方法的。人只要開放自己的心靈，讓眞理闖進來，在開放性中接納它。心靈隨著眞理的自我呈現而領略它。心靈若先有某些特定的規則，眞理便只能在這些規則的限定下呈現，這則不能領略眞正的眞理，亦即，思考的規則歪曲了眞理。然而，若心靈只是虛靈的開放性，則它不會自主限定眞理，而是讓眞理眞正的自我呈現。這時，心靈就能聆聽，在聆聽中接納它、領略它和說出它。海德格清楚指出，『方法出自一條極端敗壞之路。』要眞正瞭解眞理，就不能在瞭解之前預設方法，而是要放棄方法，開放心靈、接納眞理。〔註101〕

---

〔註96〕 參閱李天命：《存在主義概論》第四章〈海德格〉，頁 90～92。
〔註97〕 潘德榮：《詮釋學導論》第四章〈此在詮釋學〉，頁 89。
〔註98〕 潘德榮：《詮釋學導論》第四章〈此在詮釋學〉，頁 91。
〔註99〕 潘德榮：《詮釋學導論》第四章〈此在詮釋學〉，頁 92。
〔註100〕潘德榮：《詮釋學導論》第四章〈此在詮釋學〉，頁 92～93。
〔註101〕陳榮華：《萬達瑪詮釋學與中國哲學的詮釋》，頁 15。

　　葛達瑪就指出海德格特點：「在我看來，海德格對人類此在的時間分析，
令人信服地指出了這一點，即理解不是主體諸行為方式中的一種方式，而是
此在自身的方式。」〔註102〕因而撰《眞理與方法》一書，闡述其就人文科學
範疇下的經典詮釋學，其具體主張是爲：「前判斷」、「視界融合」、「時間間距」、
「不同地理解」等等，以下根據潘德榮《詮釋學導論》爲主，陳榮華《葛達
瑪詮釋學與中國哲學的詮釋》爲輔，作簡單敘述之，接著引朱子言論說「《易》
本卜筮之書」內容，以證朱子此蘊涵與葛達瑪之說，在精神指陳方面，有著
類似概念。

## 1、前判斷

　　就葛達瑪觀點裏，他延續著海德格「歷史」意義，而說「前判斷」，其意涵
是爲：「前判斷」（Vorurteil）它只是意指在我們自己作出判斷之前先在地存在著
的那個判斷。「前判斷」不是被人們隨意地選擇出來的，就其實質，它乃是歷史
的沉澱下來的理性，它被視爲「前判斷」，只是因爲它所賴以形成的基礎、即它
自己的「爲何之故」已經消失了，相對於現代，它是「前」的，即先在的；但
它仍以觀念的形態延伸到現代，成爲我們所從出發的基礎，構成了我們的理解
之環節。現實的思維是向著傳統所開闢的方向展開的，一切理性的表達都是以
傳統爲基礎的，無論是對傳統的贊同還是反對，都是以此爲出發點。所以說，「傳
統並不只是我們繼承得來的一種先決條件，而是我們自己把他生產出來的，因
爲我們理解著傳統的進展並參與到傳統的進展中去，從而也就靠我們自己進一
步地規定了傳統。」歷史形成的傳統與當代中存在著雙向作用；傳統作爲當代
的基礎而影響著當代，進入了當代，並在當代中繼續向前延伸；正因爲傳統進
入了當代，進入了我們的理解視界，傳統就在我們的理解中被重新構建著。由
於這種雙向作用，傳統與當代才聯結爲一個整體，構成了歷史。在歷史的關聯
中，傳統與當代是互相從屬的，傳統屬於當代，它是當代所理解的傳統；當代
屬於傳統，它基於傳統並且是傳統的進一步展開。傳統是被給予的，這種被給
定性通過我們接受的前判斷得以證明；然它又在我們的理解中被重新規定著，
我們並不是簡單接受了傳統，而是在理解中完成對傳統的持續塑造，理解的首
要任務便在於此：在我們所接受的前判斷中區別出「眞」的前判斷和「假」的
前判斷，把眞的前判斷融入理解的再造過程中〔註103〕

〔註102〕潘德榮：《詮釋學導論》第五章〈語言詮釋學〉，頁 117。
〔註103〕潘德榮：《詮釋學導論》，頁 126～129。

### 2、視界融合

　　理解歷史就是與歷史對話，我們彼此「傾訴」著，「傾聽」著，坦誠而又不固執己見地交流著，並由於這種交流而使雙方都有所改變。與歷史對話，就意味著我們與歷史存在著某種聯繫，意味著我們已把自身置於歷史的視界之中，但「這種自我置入，並不是一個個體對另一個個體的移情共感，也不是把我們自己的標準應用於另一個人，而總是包含著一種更高的普遍性獲得，這種普遍性不僅克服了我們自己的特殊性，而且也克服了那個他人的特殊性。」能夠獲得這種普遍性的根據就在於，當我們進入歷史時，我們的視界或歷史視界並不因之而被消解，相反地，而是構成了一個更為廣闊的視界，它乃是包容了歷史和現代的整體視界，此之為「視界融合」。視界融合它只是人類理解過程的一個階段，就此而言，新的視界同時又是我們將所從出發的傳統，成為我們將展開的新的理解過程之前的判斷，理解正是這樣一個過程，它在不斷的自我揚棄中實現自身。它絕不會完全地固著於任何一個立足點上，因而也就絕不會有一種真正封閉的視界。歷史視界也不會由於我們的某一次理解而被固定，只要歷史視界根源於我們的籌劃，它就必將隨同我們視界的變化而變化，在新的理解過程中被重新理解。〔註104〕

### 3、時間間距

　　是理解的一個積極的、生產性的可能性。這一點可從兩個方面加以說明：首先，本文的意義必然超越於它的作者，作者無需知道他所寫的東西的真正意義，因此，解釋者便可以，且常常必須比作者理解更多的。這就說明了，為何理解不是單純的『復製』，而始終是『生產性』，這種生產性歸功於時間間距而形成的新視界；第二點，唯有時間間距才使合理的理解成為可能。（因為）人們很難對自己的時代創作出的作品作出更有價值的判斷。只有當它們與現時代的一切聯繫都消失後，它們真正的本性才顯現出來，從而對它們中所言說的東西的理解才有權自稱是本真的和普遍的。〔註105〕

### 4、不同地理解

　　時間間距對於理解的作用不是在於「優越的理解」意義上講的，也不是說，隨著時間的距離增大，理解就會不斷的「進步」，愈來愈「優越」。而是，

〔註104〕潘德榮：《詮釋學導論》，頁135～137。
〔註105〕潘德榮：《詮釋學導論》，頁140～141。

歷史的距離所造成的只是解釋者和作者的不可避免的差異，是以說，時間間距的產生性並不意味著一種優越的理解，而只是一種「不同的方式」在理解。

總結以上四點所述，就葛達瑪的看法中，我們可以說，因「前判斷」之必然，所以所理解的當今與將來，都將與過去有所關聯，是以，將此三段過程結合以作「視界融合」；又因每位學者的「時間間距」不同下的特徵，是以其「前判斷」迴然不同，則在「視界融合」的看法下，會呈見「不同的理解」。總之，「人文科學不是停留在歷史文獻的客觀資料上，它是要獲得歷史文獻的意義。不過，研究者若要得到歷史文獻的意義，他必須接受傳統的觸動。傳統說出了他當時的處境，因此他才會關懷它。再者，研究者只是將這個早已限定的意義，藉著對研究題材的詮釋，進而將之更深入豐富的說明出來而已。」〔註106〕「並且研究者是研究他的題材，但是，題材之所以是意義深長的，是由於它相應著研究者的處境，或者說，它回答了研究者在他的處境中向它提出的問題。對於不同時代和不同觀點的研究者，相同的研究題材會相應地呈現不同的意義。」〔註107〕但是，因為始終還有不可取代的文本自身在講話，同時也還有不斷繼起的詮釋者的發言權，不能被否定或遭壓制，是以，學者無論是任何時代、任何課題，對文本的解讀，均只是「不同地理解」的呈現。所以，秉持包容與欣賞，也就是每位自覺學者，應有的基本態度了。

以此重新考察、體驗朱子「《易》本卜筮之書」說要義。就朱子「《易》本卜筮之書」說，朱子一再指出學者所瞭解的《易》，其實是透過文王、孔子、〈易傳〉、王弼、程子的瞭解，透過他們的注解並不是不好，那也是一種治學的進路、一種瞭解的方法，但是，朱子要指出的是，透過前聖諸賢的瞭解來瞭解，其所瞭解的《易》已非《易》的原本意義，而是前聖諸賢的瞭解，而前聖諸賢的瞭解，又僅是依存於其個別時代課題下的瞭解，這是將《易》普遍性，理解成合乎其時代的特殊性而已，也就是說如同海德格所指出的「可能性」的其中一種而已；若後學者從其特殊性去認識，卻誤以為那是《易》的普遍性，則不僅無識於《易》學，且就其特殊性也並不合乎目前的特殊性，也就是說，時代課題是不會相同的，那麼，縱使如實掌握了，又與治學者當下何關？至此，再重新體會朱子之說，要吾人要讀《易》應分「三等」、自成「四樣」，也就豁然開朗了。朱子云：

---

〔註106〕陳榮華：《葛達瑪詮釋學與中國哲學的詮釋》，頁115。
〔註107〕陳榮華：《葛達瑪詮釋學與中國哲學的詮釋》，頁116～117。

　　今人讀《易》，當分爲三等，伏羲自是伏羲之《易》，文王自是文王
　　之《易》，孔子自是孔子之《易》。……文王之心，已自不如伏羲寬
　　潤，急要說出來，孔子之心，不如文王之心寬大，又急要說出道理
　　來，所以本意浸失，都不顧元初聖人畫卦之意，只認各人自說一副
　　常道理；及至伊川，又自說他一樣，微似孔子之《易》，而又甚焉。
　　故其說《易》，自伏羲至伊川，自成四樣，某所以不敢從，而原《易》
　　之所以作，而爲之說，爲此也。〔註108〕

這就是海德格所要說的「心靈若先有某些特定的規則，眞理便只能在這些規則的限定下呈現，這則不能領略眞正的眞理，亦即，思考的規則歪曲了眞理。」換句話說，研《易》者若橫亙以前聖諸賢之說爲標準，採用「三等」、「四樣」爲唯一依據，則不能領略眞正的《易》眞理，並且將歪曲了《易》的眞理；是以跳脫權威束縛，從新開始，以回到原典、原貌，進而以自己的體悟來說《易》理，是以其重點是在探討，如何使一部具有深奧義理的《易》書，其內容與精神對每一個人產生直接且實際的影響；至此，說「《易》本卜筮之書」，可得學術眞自由。

　　朱子《易》學認爲，聖人見解並非一脈相傳，倘若是一脈相傳，則只能承續前說，如此說，是伏羲氏作《易》，早就把各種可能性道盡，這在時代現象來說，絕對不可能；社會的發展取向，必然是由簡單到複雜，伏羲既是先民之祖，自然只能就其當時之簡單社會，提出簡單的作法，以便解決簡單的事情，如此而已，此爲「時代課題」之需要與限制；至於，隨著社會的複雜化，必然產生非先民所能掌握的新事件，然而「效法」聖人精神是長存的，因此後代聖人，必能秉持伏羲精神，可再提出新的適應方法。是以每時代之聖人，憑據其時代特殊性去理解與詮釋《易》，再而從中體會出其個人之《易》學價值觀；因此，「伏羲《易》自是伏羲《易》、文王《易》自是文王《易》、孔子《易》自是孔子《易》」，各有其時代環境下及其個人理解的獨創性；艾周思也說：「卦爻辭不是文王和周公寫出來表達他們自己思想的。而是寫出來幫助人們知道伏羲所作卦物預言性應用的。當然，也可以從這些卦爻辭中引申出道理來。」〔註109〕所以，後人在解讀上，一方面要有相同包容的欣賞心胸，另一方面更要釐清那僅僅是其一家理解之特點，不要將其特點認爲唯一，

---

〔註108〕錢穆：〈朱子之易學〉，頁21～22引《朱子語類》卷六十六。
〔註109〕美・艾周思：〈朱熹與卜筮〉，頁314。

就是伏羲一脈相傳的眞傳；或許再借取朱子「太極」觀，亦可呈現此類理念，朱子說：

> 然以熹觀之，伏羲作《易》，自一畫以下，文王演《易》自【乾】元以下，皆未嘗言太極也，而孔子言之，孔子贊《易》自太極以下，未嘗言無極也，而周子言之。夫先聖、後聖，豈不同條而共貫哉！若於此有以灼然實見太極之眞體，則知不言者不爲少，而言之者不爲多矣，何至若此之紛紛哉！〔註110〕

「同條共貫」，即是有承續，也有開創。由此來看，「太極」說與「卜筮」說，二者理念是一致的，朱子不僅仍然尊重伏羲創作之功，也允許後人有進步空間；再者，更鼓勵人人都是具有獨創性，以及有包合性，如此可以棄除權威與傳統，達到「開放詮釋」的無限進步；最後，朱子認爲，若對於《易》想要有全新而不被傳統學者觀點給限制，唯有回歸最原始的起點，才能重新找到新生命。此說並非否定學者解《易》之功，只是要強調學者難免會有其個人見解而遮蔽《易》之原意，因此朱子主張後繼者只能參考之，而不要全部順從，並且強調重新回到經典原貌之研讀，是治學者不可或缺的首要之務。

　　依朱子的理解，學術是有時代性與限制性的，伏羲作《易》的目的，就是只能相對於其所處時代的問題而展現其所解決的方法，理論上，伏羲《易》是有階段性的目的；然而《易》之所以有令後人著迷的地方，是因爲《易》者，它是以一種抽象的形體、以一種不落言詮的方式呈現，所以可以提供後人隨著其時代需要、個人體驗以及企圖予以從中體會，以汲取價值，因此文王就在這種情形下，從伏羲《易》再開展出新學問，發揮了所謂的文王《易》學，以便解決文王其時代的急迫性課題，諸如「商紂暴政」之現象；當然社會的演化，的確是有不斷的推衍的情形，到了孔子時代，最具體明顯的現象就是：「周制禮崩樂壞」之課題，〔註111〕孔子勢必有其時代用心，並借以文王《易》學內容，以解決孔子的時代課題，那就是所謂的孔子《易》學的展現了！同理可推，兩漢有兩漢的課題，魏晉有魏晉的課題，他們都能稟持開放

---

〔註110〕朱子：《朱文公文集》卷三十六〈答陸子靜書〉，頁1567。

〔註111〕勞思光說：「孔子出生時，周室已衰。周天子徒擁虛名，既不能制諸侯；列國諸侯，亦常受制於有實力之貴族。列國彼此相爭，各國亦常作亂。於是禮制急遽崩解：由傳統習俗所形成之規範力量既日見消失，天下進入一無秩序狀態。孔子面對此種嚴重時代問題，遂以重建一普遍秩序爲己任。」《新編中國哲學史（一）》，頁108～109。

詮釋的精神，從《易》學中汲取新啓發與新方法以面對新課題。再引用葛達瑪的看法來參照，誠如陳榮華所說：

> 在葛達瑪，詮釋者的心靈不能從它的世界中抽象出來，這亦即是說，心靈是在歷史中。並且，心靈活動又必然在它的歷史的影響下，因此，由心靈活動所得的知識，也是歷史的，亦即它受到詮釋者歷史的影響。在詮釋中，詮釋者必須讓自己的歷史溶合到對象的知識中。純粹客觀的知識是不可能的。〔註112〕

就歷史上，大家所熟悉之經典，從中擷取要義並給予新的時代精神，不僅是親切的，也是具說服力的，可以避免因誤解而產生的不必要糾紛，但是，其中亦有詮釋者的「前判斷」，也就是說「詮釋者在他關心的處境中，且又自認尚未瞭解他的對象，他才會提出問題。」〔註113〕孔子有孔子的「前判斷」，王弼、程子亦如是。同理可證，朱子的時代課題，勢必又迥異於自古以來至程頤的環境，朱子之治《易》「成見」，即是要如何建構新儒學，以收拾散漫的儒門人心，並進而對抗佛、老之學，這是宋儒的普遍用心，更是朱子積極企圖。

朱子於南宋時代，此環境，不同於前代，此用心，也不同於他人；況且，《易》的形象，本身就是一種充滿允許「變化」的架構，提供各種解釋的條件，朱子云：「《易》是箇空底物事，未有是事，預先說是理，故包括得盡許多道理。看人做甚事，皆撞著它。」〔註114〕雖然從伏羲、文王、孔子，各有其時代用心，但是無可否認的是，伏羲一開始所呈現的《易》就已隱含提供可以多加發揮的空間，因此說一脈相傳，在此方面來看，並非無據，然而，一脈相傳，僅在工具的選擇是一脈相傳，至於賦予的內容以及所要面對的時代課題，絕對不是一脈相傳所能充分解釋的。朱子又說：

> 蓋《易》不比《詩》、《書》，它是說盡天下後世無窮無盡底事理。只一兩字，便是一箇道理，又人須是經歷天下許多事變，讀《易》方知各有一理，精審端正。今既未盡經歷，非是此心大段虛明寧靜，如何見得？此不可不自勉也。〔註115〕

朱子要表達的就是要「溫故知新」，然而此「溫故」之所以能得「知新」，那

---

〔註112〕陳榮華：《葛達瑪詮釋學與中國哲學的詮釋》，頁39～40。
〔註113〕陳榮華：《葛達瑪詮釋學與中國哲學的詮釋》，頁94。
〔註114〕黎靖德編：《朱子語類》卷六十六〈易二‧綱領上之下〉，頁1631。
〔註115〕黎靖德編：《朱子語類》卷六十七〈讀易之法〉，頁660～661。

是因爲有了豐富的人生經驗，再回頭去體會經典時，方有深刻感動，而知經典的確是「恒久之至道，不刊之鴻教」；由於過去礙於經驗與程度的限制，如今卻能重新汲取新養份，進以解決時代課題，並提供知悉未來之可能，以達趨吉避凶。

運用葛達瑪的詮釋學角度，來重新體會朱子《易》學用心，在相互參照之下，當看到朱子所說相關看法時，就能夠瞭解朱子用心，而有新的價值出現：

> 《易》之爲書，更歷三聖，而制作不同。若庖羲氏之象，文王之辭，
> 皆依卜筮以爲教，而其法則異。至於孔子之贊，則又一以義理爲教，
> 而不專於卜筮也；是豈其故相反哉？〔註116〕

朱子提出了解釋，分析孔子義理《易》學與伏羲卜筮《易》學在表現方式，爲什麼不一樣，畢竟「時間間距」不同，則其「視界融合」自然不同，所以有「不同地理解」。因此，朱子又說：

> 《易經》本爲卜筮而作，皆因吉凶以示訓戒，故其言雖約，而所包
> 甚廣。夫子作傳亦略舉其一端，以見凡例而已。……自諸儒分經合
> 傳之後，學者便文取義，往往未及玩心全經，而遽執〈傳〉之一端
> 以爲定說。〔註117〕

蓋孔子的「時代課題」與其後王弼等人的「時代課題」彼此不同，則「前判斷」下的「視界融合」自亦不同，孔子是「作傳亦略舉其一端，以見凡例而已。」王弼則要「分經合傳。」更後學者是「便文取義，執〈傳〉之一端以爲定說。」就此《易》學史現象，朱子要強調，學者千萬不要以一端之說爲據，以合萬事萬理之適合，更不要以孔子之說，據以說伏羲本意，這是朱子汲汲營營所要表達的概念，也是朱子《易》學的可貴之處。相較之下，於朱子之前的學者，是不會處理此一問題的，縱使發現了，也是儘量予以合理化，如孔穎達《周易正義・序》：

> 夫《易》者、象也，爻者、效也。聖人有以仰觀俯察，象天地而育
> 羣品；雲行雨施，效四時以生萬物。若用之以順，則兩儀序而百物
> 和，若行之以逆，則六位傾而五行亂。故王者，動必則天地之道，
> 不使一物失其性，行必協陰陽之宜，不使一物受其害，故能彌綸宇
> 宙，酬酢神明，宗社所以无窮，風聲所以不朽，非夫道極玄妙，孰

---

〔註116〕朱子：《朱文公文集》卷八十二〈書伊川先生易傳板本後〉，頁 3842～3843。
〔註117〕朱子：《朱文公文集》卷八十二〈書臨漳所刊四經後・易〉，頁 3890。

能與於此乎！斯乃乾坤之大造，生靈之所益也。若夫龍出於河，則八卦宣其象；麟傷於澤，則〈十翼〉彰其用；業資凡聖，時歷三古。

〔註118〕

孔穎達之說，除了強調《易》學效用，運用得當，足以安國治世外，若摒棄不用，則必然使得倫理制度失序；因為，《易》是聖人所體驗天理、效法四時的具體結果，而此結果的呈現，是從伏羲、文王到孔子，以聖人聖心所體會出來的。孔穎達面對的《易》是聖學的態度，就是全盤照收，並且，奉為規臬的信仰，自然不會有任何質疑的態度以面對。相對於朱子，以開放的治學態度，客觀的比較三者內容時，就明顯有所不同，甚至有矛盾處，所謂：「至於孔子之贊，則又一以義理為教，而不專於卜筮也；是豈其故相反哉」的疑問，敢如此具體提出，道理其實很簡單，那就是時代的不同、個人的體驗自然不同；朱子明確的認為，文王《易》與孔子《易》各是發明其理，各自有其獨立的看法，後學者不可囿於聖人僅是相承而已；最後，朱子要強調「《易》本卜筮之書」的「本」，就是鼓勵後學者要拋棄權威束縛，回歸「伏羲」本源，重新體驗價值進而開發新的意義。當然，朱子這些觀點，其實也是在「時間間距」下的「前判斷」所得的「視界融合」，吾人也必須將知視為「不同地理解」，以合乎朱子「《易》本卜筮之書」說之蘊涵價值。

最後，本研究要指出的是，其實就朱子「《易》本卜筮之書」說的蘊涵意義中，就後賢解讀前聖作品的「開放」、「雅量」的論點，他是有著兩宋的學術時代特性，只是，朱子的主張可以展現更豐富的價值；諸如於王安石（1021～1086）曾云：

昔者道發乎伏羲，而成乎堯、舜，繼而大之於禹、湯、文、武此數人者，皆居天子之位，而使天下之道寖明寖備者也。而又有在下而繼之者焉，伊尹、伯夷、柳下惠、孔子是也。夫伏羲既發之也，而其法未成，至於堯而後成焉，堯雖能成聖人之法，未若孔子之備也。

〔註119〕

於陸九淵（1139～1192）亦說：

自古聖賢發明此理，不必盡同。如箕子所言，有皋陶之所未言；夫

---

〔註118〕孔穎達：《周易正義》卷一〈序〉，頁2。
〔註119〕王安石：《臨川文集》卷六十七〈論議〉章〈夫子賢於堯舜〉條《文淵閣四庫全書》冊1105，頁552。

> 子所言，有文王、周公之所未言；孟子所言，有吾夫子之所未言，
> 理之無窮如此。〔註 120〕

其共同看法中，都明顯指出，在學術的長河裏，後人絕對會有異於先聖前賢的
看法，且先聖前賢也不可能會完全說出道理，是以「不必盡同」、「繼而大之」
云云，是一種允許的樂觀態度。由此可知，就朱了「《易》本卜筮之書」是具有
「當時處境問題」的投射性的，的確是要呈顯出學術的開放性格。陳榮華說：

> 當詮釋者說出問題，但他不是說出他心中的問題，而是當時處境的
> 問題，但這個處境不屬於他的，而是屬於傳統的，或屬於當時的時
> 代的。並且，詮釋者說出來的問題，也不是關於處境中的偶然事物，
> 而是處境中的意義問題。〔註 121〕

就是因有著時代性，是以王安石提出，陸九淵亦提出，相信，若深入索檢，
必然會有更多時代學者，擁有著相同傾向之概念，而明顯與之前、之後的時
代學術觀迥然不同。因此，本研究要強調與服膺的是，中國的「經注」傳統，
其實一直在展現這種精神。畢竟，時代不同、人心不同、待處理的各項事物，
自然也隨著不同，誠如陳金木師所說：「每個時代都必須對這些著作加以重新
探究，當這些新的著作對這些經典中所提示的命題與答案重新加以疏解時，
這些經典不但不會因而遭受挑戰而失色，相反的，卻因之而得到新的意義新
的生命。」〔註 122〕以及張麗珠師所說的：「在儒學特有的注經傳統中，一致性
地展現了共同精神——各代儒者面對時代課題均提出『返本』於儒家經典的
自我詮釋，『開新』是也。儒學就是在這樣的新、舊典範不斷交替歷程中繼往
開來的。」又說：「儒家經典顯然一方面表現出封閉自足、具有自我存在意義
的自律性，另方面又是向後世大眾開放的結構。所以儒學義理不是靜態停滯
在先秦政教中的一成不變；其本身具有活力而能夠隨著時代嬗遞，因應需要
與時俱進。」〔註 123〕由此看來，儒學的長期注、疏行為，其實就是一種開放
的詮釋；〔註 124〕反觀，當葛達瑪的看法提出後，有關不同論點即紛紛不斷之

---

〔註 120〕陸九淵：《象山集・象山語錄》卷一《文淵閣四庫全書》冊 1156，頁 541。
〔註 121〕陳榮華：《葛達瑪詮釋學與中國哲學的詮釋》，頁 183。
〔註 122〕陳金木師：《唐寫本論語鄭氏注研究——以考據、復原、詮釋為中心的考察》
〈緒論〉（臺北：文津出版社，1996 年 8 月），頁 1。
〔註 123〕張麗珠師：《清代的義理學轉型》（臺北：里仁書局，2006 年 10 月 30 日），
頁 20～21。
〔註 124〕馮友蘭作《中國哲學史》，分成兩篇，曰：〈子學時代〉、〈經學時代〉；其於〈經
學時代〉第一章〈汎論經學時代〉云：「謂中國無近古哲學，非謂中國近古時

產生爭辯，這說明所謂的「詮釋學」彼此之間尚存著些許何謂主客觀的爭議，〔註125〕然而，葛達瑪的實際精神與題材的運用成果中，就中國人的「注疏」學術傳統，反而比較能欣賞與體會前賢之要義，而多能欣賞與包容，也許吾人可以如此說，在朱子「《易》本卜筮之書」的見解中，就已是「開放詮釋學」精神的具體行動者。

## 三、朱子從《易》之「經、傳分編」證「《易》本卜筮之書」

就朱子「《易》本卜筮之書」說的主張，本研究從以上之討論中，要指出其學術意義計有三點：

第一點、「《易》本卜筮之書」是學理的還原工作。

第二點、「《易》本卜筮之書」是破除權威的自由思維。

第三點、「《易》本卜筮之書」是進步與開放的闡釋精神。〔註126〕

然而此觀點的證實，是要學理與事實作為判斷的雙重依據，而不是僅就學理上自圓其說即可；況且從明、清之以來，無論是自承朱子學闡釋者，或是朱子學批判者，大都認為朱子「《易》本卜筮之書」的主張，是一種有爭議觀念、甚至說是詆毀聖經之時，於此要堅信朱子此說是一種正面意義，則必須要有非常的證據不可；本研究既以錢穆先生之說為進路，則接著仍以錢先

---

代無哲學也。蓋西洋哲學史中，所謂中古哲學與近古哲學，除其產生所在之時代不同外，其精神面目，亦有卓絕顯著的差異。」（臺北：臺灣商務印書館，2005 年 8 月臺一版 6 刷），頁 491。依馮先生此說，則知馮先生的〈經學時代〉概念，就是認為歷代學者注解經典，無論其觀點為何，均須依傍經典，則變化不大，縱使有佛學的介入，也是要合乎「中國的精神」，才有被接受的空間。然而，若依朱子《易》本卜筮之書」說的蘊涵精神來看，馮先生的確是錯解經典注疏價值。

〔註125〕依據潘德榮：《詮釋學導論》第六章〈來自內部的歧與批判〉（臺北：五南圖書公司，2002 年 9 月初版 2 刷）中有提到意大利的貝蒂（Emilie Betti）、德國哈伯瑪斯（J.Habermas）的有力挑戰。詳該書，頁 147～185。

〔註126〕許維萍就宋《易》的復古運動的意義，提出了幾點結論，是為：「一、就經學史的發展來說──宋元人的復古，是對漢學的一種反動。」「二、就《易》學史的發展來說──宋元人的復古，提供了義理、象數和圖書學之外，看待宋《易》的另一個角度。」「三、就《易》學詮釋的觀點來說──宋元人的復古，代表他們讀《易》時自我意識的覺醒。」「四、透過《經》《傳》次序的重新調整，今人可以更進一步思索《周易》各篇章的要義。」「五、《經》《傳》分行的主張，讓《周易》詮釋享有更大的空間和自由。」見《宋元易學的復古運動》第八章〈結論〉，頁 293～297。可參。

生之說爲據。錢先生要獨排眾議，進而說：「朱子『《易》本卜筮之書』」，是「創闢深通之見」時，其根據何在？錢穆先生是採取朱子的《易》學中「經、傳」上的版本編排順序來作爲討論依據。以下申論之。

## （一）朱子主張「經、傳分編」

初讀《周易》者，面對有〈經〉文、〈傳〉文之別，通常都不會明瞭、或注意何謂「版本」等編排問題，當然更不會去深入「版本」編排順序不同中，所蘊藏之豐富涵意。〔註127〕以個人爲例，讀《易》是從程頤《易傳》開始，〔註128〕而上溯孔穎達《周易正義》，即是掌握王弼注；此爲「義理」方面。其後，知有「象數」，則從李道平《周易集解纂疏》入門。至於，《程傳》與《周易正義》在內容編排上，最大不同點，是《程傳》取《周易集解》，將〈序卦傳〉中的六十四卦，分割而置於本卦卦辭之前，至於二書之所以如此不同，縱使發現，也不會有任何想法，總是認爲應該是無關大局吧！早在《四庫提要‧周易本義提要》就談到《周易本義》之版本有「經、傳」分編與合編兩種，而結論則說：「自古以來，經師授受，不妨各有異同，集秘府儲藏，亦各兼存眾本。苟其微言大義，本不相乖，則篇章分合，未爲大害於宏旨；故今但著其割裂本義之之，而仍附原本之後，以備參考焉。」〔註129〕因此，至現今學者，如戴君仁先生曾作《談易》一小書，就仍依循《四庫提要》而說：「本子之今古，無關于義理，本不必重視。但研究《易經》的，似乎也應該知道這一問題，所以要敘述一下，作爲本書的結束。」〔註130〕就是類似看法的具體意見，因此，於「經、傳」編排之問題，可說都視爲《易》學枝節罷了。

另外，後學者治學，要一窺學術門徑，必須依據師長提攜與指引，究竟要由那些經典著手，以避免在茫茫書海中，誤入歧途；誠如程頤所說：「學者先看王弼、胡瑗、王安石三家易。」朱子說：「看易傳，若自無所得，縱看數家反被其惑。……今有伊川《傳》，且只看此尤妙。」〔註131〕程、朱二子主張從那些

〔註127〕詳許維萍：《宋元易學的復古運動》，頁27～32中，有表格以仔細比對分析各種編排方式，相當可取。
〔註128〕筆者讀《易》始於1991年之淡江大學，由陳廖安師啓蒙之，其課堂指定教材即是《伊川易傳》；陳廖安師上課深入淺出、旁徵博引，令筆者產生極大之學習興趣，因而有後續再研究動力。
〔註129〕紀昀等編：《四庫全書總目提要》〈經部‧易類三〉，頁28。
〔註130〕戴君仁：《談易》（臺北：臺灣開明書店，1982年2月7版），頁128。
〔註131〕錢穆：〈朱子之易學〉，頁18引《朱子語類》卷六十七。

基本書籍，是《易》學基礎教育的準點；另外，值得一提的是，錢基博作《周易解題及其讀法》一小書中，也曾說：「費直治《易》亡章句，以彖、象、繫辭十篇文言解說上下經；而荀爽傳費氏學，著《易傳》，據爻象承應陰陽變化之義，以十篇之文解說經意，此千古讀易之準的也。」〔註132〕可說是更具體的指引入門之書；因為《周易》經文，的確是深奧難懂，唯有借專家解說，方能一窺堂奧。至此線索，研讀數年後，初學者大概都會自以為知《易》了！

就普遍現象來說讀《易》進路，或許也不差，但是朱子的看法中的可貴之處，並不僅於此，依據朱子之洞識慧見，除了要掌握與借助基礎之入門書籍之外，其實還要隨時有自覺意識，體認那僅僅是該注釋者的一家之言，若信以為是唯一標準，則那是已被偏狹於一隅而不知了，因為後學者所知的《易》學，僅是「傳、注」之學，並非《周易》經文之本意。再者，依朱子的理解，這樣的誤解，還算小事；最大的誤解處，是從「經、傳」之版本排序的不同中，其背後的文化系統問題，以至於所衍生的學術史之建立，那才是必須釐清的癥結點；也就是說，不是如《四庫提要》所說的：「苟其微言大義，本不相乖，則篇章分合，未為大害於宏旨」如此簡單，是知《四庫》館臣，亦不知朱子用心之所在也！

對於朱子的這些看法，錢穆先生於此也多加著重闡明。錢穆先生說：「謂《易》是卜筮書，最為大膽創論，然可於《易》書之版本上得其證。」〔註133〕又說：「刊行古易，其事始於東萊。」〔註134〕案：東萊為呂祖謙，有《古周易》書，其〈書後〉有云：

> 自康成、輔嗣合彖、象、文言於經，學者遂不見古本。近世嵩山晁氏編《古周易》，將以復於其舊，而其刊補離合之際，覽者或以為未安。祖謙謹因晁氏書，參考傳記，復定為十二篇，篇目卷帙一以古為斷。〔註135〕

呂祖謙等人已自覺出「經、傳」順序被鄭玄以來所淆亂，已不符合古代原貌，〔註136〕因此，要提出「古《易》」原貌；另外，進一步要指正，如歐陽修《易

---

〔註132〕錢基博：《周易解題及其讀法》（臺北：臺灣商務印書館1989年5月臺6版），頁64。
〔註133〕錢穆：〈朱子之易學〉，頁7。
〔註134〕錢穆：〈朱子之易學〉，頁7。
〔註135〕呂祖謙：《古周易》上經《文淵閣四庫全書本》冊15，頁806。
〔註136〕若依許維萍《宋元易學的復古運動》一文之看法，早在唐代就有此傾向。見

童子問》所提出「《易》自〈繫辭〉以下非孔子所作」的錯誤觀念，仍是堅信「〈卦辭〉文王作，〈爻辭〉周公作，〈傳〉爲孔子作」的脈絡。〔註137〕朱子順著東萊之說，繼續闡釋，朱子云：

> 古文經傳十二篇，亡友東萊呂祖謙伯恭父之所定。熹嘗以謂《易經》本爲卜筮而作，皆因吉凶以示訓戒，故其言雖約，而所包甚廣。夫子作傳亦略舉其一端，以見凡例而已。自諸儒分經合傳之後，學者便文取義，往往未及玩心全經，而遽執傳之一端以爲定說。於是一卦一爻，僅爲一事，而《易》之爲用反有所局，而無以通乎天下之故。若是者，熹蓋病之，是以三復伯恭父之書而有發焉，非特爲其章句之近古而已也。〔註138〕

是知朱子以呂祖謙研究爲據特加張揚。呂祖謙依循晁說之看法，而以古本《周易》原貌爲職志。呂氏等人用心或許僅是從「疑」開始，以便糾舉《正義》之失，以進而保存舊說，這與時代「疑經改經」風氣必然有關；但是朱子之觀點，並非僅在於反應時代「疑」之風氣，也不是「非特爲其章句之近古而已」，而是深怕「自諸儒分經合傳之後，學者便文取義，往往未及玩心全經，而遽執傳之一端以爲定說。於是一卦一爻，僅爲一事，而易之爲用反有所局，而無以通乎天下之故。」朱子的看法，簡單的說，就是擔心學者受限於傳統囿見，把目前所見與流行、或一家之權威之言誤當事實，而不僅不識《周易》原貌，也限制了後繼者的創造力。由此可知，朱子的《易》「經、傳分編」之概念，與「《易》本卜筮之書」的蘊涵意義是相通與互證的。

## （二）從「經、傳」編排論其文獻學意義

究竟「經、傳」版本分合的面貌，有什麼值得探討的問題，何以朱子要特加說明？本研究於此試著說明之。

蓋《易》「經、傳」版本之編排順序，有其隱涵之文化堅持探討，計有六點可以探討：

1、《易》爲文化之根源，前聖後賢，一脈相傳，堅信：「蓋孔子所贊之說，即以明〈彖傳〉、〈象傳〉之綱領，而〈彖〉、〈象〉二傳即文（王）、周（公）之〈象〉、〈爻〉，文、周之〈象〉、〈爻〉即伏羲之畫象，四聖同

---

頁33～35。但本研究主題既以朱子爲主，則取朱子說法爲要。

〔註137〕許維萍：《宋元易學的復古運動》，頁120～124。

〔註138〕朱子：《朱文公文集》卷八十二〈書臨漳所刊四經後‧易〉，頁3890。

揆，後聖以達先聖之意，而未嘗有損益也。」〔註139〕此說，王夫之可以爲之代表。

2、〈十翼〉是孔子所作，則《易》之卦象及卦、爻辭之結構蘊藏，要借孔子的解說而顯價值，所以《經》文之後，立即編排孔子之〈大傳〉，以顯其價值；如皮錫瑞《易學通論》之主張：「論《易》至孔子始著，於是學士大夫尊信其書。」〔註140〕可爲代表。

3、〈十翼〉雖不是孔子所作，然而卻是將《易》從卜筮的原始宗教位階，提昇到哲學智慧地位；如戴君仁說：「十翼借卦爻辭發揮義理，化迷信爲哲理，這是了不起的轉變。」〔註141〕就是如斯主張。

4、〈十翼〉是孔子作，但是各有時代需求性，孔子僅是《易》學史上一家之言，則各家價值並存，因此《經》文與〈大傳〉分開是正確的；如朱子主張：「今人讀易，當分爲三等，伏羲自是伏羲之易，文王自是文王之易，孔子自是孔子之易。」〔註142〕可爲說明。

5、〈十翼〉與孔子無涉，則僅有單獨存在價值，列於其當時代討論即可，如勞思光《新編中國哲學史二》之說：「〈易傳〉及《禮記》中所含之某些形上學觀念，並未在漢儒學說中迅速發生影響。此種觀念發揮影響，實以北宋時爲盛。」〔註143〕

6、〈十翼〉與孔子無涉，則可摒棄不談，以免產生偏見，而致使影響學術觀點的錯誤建立而受害；如《古史辨》派之李鏡池之看法：「十翼……其實這座建築在沙上底樓臺，一方倒塌了，全座也就站立不住。」〔註144〕可爲代表見解。

以上所說，有不同的出發點，自然會得出不同結果，因此當採取那一種觀點進路，勢必會得出不同的見解而足以改變整個《易》學史架構，可說「謬之毫釐，差以千里」，當然不可輕易等閒視之。至於就《易》學史來看，採用第一種看法，而形成普遍風氣者居多數；但是就朱子的看法，那也僅是從費

〔註139〕王夫之：《周易內傳發例》第一則，頁345。
〔註140〕皮錫瑞《經學通論・易學通論》〈台北：臺灣商務印書館，1989年10月臺5版〉，頁10。
〔註141〕戴君仁：《談易》，頁12。
〔註142〕黎靖德編：《朱子語類》卷六十六〈易二〉〈綱領上之下〉〈卜筮〉，頁1629。
〔註143〕勞思光：《新編中國哲學史（二）》，頁104。
〔註144〕李鏡池：〈易傳探源〉收入《古史辨》第三冊（臺北：明倫出版社，1970年3月臺初版），頁97。

直開始，借助晁說之的說法：「古經始變於費氏，而卒大亂於王弼，惜哉！」
這樣產生的缺失，將限制後學者的創造力，朱子云：

> 且須熟讀正文，莫看注解。蓋古《易》，〈彖〉〈象〉〈文言〉各在一
> 處，至王弼始合爲一。後世諸儒遂不敢與移動。今難卒說，且須熟
> 讀正文，久當自悟。〔註145〕

以朱子之意認爲，唯有回到最早期《周易》「經、傳分編」原貌，才不會以後
起之說干擾原有舊說，也才不會以後人之說，視爲唯一之說，如此觀念具備
了，才能有充分的雅量，去接受不同見解，也鼓勵著後學者，也有著時代創
造力。朱子說：「《易》本是卜筮書」，又說是：「空底物事」云云，就是要發
揚讀者開闊胸襟，可以去包容各種異說，而各種異說僅是異說，非《易》原
貌也。因此，錢穆先生說：「朱子爲學無所不備。上引關於《易》書版本源流
之考訂，兼採晁、呂，而折衷以定一是。……故朱子治經，每能超越傳注而
直窮經文之本義。」〔註146〕又說：「朱子治易，分伏羲、文王、孔子易爲三，
雖若猶拘舊說，要其分經分傳各自推求，實爲一極卓絕之見解。而《易》卜
筮書，亦可即《古易》版本而得其堅確之證。」〔註147〕

　　事實上，以歷史之眞相來說明，在西元 1930 年洛陽的朱疸村出土的漢‧
熹平（172～177）石經的《周易》殘碑，〔註148〕以及西元 1973 年湖南長沙「馬
王堆」《帛書周易》等等文物之出土，〔註149〕據學者考據，的確也是說明著
《經》、〈傳〉是分別刊行的。足證朱子之「經、傳分編」之版本立場是持之
有據，當然更可說明錢穆先生之讚述朱子《易》學，並非僅是個人學術偏好
而已，對於資料之可信度，也是合乎王國維先生的「二重證據法」。〔註 150〕
黃沛榮曾說：

> 前賢治《易》，常有二種錯誤之觀念：或混《易》之經與傳爲一；或
> 雖以經、傳分立，然視諸傳爲一整體，而強爲牽合。前者經、傳不分，
> 故述其義例則不分內容，論其思想則不分時代，自屬嚴重錯誤；後者

---

〔註145〕黎德靖編：《朱子語類》卷六十七〈易三〉〈綱領下〉〈朱子本義啓蒙〉，頁 1654。
〔註146〕錢穆：〈朱子之易學〉，頁 10。
〔註147〕錢穆：〈朱子之易學〉，頁 11。
〔註148〕屈萬里：《漢石經周易殘字集證》卷一，頁 22。
〔註149〕嚴靈峰：《馬王堆帛書易經斟理》（臺北：文史哲出版社，1994 年 7 月），頁
　　　　44。
〔註150〕葉國良：〈二重證據法的省思〉，收入葉國良、鄭吉雄、徐富昌編：《出土文獻
　　　　研究方法論文集初集》（臺北：台大出版中心，2005 年），頁 5～9。

亦因昧於諸傳時代及作者容或有異,致遽以眾說為一談。〔註151〕

其實,就朱子的「《易》本卜筮之書」與「經、傳」分編的版本學概念,早就是在避免因「經、傳」合編,所產生的謬論而作努力了。林義正引成中英先生之語:「我們用《易經》一詞與我們用《周易》一辭詞,兩者含義是不盡相同,我們可以說《易經》是《周易》加上儒家淵源的《易傳》的總合。」林先生就此讚曰:「根據這段引文,其區分與《易》有關的諸用詞是嚴格的,也可看出他分析哲學的素養。」〔註152〕其實朱子的「《易》本卜筮之書」與「經、傳」分編的版本學概念,就是很嚴緊的分析此間之不同概念了。

## (三) 朱子「《易》本卜筮之書」說是晚年定論

作品繫年是作家研究的基石。知道了作品是什麼年齡,什麼年代,什麼環境所寫,對作品纔能有真切的瞭解。〔註153〕除此之外,亦可在此中得出該理論究竟是作者嘗試之說、或是晚年定論。例如,皮錫瑞就是以此基礎,認定說:「論〈先天圖〉不可信,朱子〈答袁機仲書〉乃未定之說。」〔註154〕皮氏認為朱子借〈先天圖〉說《易》學,是朱子早期建構理論時的暫定之說,因此說學者將之作為朱子定論,是不當的看法。皮錫瑞之說有其「今文經」的學術立場,其目的或許有待議之處,但是說朱子「未定之說」的主張,則是可以提供吾人思索,進而釐清出並不是該作者所有的作品,都是該作者確定看法;畢竟,思想、見解,是會隨著個人學養、用心等等條件而不斷改變,在清儒普遍的主張中,云:「前修未密,後出轉精」的積極義,就是一種進步的學術開放真理。《四庫總目提要・四書或問提要》云:

> 《晦菴集》中有與〈潘端叔書〉曰:「《論語或問》,此書久無工夫修得,只《集註》屢更不定,却與《或問》前後不相應」云云,可見異同之迹,即朱子亦不諱言,並錄存之,其與《集註》合者,可曉然於折衷眾說之由,其與《集註》不合者,亦可知朱子當日,原多

---

〔註151〕黃沛榮:《周易象象傳義理探微》(臺北:萬卷樓圖書公司,頁 2001 年 4 月),頁 9。

〔註152〕林義正:〈成中英《易》說研究〉收入潘德榮編:《本體與詮釋——賀成中英先生 70 壽誕論文專輯》(上海:上海社會科學院出版社,2005 年 7 月),頁 38～39。至於成教授之說見〈論易之原始及其未來發展〉收入(台北:《中華易學》12 卷 12 期),頁 11。

〔註153〕李辰冬:《陶淵明評論》(臺北:東大圖書公司,1984 年 9 月再版),頁 1。

〔註154〕皮錫瑞:《經學通論・易學通論》,頁 28。

未定之論，未可於《語錄》、《文集》偶摘數語，即據爲不刊之典矣！
〔註155〕

就朱子之說來證朱子自己之學問過程，是隨著年紀與閱讀心得是有所轉進
的；不僅《四庫》閣臣有此觀點，在之前的康熙朝廷重臣李光地，其自詡爲
「朱子學」專家，在《周易折中》有案語云：

> 案：《本義》解「邑人不誡」謂不相警備以求必得，似以爲求所失之
> 前禽也。然《語類》只作有聞無聲之意，尤爲精切。蓋言王者，田
> 獵而近郊之處，略不驚擾耳！《本義》係朱子未脩改之書，故其後
> 來講論，每有不同者，皆此類也。〔註156〕

李光地就明顯指出，同樣是朱子作品，其實是存在不同時空而有不同觀點的
情形；因此由作品繫年，的確是爲可行之途。所以，我們再回過頭來看錢穆
《朱子新學案》之朱子《易》學部份，說朱子「《易》本卜筮之書」、「經傳分
編」等等重大議題，究竟是朱子偶然之語、亦或早期之說，還是朱子晚年定
論時，實攸關朱子學術之嚴肅性。

錢穆先生於〈朱子學術述評〉一文曾說：「竊謂欲治朱子思想，當分數要
端。首在詳密排比其思想先後之演變。」〔註157〕對於此種研究方法，陳來稱
讚著說：「本書（按、《朱子新學案》）一個最突出的特點是著者（錢先生）對
朱熹思想演變和發展的重視。……朱子的思想從整體到部份，都隨著時間發
展而有所變化。……縱觀全書，對朱熹重要語錄、書信都有所考訂，指明年
代，其間雖未能無誤，然由此可見著者（錢先生）用力之深。」〔註158〕足證
用繫年來比對作品，可以避免許多無謂之爭端。因此在實際操作上，錢穆先
生說朱子《易》學，即是用繫年法，以證朱子說爲定論，錢穆引《朱子語類》：

> 如《易》，某便說道聖人只爲卜筮而作，不解有許多說話。但是此說
> 難向人道，人不肯信。向來諸公力來與某辯，某煞費氣力，與他分
> 析。而今思之，只好不說，只做放那裏，信也得，不信也得，無許
> 多氣力分疏。

〔註155〕紀昀等編：《四庫提要》七《經部·四書類一》，頁723。
〔註156〕李光地：《御纂周易折中》卷二【比】九五〈案語〉，頁235。
〔註157〕錢穆：〈朱子學術述評〉見《中國學術通義》（臺北：臺灣學生書局，1993年
2月增訂3版4刷），頁97。
〔註158〕陳來：〈《朱子新學案》述評〉，收入《中國近世思想史研究》（北京：商務印
書館，2003年10月），頁228。

錢穆先生案語說：「此條黃義剛、陳淳同有錄，當時己未朱子七十時語。」
〔註159〕又引同條曰：

> 今人却道聖人言理，而其中因有卜筮之説，他説理後，説從那卜筮
> 上來做麼？若有人來與某辯，某只是不答。〔註160〕

又引《語類》云：

> 某嘗説，如有人問《易》不當爲卜筮書，《詩》不當去〈小序〉，不
> 當叶韻，皆在所不答。〔註161〕

錢穆先生案語：「此條沈僩錄戊午以後所聞，殆與上引同。朱子《易本義》，
在當時未得人信受，而朱子自信之堅定乃如此。」又引《語類》云：

> 先生於《詩傳》，自以爲無復遺恨，曰：「後世若有揚子雲，必好之
> 矣。」而意不甚滿於《易本義》。蓋先生之意，只欲作卜筮用，而爲
> 先儒説道理太多，終是翻這窠臼未盡，故不能不致遺恨云。〔註162〕

錢穆先生案語：「此條亦沈僩錄，確是道達了朱子晚年意態。」以上所引、所
述、所證，錢先生都在佐證朱子於「《易》本卜筮之書」之學術信念，的確是
晚年定論，並且由此可探求朱子的治學客觀態度，而能迥異於當時其他理學
家。錢穆先生又說：

> 當時理學諸儒，好據《易》、〈庸〉言理，朱子作《中庸章句》，認諸
> 儒説多誤，又不欲一一盡加駁難，故其成書極爲費力。其於《易》，
> 又不能全不説到道理上去，故曰「終是翻這窠臼未盡」。《詩集傳》
> 則一擯〈小序〉，故曰「無復遺恨」也。其爲《論孟集注》，折衷諸
> 儒，歸於一是，爲畢生精力所萃，而猶不如〈大學〉與《易啓蒙》，
> 獨抒己見，受前人之葛藤纏縛者最少，故朱子尤自快意。凡朱子研
> 窮經學之精神，當自此窺入。〔註163〕

可見朱子之治學客觀性，不僅於《易》學表現，在其他學術方面亦是如斯呈
顯，其前後一貫、始終如一之完整性，實爲後學效法典範。因此，自元代以
來，朱子學被定位於官方學術代表，甚至奉爲科舉標準；可知近五、六百年
來，朱子學風流被所及，已到無遠弗屆。縱使沒有政治操作力量的推波助瀾，

---

〔註159〕錢穆：〈朱子之易學〉，頁22引《朱子語類》卷六十六。
〔註160〕錢穆：〈朱子之易學〉，頁22引《朱子語類》卷六十六。
〔註161〕錢穆：〈朱子之易學〉，頁22引《朱子語類》卷十六。
〔註162〕錢穆：〈朱子之易學〉，頁23引《朱子語類》卷六十七。
〔註163〕錢穆：〈朱子之易學〉，頁23～24。

相信朱子學，在學者的心目中，仍具有學術上的普遍效法性的。

## 四、朱子「《易》本卜筮之書」以補《程傳》不足處

朱子《易》學，強調「《易》本卜筮之書」說，就以上的討論後，可以得出一明確的概念，那就是所謂的「本」，是指著其源頭而論，即其「發生意義」；至於所謂「本質意義」，當然可以擁有「義理」，以供卜筮者去體會箇中蘊涵，朱子云：

> 近又讀《易》，見一意思。聖人作《易》，本是使人卜筮，以決所行之可否，而因之以教人爲善；如嚴君平所謂，與人子言依於孝，與人臣言依於忠者，故卦爻之辭，只是因依象類，虛設於此，以待扣而決者，使以所值之辭，決所疑之事，似若假之神明，而亦必有是理，而後有是辭，但理無不正，故其丁寧告戒之詞，皆依於正。天下之動，所以正夫一，而不繆於所之也。以此意讀之，似覺卦爻、〈十翼〉，指意通暢，但文意字義，猶時有窒礙，蓋亦合純作義理說者，所以彊通而不覺其礙者也。〔註164〕

然而就是因爲《易》本卜筮之書，所以其卦、爻辭所指涉之內容，至今已無法確定其意圖爲何，因此當就「義理」角度解釋時，必然會有所窒礙難通，這是《易》書所永無合理作解的普遍現象；也因此，若就一家之說以論某家之說，而斷定孰優孰佳，就學理上，是沒有公信力的。但是，就所謂的「《易》本卜筮之書」的說法，其實朱子治學重點就是「義理」的闡釋，而此闡釋的空間，具有無限的包容力與創造力，朱子云：「一卦之中，凡爻卦所載，聖人所言者，皆具已見底道理，便是藏往；占得此卦，因此道理以推未來之事，便是知來。」〔註165〕可證朱子《易》學重點，其汲汲營營之用心仍在「人事義理」，只是，朱子所耽心的，就是怕研究者無法融通而被限制思維，以至於無法引用《易》理，去面對時代課題，更遑論去解決問題；因此，朱子又云：

> 《易》本卜筮之書，後人以爲止於卜筮。至王弼用老莊解，後人便只以爲理，而不以爲卜筮，亦非。想當初伏羲畫卦之時，只是陽爲吉，陰爲凶，無文字。某不敢說，竊意如此。後文王見其不可曉，

---

〔註164〕朱子：《朱文公文集》卷三十一〈答張敬夫〉，頁1350。
〔註165〕黎德靖編：《朱子語類》卷七十五〈易十一・上繫下〉，頁1926。

故爲之作象辭；或占得爻處不可曉，故周公爲之作爻辭；又不可曉，故孔子爲之作十翼，皆解當初之意。今人不看卦爻，而看〈繫辭〉，是猶不看刑統，而看刑統之序例也，安能曉！今人須以卜筮之書看之，方得；不然，不可看《易》。〔註166〕

按、此所謂「以爲止於」、「只以爲」的自我設限及一廂情願的觀點，就是傳統以來，學者對「卜筮」的普遍負面心態，這也是朱子所要積極破除的盲點，因爲，他會限制了後學者的開放詮釋能力。誠如方東美先生的看法，他認爲兩宋學者解《經》，是繼承王弼以道家精神的態度，而道家是擁有比儒家更廣擴的「包容」與「欣賞」，足以在看似：「罪惡世界，使之成爲藝術上至高無上的幻美的世界。」〔註167〕依此，則知朱子得以在普遍汙名於「卜筮」的觀點下，仍然可以比起他人來得更闡揚「《易》本卜筮之書」的意境，就是在「包容」與「欣賞」的胸懷中進行。當掌握了朱子「《易》本卜筮之書」的說法，就是認同「義理」後，吾人就可以進一步體會朱子對於程頤《易傳》的積極認同，及其側面以「卜筮」說對其某種概念不足的補充。

現代之學者，若要讀《易》，在汗牛充棟下的注解本中，則從程頤《易傳》開始，幾乎是共識了，戴君仁說：「在今天看來，我們讀《易》，只要玩辭就夠了。所以後人不欲讀《易》則已，如欲讀《易》，應該重視《程傳》。」〔註168〕戴先生的看法是從朱子以來的見解。朱子說：「看易傳，若自無所得，縱看數家反被其惑。……今有伊川《傳》，且只看此尤妙。」朱子是堅持看《程傳》是《易》學基礎教育的開端；吾人端看朱子《周易本義》常說：「《程傳》備矣」云云，〔註169〕就可知朱子的自詡爲程頤學術之繼承者。至於《程

---

〔註166〕黎德靖編：《朱子語類》卷六十六〈易二・綱領上之下〉，頁 1622。

〔註167〕方東美：《新儒家哲學十八講》第五講，其一之標題爲〈新儒家哲學乃是透過老莊道家的子學來瞭解經學〉（臺北：黎明文化公司 1985 年 4 月再版），頁 71～75。

〔註168〕戴君仁：《談易》〈伊川易傳〉，頁 92。

〔註169〕朱子：《周易本義》引《程傳》解者，計有：【坤】文言 2 則、【大有】九四、【夬】九五小象；另外，在〈大象〉注部份，朱子與程頤的觀點一致，更在【履】大象注云：「程傳備矣」，而且朱子更常有隻字未注，由此看來，筆者認爲，那是朱子完成認同程頤的看法，計有：【剝】、【恒】、【蹇】、【解】、【姤】、【震】、【艮】、【節】、【既濟】。至於小象朱子無注之處更是多，在在都是證明朱子依循程頤者之具體現象。當然，朱子於部份中也有異於程頤見解，如【井】大象注，兩者就明顯不同，然而份量不多。至於程朱不同處，有待專文討論之。

傳》價值，朱子也有詳細說明，朱子說：

> 後之君子，誠能日取其一卦若一爻者，熟復而深玩之，如已有疑，
> 將決於筮而得之者，虛心端意，推之於事，而反之於身，以求其所
> 以處此之實，則於吉凶消長之理，進退存亡之道，將無所求而不得。
> 邇之事父，遠之事君，亦無處而不當矣。〔註170〕

讀《程傳》之價值在於社會倫理、人際關係、趨吉避凶等方面，都有相關的
提示，況且，又有學術史上的經驗傳承，朱子說：「求其因時立教，以承三聖，
不同於法而同於道者，則惟伊川先生程氏之書而已。」總之，讀《伊川易傳》
可說是進入《易》學廣闊領域中最好的入門書籍。

　　然而，朱子的時代用心、或是個人體會，畢竟已非程頤之時代環境可概
括與等同，畢竟後人不是前人的拓印者，朱子稱讚《伊川易傳》，是說其有參
考之價值，足供後學者省卻重新體會的繁瑣過程，從此角度說，這是學術上
的自覺與進步；但是，朱子以其智性洞見，並不是僅爲程頤的身影代言人而
已，必然有其個人見解。於此方面之討論，筆者以錢穆先生之說爲出發點，
可以掌握箇中要義。

　　錢先生以學富五車之涵養，曾經爬梳朱子學原典，得出豐富資料；錢先
生說：「朱子爲學一遵二程，然《語類》記朱子說經與二程異見處，不下數百
條。其於《伊川易傳》，每有不滿之辭。」〔註171〕簡單的說，有兩個方面是錢
穆所要標舉的：一者、從「《易》本卜筮之書」說《伊川易傳》非唯一注解權
威；再者、從「數」的立場，說《伊川易傳》的不足處。從這兩方面，是朱
子《易》學迥異於《程傳》者。

　　首先，朱子以「《易》本卜筮之書」之最早觀察點，來說《伊川易傳》的
優勝處及不足處。《朱子語類》記載：

> 問：「《程易》以乾之初九爲舜側微時，九二爲舜佃漁時，九三爲『玄
> 德升聞』時，九四爲歷試時，何以見得？」（朱子）曰：「此是推說
> 爻象之意，非本指也。讀易若通得本指後，便儘說去，儘有道理可
> 言。」「敢問本指？」曰：「《易》本因卜筮而有象，因象而有占，占
> 辭中便有道理。如筮得乾之初九，初陽在下，未可施用，其象爲潛
> 龍，其占曰：『勿用』。凡遇乾而得此爻者，當觀此象而玩其占，隱

---

〔註170〕朱子：《朱文公文集》卷八十二〈書伊川先生易傳板本後〉，頁3842～3843。
〔註171〕錢穆：〈朱子之易學〉，頁13。

晦而勿用可也。它皆做此,此《易》之本指也。蓋潛龍則勿用,此便是道理。故聖人爲象辭象辭文言,節節推去,無限道理。此《程易》所以推說得無窮,然非《易》本義也。先通得易本指後,道理儘無窮,推說不妨。若便以所推說者去解《易》,則失《易》之本指矣。」〔註172〕

朱子認爲,就《易》來說,可以有本旨,以及讀者個人體會之心得推用等二方面之不同,絕不可以因程子是歷史上的大學問家,而誤以爲其理解內容即是《易》之本旨,那就是受限於權威,並且也是限制後學者的閱讀空間,那並不合乎學術之進步性。因此,錢穆先生說:「《伊川易傳》則只是推說,若即以所推說者認爲是《易》之本指,則推而益遠,不可以言《易》。此乃朱子《易本義》之所爲作。」〔註173〕錢先生又說:「伊川嘗謂古之學者,先由經以識義理,後之學者,卻須先識義理,方始看得經。若果如此,學者自以所識之義理來看經書,自可即以所識之義理來解經說經。此處乃朱子與伊川對經學上之意見相異。」〔註174〕錢先生於此說程、朱《易》學不同之處,從其基本觀念說起,更闡明朱子《易》學更是要求有開放心靈,以追求更明確的義理學。以上即是錢先生說朱子從「《易》本卜筮之書」來看《伊川易傳》之認同與不認同處之判定。對此二人《易》學觀點的看法異同部份,蔡方鹿亦有所論述,他說:

以理爲本,則是先有理,後有象數,理決定象數,這是朱熹理本論哲學的邏輯所在;以探求本義爲宗旨,則是先有象數,後有推說之理,理產生於卜筮之後,這是朱熹易學本旨和特點所在。前者與程頤易學略同,而後者則與程易有別。這個區別既反映了程、朱易學不同特點,同時也反映了朱熹本人理學與經學的矛盾。〔註175〕

蔡先生從哲學角度來說明朱子《易》學、甚至以說「理學」,所以有所謂的「理本論哲學的邏輯所在」云云;對此角度,非本研究著墨重點,但是,蔡先生說朱子學中有「理學與經學的矛盾」的結論,則就本研究立場,是無法理解的;畢竟,程、朱二人之最終結論是對於「人事義理」的關於,只是程子「前

〔註172〕錢穆:〈朱子之易學〉,頁3引《朱子語類》卷六十八。
〔註173〕錢穆:〈朱子之易學〉,頁4。
〔註174〕錢穆:〈朱子之易學〉,頁5。
〔註175〕蔡方鹿:《朱熹經學與中國經學》第六章〈朱熹的易學〉(北京:人民出版社,2004年4月),頁324。

修未密」，朱子當然以「後出轉精」的予以修正，使之更圓融。也就是說，朱子對於《伊川易傳》不取「象數」之說的看法，有著他不同意見，簡單的說，就是會使得「義理」根據喪失，而致使所論無法證實所從來依據的缺失；朱子云：

> 程氏《易傳》已甚詳細。今《啓蒙》所附益者只是向來卜筮一節耳，若推廣旁通，則離不得彼書也。程先生說《易》得其理則象數在其中，固是如此，然沿流以觀，却須先見象數的當下落，方說得理不走作，不然，事無實證，則虛理易差也。〔註176〕

朱子堅持「象數」才是「義理」的根基，否則游談無根的現象、言人人殊的窘境，將是如影隨形的存在，屆時，義理談論再精彩，也容易被質疑！至於「數」的架構建立，也是朱子治學用心處。朱子爲了建構其《易》學體系，以便完成其「理學」最終價值，因此，朱子也有迥異於《伊川易傳》用心之處，朱子說：「伊川《易傳》，亦有未盡處，當時康節傳得『數』甚佳，却輕之不問。」〔註177〕因爲，朱子頗認同邵雍《易》數之學，於是作《易學啓蒙》，即爲此意。

對於朱子與程子不同處，《周易折中》〈凡例〉第6條言：「朱子之學，出自程子，然文義異同者甚多，諸《經》皆然，不獨《易》也。況《易》則程以爲聖人說理之書，而朱以爲聖人卜筮之教，其指趣已自不同矣。」〔註178〕錢先生也有極銳利的評述，說：「程門雖極尊易傳，然終不足以光大程學；朱子於易傳雖多持異議，而程學之光大則終賴焉。」〔註179〕是知錢先生對學術之感歎頗深。蓋相當多之後學者，僅能稟承前說，照單全說，美其名曰：「發揚、闡述」，其實卻僅是如影隨形的傳聲筒，絲毫對被闡述者學問無助；依此則知，凡僅是闡揚、羽翼者，終不得呈顯該學說之價值；唯獨在客觀與評論下，方能可大可久。錢先生說朱子對《伊川易傳》的評論中，所呈顯的開放與進步觀念，可作爲世代典範矣。

至此，吾人終能體會朱子由「《易》本卜筮之書」的學術之積極意義，也可以掌握朱子《易》學中之各項理論，包括「象數」之說、《啓蒙》之作等等，

---

〔註176〕朱子：《朱文公文集》〈答鄭子上〉，頁2875。
〔註177〕錢穆：〈朱子之易學〉，頁13引《朱子語類》卷六十七。
〔註178〕李光地：《周易折中》，頁38～39。
〔註179〕錢穆：〈朱子之易學〉，頁19～20。

都是從「《易》本卜筮之書」說的基本理論下的繼續延伸。

# 第二節　王夫之「占筮」說與其對朱子的批判

　　自元代以來，朱子學被定位於官方學術代表，甚至奉爲科舉作答標準；可知近五、六百年來，朱子學風流被所及，已到無遠弗屆。甚至到清乾隆帝時（1736～1795），編《四庫全書》之館臣，仍是如斯觀點，甚至說有過之而無不及。《周易大全》〈提要〉云：

> 朱彝尊《經義考》謂：「廣等就前儒成編，雜爲鈔錄，而去其姓名；《易》則取諸天台鄱陽二董氏，雙湖雲峯二胡氏，於諸書外，未寓目者至多」云云。天台董氏者，董楷之《周易傳義附錄》，鄱陽董氏者，董眞卿之《周易會通》，雙湖胡氏者，胡一桂之《周易本義附錄纂疏》，雲峰胡氏者，胡炳文之《周易本義通釋》也。今勘驗舊文，一一符合彝尊所論，未可謂之苛求！……然董楷、胡一桂、胡炳文，篤守朱子，其說頗謹嚴；董眞卿則以程、朱爲主，而博採諸家以翼之，其說頗爲賅備，取材於四家之書，而刊除重複，勒爲一編，雖不免守匱抱殘，要其宗旨，則尚可謂不失其正。且二百餘年，以此取士，一代之令甲在焉，錄存其書，見有明儒者之經學，其初之不敢放軼者，由於此，其後之不免固陋者，亦由於此。〔註180〕

就《周易大全》存在的詆毀，四庫館臣可謂完全接受朱彝尊的看法，但是，唯一不同處，是認爲此書之編輯仍有優勝之處，即：「雖不免守匱抱殘，要其宗旨，則尚可謂不失其正」，而所謂的「正」的贊許，即是依循朱子之價值標準！當然，無可否認的是，四庫館臣是「漢學」的大本營，〔註181〕因此，其所稱贊的朱學、或宋學，其實只不過在否認明代陽明學風的價值，以便建立合乎清代無論是政局或學術之階段需要，至於是否眞的認同朱學，其實是有疑問的。

　　總而言之，朱子學術，畢竟是元、明以來的官方指定之科目，標準與權

---

〔註180〕紀昀：《四庫提要》〈易類五〉，頁68～69。

〔註181〕余嘉錫：「（紀昀）自名漢學，深惡性理，遂峻詞醜詆，攻擊宋儒，而不肯細讀其書。」《四庫提要辨證》（香港：中華書局，1974年），頁54。

威般的形象，由於樹大招風，必然是後學者無論是繼承還是反省的基本出發對象；除非朱子學所言者是永遠的眞理，合乎普遍的共識，倘若是有其創新見解，且異於傳統者，而只能應付「時代課題」者，在時空變遷下，必然要受後人的不斷批評！〔註182〕其中，朱子的「《易》本卜筮之書」觀點，說：「孔子之《易》，非文王之《易》，文王之《易》，非伏羲之《易》，伊川《易傳》，又自程氏之《易》也。」〔註183〕就是受到後學質疑處之一，特別是王夫之，在「不同地理解」下，而有著「視界融合」，因之產生其「前理解」，對朱子的主張，就有著大加撻伐的嚴厲批判。

王夫之首先指出，認爲朱子的「《易》本卜筮之說」，與漢、魏以來的「象數」學一樣，都是喪失義理，無識聖學用心。依王夫之的看法，蓋漢《易》占卜數學，孟喜倡於前，京房、虞翻宣揚於後，致使《易》之義理完全淹沒於象數之中，導致《周易》成爲巫卜星相之人的占卜工具，因此，王夫之不得不指出：「京房、虞翻之言《易》，言其占也。」〔註184〕而且「一以象旁搜，曲引而不要諸理。」〔註185〕《易》學僅被視爲占卜用，則其價值之被誣衊，莫過於此。

另外，王夫之也認爲王弼、程頤之《易》注，可以盡棄漢、魏陋術，倡談義理，「一以道爲斷」，〔註186〕的確是有可取之處，但是不講「象數」也會有其治《易》局限，那就是不明陰陽之變，因此不能盡妙用不測之神，無法把握自然間的複雜變化，仍然不是《易》學之完整面貌！

破除學術迷思，進而提出理論建構，是爲學者治學「借破而立」用心之所在。王夫之既指說從兩漢以來至朱子《易》學之謬，一方面要批象數與占卜之非，另一方面要申明單就義理說《易》也是有其缺憾；接著，就是要提出其《易》學主張，包括原理與根據。最後，本研究要試著指出王夫之其實是誤解了朱子「《易》本卜筮之書」，且就其終極目標來說，二家實有殊途同歸之趨。

---

〔註182〕林啓屏有：「一個聖道，各自表述」之說宋儒與清儒觀點差異性，見〈正統與異端〉，收入氏著：《儒家思想中的具體性思維》（臺北：臺灣學生書局，2004年2月），頁122。

〔註183〕黎德靖編：《朱子語類》卷六十七〈易三・綱領下・三聖易〉，頁1648。

〔註184〕王夫之撰・李一忻點校：《周易內傳發例》第五則（北京：九州出版社，2004年6月），頁351。

〔註185〕王夫之：《周易內傳發例》第三則，頁348。

〔註186〕王夫之：《周易內傳發例》第三則，349。

## 一、原理：占學一理、借鬼謀以成人謀

王夫之說「占學一理」，是要積極指出完整的《易》學，理應包括占《易》與學《易》。所謂學《易》，指領會卦爻象和爻辭的深層內涵，即是人事義理的掌握；所謂占《易》，則是指觀察爻象的變化，從中細察天象變化之幾。〔註187〕

就〈繫辭傳〉所言：「君子居則觀其象而玩其辭，動則觀其變而玩其占。」王夫之解釋說：「觀象玩辭，學《易》之事；觀變玩占，筮《易》之事；占亦辭之所占也。」〔註188〕君子之學《易》，專注乎象，象者大象也，所說一切皆在表達象之意義，君子玩味之可謂爲靜者之學。對於筮事，君子則觀卦象之變動而玩味其占，此可謂動者之學。在靜、動之間，要能全盤作細微掌握，此爲王夫之「占學一理」之大旨所在。又〈繫辭傳〉有謂：「《易》有聖人之道四焉，以言者尚其辭，以動者尚其變，以制器者尚其象，以卜筮者尚其占」云云，以研究《易》者之道，可以從此四方面來探討，王夫之則將之歸約爲「占《易》」與「學《易》」，王夫之云：

> 《易》之重訓於萬世，占其一道爾。故曰：「《易》有聖人之道四焉。」惟「制器者尚其象」，在上世器未備而民用不利，爲所必尚，至後世而非所急耳。以言尚辭，以動尚變，學《易》之事也。故占《易》學《易》，聖人之用《易》，二道並行，不可偏廢也。故曰：「居則觀其象而玩其辭」，學也；「動則觀其變而玩其占」，筮也。〔註189〕

王夫之在此頗有時代需要反應之觀察點，認爲「制器者尚其象」者，經聖人製器運用大致已完備，已非今日所急迫需要者。反而是「尚其辭」、「尚其占」二者，被曲扭甚多，因此有必要說明釐清；王夫之將《周易》之研究分爲「占《易》」與「學《易》」，而「占」意又爲何？〈繫辭上傳〉云：「極數知來之謂占，通變之謂事。」王夫之注曰：

> 「極」，根極之也。「事」謂既占而利用之，以成乎事也。善以成性，而性皆善，故德業皆一陰一陽之善所生，修此則吉，悖此則凶。吉凶未形，而善不善之理可以前知，不爽乎其數。《易》之有占，率此道也。〔註190〕

---

〔註187〕汪學群：〈王船山占學觀試探〉（《中國哲學史》1998年第3期），頁94。
〔註188〕王夫之：《周易內傳》卷五上，〈繫辭上傳〉第二章，頁419。
〔註189〕王夫之：《周易內傳發例》第五則，頁351，。
〔註190〕王夫之：《周易內傳》卷五上，〈繫辭上傳〉第五章，頁431～432。

此處所言「占」乃謂吾人在應物行事之前，細察其變化之幾微，預知善不善之理，推斷其吉凶，探進退之道以成善事者也。至於觀象玩辭之「學《易》」又爲如何？王夫之注云：

> 夫學《易》者，盡人之事也。盡人而求合乎天德，則在天者即爲理，天下無窮之變，陰陽雜用之幾，察乎至小、至險、至逆，而皆天道之所必察。苟精其義，窮其理，但爲一陰一陽所繼而成象者，君子無不可用之以爲靜存動察，修己治人，撥亂反正之道。〔註 191〕

王夫之專講學，純爲學習《易》中之理，其宗旨是從人事之盡知而求合乎天德之盡知；王夫之堅信，就於天、地、風、雷等自然現象變化基於陰陽規律，倘若精研其義，窮究其理，不僅可修養心性，亦能經世治國。

王夫之在「占」與「學」關係上，重視「學」，將「占」納入學之軌道中，故提出「以鬼謀助人謀之不逮」之論，王夫之曰：

> 故聖人作《易》，以鬼謀助人謀之不逮，百姓可用，而君子不敢不度外內以知懼，此則筮者筮吉凶於得失之幾也。固非如《火珠林》者，盜賊可就問以利害。〔註 192〕

王夫之肯定占《易》、鬼謀之價值，認爲它能提供在人謀無能爲力之下、或思維不夠嚴謹之時，協助人們判斷是非、得失。此種占筮觀，不是企求神靈的保祐，而是啓發理性的自覺。朱伯崑就認爲王夫之的「占筮」學理，其論點有二：「一是事物變易，複雜多端，人的智力有時難以決疑；二是占筮所得吉凶只是啓發人的心智，少犯過失。」〔註 193〕汪學群也說：「（王夫之）認爲《易》興伊始就是爲占筮服務的。不過所占筮的不是個人的吉凶得失，而是國家大事。」〔註 194〕總之，不可忽略王夫之的人爲積極力量之樂觀性，其側重之學《易》重點，仍是將占《易》落實於學《易》之基礎上，占筮僅是手段，其目的要在人事義理的發揚。王夫之曰：

> 古之爲筮者，於事神治人之大事，內審之心，求其理之所安而未得，在天子、諸侯則博謀之卿士以至於庶人，士則切問之師友，又無折中之定論，然後筮以決之。抑或忠臣孝子，處無可如何之時勢，而

〔註 191〕王夫之：《周易內傳》卷五上，〈繫辭上傳〉第二章。
〔註 192〕王夫之：《周易內傳發例》第四則，頁 350～351。
〔註 193〕朱伯崑：《易學哲學史》第四卷，頁 31～32。
〔註 194〕汪學群：《王夫之易學──以清代學術爲視角》（北京：社會科學文獻出版社，2002 年 5 月），頁 71。

> 无以自靖，則筮以邀神告而啟其心，則變可盡，而憂患知所審處。
> 是知《易》者，所以代天詔人，迪之於寡過之塗，而占與學初無二
> 理。〔註195〕

古之筮者，或君子之占筮，皆處不得已時方爲之占，故《易》占之時機不多。
然於求理未得時，仍有助人斷事決疑之功，占《易》仍有其存在價值，因而
提出「占義不占利，勸戒君子，不瀆告小人爲用」，王夫之曰：

> 占者非徒以知吉而喜，知凶而憂也，苟爲君子之人，則察其隨時之
> 中，而乾惕以慎守其至正之則，於是而《易》之道乃以行萬變，而
> 利用非其人，則恃其吉，而委其凶，於無可奈何之數，其占也，不
> 如弗占，《易》道虛設矣，《易》之爲書，言得失也，非言禍福也，
> 占義也，非占志也，此學《易》者不可不知也。〔註196〕

案：占事乃以天化爲情，順天化而占，占者不違天化。占者並非在其無可奈何
之時方占卜，亦非於不知所措時方占卜。若占者不知事之何爲應做，何爲不應
做，僅是隨意占事，遇得吉占而喜，得凶占而憂，此即失卻占事之節度，《易》
道喪失矣。《易》之爲書，爲君子謀，君子先應知何以爲義，何以爲不義，所謂
「占義不占利」也。占者若全爲私利而占，失其正義，此爲小人之占，故王夫
之強調《易》不言禍福，只告以得失之道，此方爲占義，張橫渠曰：「《易》爲
君子謀，不爲小人謀。」王夫之又云：「《易》不爲小人謀，詭至之吉凶，於其
善決其吉，於其不善決其凶，無不自己求之者，示人自反，而勿徼幸、勿怨尤
也。」又說：「學《易》者，於仁義體之，而天地之道存焉，則盡性而即以至於
命；占者，以仁義之存去審得失，而吉凶在其中矣。故曰『《易》不爲小人謀』，
以其拂性而不能受命也。」〔註197〕蓋小人未能以仁義處事，不能隨事之宜而行，
而君子之占，完全以善與不善決定得失。善者即吉，不善者即凶。占者求吉凶，
又若知吉凶決定在仁義，存乎仁義者吉，去乎仁義者爲凶，則占者必反求諸己，
並非存於徼幸矣。故《易》爲君子謀，不爲小人謀，此乃王夫之所謂「占義不
占利，勸戒君子，不瀆告小人爲用。」之精義。

至於，王夫之「占學一理」的依據，朱伯崑也歸納後提出三點說明。第
一、王夫之十分推崇張載的『易爲君子謀，不爲小人謀』，認爲《周易》不是

---

〔註195〕王夫之：《周易內傳》卷六上〈繫辭下傳〉第八章，頁502。
〔註196〕王夫之：《周易內傳》卷六上，〈繫辭下傳〉第八章，頁502。
〔註197〕王夫之：《周易內傳》卷六下，〈說卦傳〉第二章，頁517。

引導人們趨吉避凶，避禍求福，使個人得到切身的利益，而是教人懂得是非得失之理，以提高人的思想境界。第二、證明「占、學」之間的關係，「占」是手段，「學」才是目的。王夫之取《論語》中孔子的說法為敘述依據，王夫之說：

> 子曰：卒以學易可以無大過。言寡過之必於學也。又曰：不占而已矣。言占之則必學以有恒也。〔註198〕

認為孔子作《易傳》的目的即在教人了解義理，以提高人的道德水平。至於「占」的過程，或許有凶的徵兆，但是，占者可以依其象而反省人事，卻可以得到有易的教訓與啟示，王夫之云：

> 故【否】而可以儉德辟難，【剝】而可以厚下安宅，【歸妹】而可以永終知敝，【姤】而可以施命誥四方。略其德之凶危而反諸誡之通復，則統天地雷風水火日月山澤已成之法象，而體其各得之常。〔註199〕

案，以上所引【否】、【剝】、【歸妹】、【姤】等諸卦，均為凶卦，然而君子者，不僅不因凶象而心存擔憂，反而可以借此凶象來警惕自己，因而轉危為安、轉禍為福，因此，朱伯崑說：「《周易》中所說的吉凶辭句，基於得失之理，即是非善惡的準則，合乎善者為吉，不善者為凶。吉凶之辭是令占者自我反省其行為的善惡，不存僥倖之心。」又說：「周易之占不是占問個人的禍福，而是教人通曉義理，辨別義利，改過遷善，做一個道德完善的人，此即『易為君子謀』。」第三、朱伯崑認為，王夫之關於占筮中，對於人謀、鬼謀之間的取捨態度要做一說明。在王夫之看來，占筮之法一方面靠人的智慧推論來事，另一方面又要承認人事有其無法掌握之偶然性，即對吉凶後果不存僥倖或尤怨心理。因為筮法有人謀，所以不尊鬼敬神；有鬼謀，則不聽天由命。此種占筮觀，強調人的理性能正確處理自己的命運。〔註200〕

　　自《左傳》以來，針對「卜筮」行為與解讀，就充滿強烈的「人文化成」之企圖心。朱先生就於《易學哲學史》第一卷之論《左傳》中的「卜筮」觀點，就有設立一節目，名曰：〈吉凶由人和天道無常說〉，其中，朱先生說：「春秋時期，……認為《周易》雖然可以推測未來的變化，但人事的吉凶，說到底，取決於人的行為，特別是人的道德品質，此種觀點，可稱之為吉凶由人

---

〔註198〕王夫之：《周易內傳發例》第五則，頁351。
〔註199〕王夫之：《周易大象解‧序》，頁391。
〔註200〕朱伯崑：《易學哲學史》第四卷，頁18～31。

說。」〔註201〕王夫之此種占筮的人謀或鬼謀的看法，乃承續《左傳》以來的人爲主體自由的肯定性；也就是說占筮現象是一回事，人爲解釋又是另一回事，特別凸顯了人爲理智的力量與樂觀性。

王夫之論「占學一理」之說，在企圖回答人應如何對待吉凶禍福之遭遇，即中國傳統倫理學所探討之義與命相關問題；所謂學《易》，即追求與堅守義理；所謂占《易》，即對吉凶遭遇，安然處之，王夫之曰：「占學一理、得失吉凶一道爲義；占義不占利。」〔註202〕王夫之「以學釋占」來解釋一些占辭或卜吉凶之辭句，涉及到得失、吉凶、善惡、利義等問題，此爲其「占學一理」之具體運用，而在闡述得失與吉凶之關係，其以爲《易》非引導人們趨吉避凶、避禍求福，使人獲利者，而是在教人懂得得失、是非之理；此種觀點，進一步發展儒家盡人事之學說，打擊宿命論，而學《易》重視運用，則體現其通經致用之精神。〔註203〕總之，王夫之「占學一理」之論點，是要呈顯人性中，積極與樂觀的光明面。

## 二、根據：四聖同揆、彖爻一致

王夫之說「占學一理」之主張，是繼承了義理學派的觀點，以《周易》爲窮理盡性之書，爲了支持此一原理的完整性，必有根據之所在，於此，王夫之則提出「四聖同揆」說、與「彖爻一致」說，以前後呼應「占學一理」的原理；王夫之《發例》說：

> 蓋孔子所贊之說，即以明〈彖傳〉、〈象傳〉之綱領，而〈彖〉、〈象〉二傳即文周之彖爻，文周之彖爻即伏羲之畫象，四聖同揆，後聖以達先聖之意而未嘗有損益也。〔註204〕

所謂的「同揆」，就是認爲從伏羲畫卦始而天人之理已盡在其中，文王、周公、孔子就是將此「微言大義」闡揚出來。朱伯崑說：「王夫之提出的『四聖一揆，占學一理』，其中心觀念是力圖將《周易》一書從古化神秘主義思想中解脫出來，使其高度哲理化。」〔註205〕也就是說，避免令後學者將《周易》視爲卜

---

〔註201〕朱伯崑：《易學哲學史》第一卷，頁32。
〔註202〕王夫之：《周易內傳發例》第二十五則，頁382。
〔註203〕此節之說，多參引康全成：《清八家易學》（臺北：私立文化大學中國文學系博士論文，2002年6月，黃沛榮教授指導），頁148～152。
〔註204〕王夫之：《周易內傳發例》第一則，頁345。
〔註205〕朱伯崑：《易學哲學史》第四卷，頁18。

筮迷信之書的重要反駁依據。

就《易》學史上，關於《周易》的經、傳體例上之編排，有「經傳分編」與「以傳解經」等兩種編排方式。王夫之則延續王弼以來之傳統，主張「以傳解經」，進而提出：「彖爻一致」之說。

案：「彖」指卦辭或一卦之義，「爻」指爻辭和爻義。〈彖〉傳是對卦辭的解釋，〈小象〉是對爻辭的解釋，其論彖、爻關係，又包括此二傳的關係。王夫之所以討論「彖爻一致」此問題，除了是要證明「四聖同揆」的觀點以外，還要企圖解決一卦之中卦辭和爻辭不一致的現象。以全體和部份、體和用的關係，來解釋彖爻不容分離，於〈繫辭下傳〉第三章云：「〈彖〉者，材也。〈爻〉也者，效天下之動者也。是故吉凶生而悔吝著也。」王夫之注云：

> 材者，體質之謂，效天下之動則其用也。有此體乃有此用；用者，用其體。唯隨時而異動爾。……吉凶悔吝，辭之所生所著也。因〈爻〉而呈，而〈爻〉亦本乎〈彖〉所固有之材。材者，畫象之材也。非〈彖〉無〈象〉，非〈象〉無〈爻〉，非〈彖〉與〈爻〉無辭。〔註206〕

案：王夫之解釋，〈彖〉係指畫象之材，一卦之體質，而〈爻〉者、效也，本〈彖〉固有之材而起效用，係隨時而變動者，天地之化理，人物之情事，所以成萬變，作《易》者比擬其酬酢之道而呈效於其中。由辭所著之吉、凶、悔、吝亦因〈爻〉而呈，人之法天而應物者，亦資三百八十四爻而盡其用。故〈彖〉與〈爻〉之關係不僅為〈彖〉為體，〈爻〉倚〈彖〉而用之體用關係，亦可謂〈爻〉之動出於〈彖〉之靜之動靜關係。王夫之云：

> 夫〈彖〉者材也，〈爻〉者效也。效者，材之所效也。一木之生，枝莖葉花合而成體者，互相滋也；一車之成，輻轂衡軸分而效用者，功相倚也。其生也，不相滋則破而庋體；其成也，不相倚則缺而廢用。故〈爻〉倚〈彖〉以利用，抑資於〈彖〉以生而成體。吉凶悔吝之效，未有離〈象〉以別有指歸者也。故曰：「觀其〈彖辭〉，則思過半矣。」……《易》之有卦，則六位皆備，而一成始終。積以相滋，而合之為體，是故〈彖〉靜而〈爻〉動，動者動於所靜，靜者固存也。……蓋靜者所生，動者其生。生於所生，則效固因材而起矣。〔註207〕

---

〔註206〕王夫之：《周易內傳》卷六上，〈繫辭下傳〉第三章，頁483。
〔註207〕王夫之：《周易外傳》卷六〈繫辭下傳〉第九章，頁285。

此處王夫之闡釋〈象〉與〈爻〉之體用、動靜關係,〈象〉與〈爻〉係道合一而一致者,〈象〉外無〈爻〉,而〈爻〉之效因材而起,〈爻〉乃〈象辭〉旁通之情,〈爻〉動而變,變而情生事起。〈象〉總一卦之義,故〈象〉爲體,〈爻〉爲用。以一卦言之,則〈象〉爲體,六爻皆其用,體貞而用變,故依此而可即〈爻〉論〈象〉,或即〈象〉明〈爻〉,所謂「觀其象以玩其〈象〉,則得失之所由,與其所著吉凶之所生,與其所受六爻合一,而〈爻〉之義大明矣。」〔註208〕王夫之又認爲欲探求〈象〉、〈爻〉之義而明《易》之歸趣,則必依〈繫辭傳〉之要旨,王夫之說:

> 昔者夫子既釋〈象〉〈爻〉之辭,而慮天下之未審其歸趣,故〈繫傳〉
> 作焉。求〈象〉〈爻〉之義者,必遵〈繫傳〉之旨,舍此無以見《易》,
> 明矣。〔註209〕

此處之言,王夫之以爲孔子作〈繫辭傳〉,乃爲使研《易》者把握全《易》之歸趣而明〈象〉〈爻〉辭之義者也,故總結王夫之釋《易》以「〈象〉〈爻〉一致,四聖同揆」爲法則,乃卻即伏羲所畫卦卦象以見文王之〈象辭〉,即文王之〈象辭〉以明周公之〈爻辭〉,即文周之〈象〉〈爻〉辭以明孔子所贊之《易》傳。由此層層相因,後聖以達先聖之意,所謂「四聖同揆」也,其於《易》道大道上,前後連貫,合爲一軌。王夫之此說是於張載等人之進一步發揮,其以此爲據,對割裂經傳以及用圖書解《易》之作法,進行一番評議也。王夫之又云:

> 讀《易》之法,以〈象〉爲主,而爻之雜撰是非,因時物而成者,
> 即其質以思其變,乃謂之知《易》。〔註210〕

認爲爻的特點主變動,故其吉凶因時而異,但又不違背全卦之義理,故讀易之法,應以〈象〉爲主,否則,容易爲爻變所迷惑。在具體的例證上,可以取【履】、【臨】二卦爲說,王夫之云:

> 以一卦言之,象以爲體,六爻皆其用,用者用其體也。原其全體以
> 知用之所自生,要其發用以知體之所終變。舍乾坤無易,舍象無爻,
> 六爻相通,共成一體,始終一貫,義不得異。如履之履陽而上者,
> 六三也,則原始要植終,皆以三之履剛爲質。臨在二陽上臨四陰,

---

〔註208〕王夫之:《周易內傳發例》第十一則,頁364。。
〔註209〕王夫之:《周易內傳發例》第九則,頁358。
〔註210〕王夫之:《周易內傳》卷六上〈繫辭下〉第九章,頁505。

　　則原始要終，皆剛臨柔以爲質。〔註211〕

所謂「六爻相通，共成一體」者，即是言由象而知爻之所生，由爻而知象之所變。【履】卦，以六三爲唯一陰爻，是爲此卦卦主，最能顯示【履】卦之體質，但此義不限於六三爻，如上九爻所說的「視履」，亦是柔履剛之義。又如【臨】卦，象文：「剛浸而長。」即剛臨柔之義，此爲臨卦之體質。故其六五爻辭說：「知臨大君之宜。」朱伯崑以王夫之就是認爲：「以柔居尊而下聽九二之臨。」表示受治於剛，以輔助己之柔，並非與〈象〉義無關。〔註212〕朱伯崑又認爲，王夫之爲了要說明「象爻一致」，也採用了自王弼以來的各種說解易例，其中以「卦變說」、「中四爻爲體說」、「爻有進退說」、「相孚說」是王夫之比較著重的。而這些條例的運用，都在說明一卦之義必然體現於某爻之中，而爲主之爻又將全卦聯爲一體。〔註213〕總之，在王夫之看來，六爻並非孤立地存在，而是全卦之德不同的表現形式，即是「象爻一致」的重要概念。

　　根據以上討論，可借汪學群研究成果，作爲小結；汪學群認爲，從王夫之占學觀中看出他治《易》的一些特點：第一，指出漢易宋易占學偏頗的同時，能吸取各家之長，體現漢宋兼采。第二，《周易》產生的過程，是先有經後有傳，經偏重占，傳偏重學。治《易》主占學一理，可謂經傳兼顧。第三，治《易》以學釋占，援占入學，有利於《易》沿著健康的道路發展。第四，學《易》重視運用，體現通經致用的精神。〔註214〕至於在學理價值上，王新春的看法，則可以提供文化層次上的肯定，以說明王夫之《易》學令人激賞之處；王新春說：

　　人類自進入文明時代以後，先是在形而上的精神領域，繼之則延及
　　整個生活世界，他所必須直面並予以解決的一個終極性問題，就是
　　理性與信仰的關係問題。理性表徵著人之自身之所是，彰顯著人的
　　智慧與能力、價值與力量、以及其生命的境界與品位，構畫、證立
　　著人生之應然；信仰則或爲理性及其構設理念、目標的終極正定、
　　或爲理性限度一缺憾的彌補，或爲人之精神與生命的終極安頓，發
　　揮著其他因素所難以替代的重要作用。〔註215〕

〔註211〕王夫之：《周易內傳》卷六上〈繫辭下〉第九章，頁503。
〔註212〕朱伯崑：《易學哲學史》第四卷，頁42。
〔註213〕朱伯崑：《易學哲學史》第四卷，頁37〜46。
〔註214〕汪學群：〈王船山占學觀試探〉，頁97。
〔註215〕王新春：〈卜筮與《周易》〉（《周易研究》2003年第6期），頁29〜30。

意圖調合「理性」與「信仰」之間的關係,「信仰」不再是一廂情願,它已具備「理性」的基礎了。因此,現代學者,多有讚美王夫之《易》學占學觀,例如,陳來就說:「我們也要注意船山代表不同於明代理學並代表了清代儒學新的學術思想的觀點,這個意義我們稱爲『啓後』的意義。」〔註216〕當然,以朱伯崑先生其研究觀察也是持有相同立場,朱伯崑說:「王夫之的易學哲學是我國傳統哲學的寶貴財富,科學地總結其理論思維的積極成果及其以驗教訓,對理解和發揚中華民族文化的優秀傳,都有重要意義。」〔註217〕單就現象來看,王夫之在此的《易》學觀,的確是可以有學理上的精彩度,然而王夫之《易》學之提出有論及漢、魏以來的《易》學觀,特別是對朱子的《易》學卜筮觀,其中多有誤解前賢之處,就箇中蘊涵,實有釐清必要。

## 三、王夫之對朱子「卜筮」說的批判

### (一)就朱子「《易》本卜筮之書」說

王夫之以爲《易》非僅卜筮之書,而是人生哲理之典籍,占筮僅是《易》之形式,其目的是要明識理序,以進而領悟人生大道,方爲其主要內容,因此說「占學一理」。《易》之爲道,應依據卦爻辭中之義理決疑惑、斷吉凶,王夫之云:

> 朱子學宗程氏,獨於《易》焉,盡廢王弼以來引伸之理,而專言象占,謂孔子之言天、言人、言性、言德、言研幾、言精義、言崇德廣業者,皆非羲、文之本旨,僅以爲卜筮之用,而謂非學者之所宜講習。其激而爲論,乃至擬之於火珠林卦影之陋術,則又與漢人之說同,而與孔子〈繫傳〉窮理盡性之言,顯相牴牾而不恤。由王弼以至程子,矯枉而過正者也,朱子則矯正而不嫌於枉矣。〔註218〕

上代學者之治學主張,之所以仍有流傳於今之空間,必然有其價值肯定處;王夫之認爲朱子《易》學,可以盡棄王弼引「老學」玄虛入《易》之缺失,那是朱子在儒門義理上的優勝處,然而,王夫之非常不贊成朱子僅將「卜筮」

---

〔註216〕陳來:《詮釋與重建——王船山的哲學精神》〈緒言〉(北京:北京大學出版社,2004 年 11 月第 1 版),頁 15。

〔註217〕朱伯崑:《易學哲學史》第四卷,頁 14。

〔註218〕王夫之:《周易內傳發例》第三則,頁 349。

作爲《易》學之「本」，如此一來，將使「聖學」淪落與一般術數、迷信同等地位，這是王夫之所無法諒解的。

王夫之對朱子治《易》觀點上有著強烈之不同意見，而主張「占學一理」說。就此觀點淵源，於先前魏・王弼、晉・韓康伯、唐・孔穎達、宋・程頤等義理學派諸家之觀點而來，可說是一脈相傳，蔚爲《易》學主流。然而，有趣的是，朱子竟於此主流中，單獨提出異說？畢竟，朱子是學術大家，其影響力絕對是具備的，爲了避免價值岔口，引起不必要紛爭，難怪王夫之要有所評議，以確保主流價值之穩定性。

再者，對於《易》的起源與其價值，在「義理」學的說解者來看，是有著一份連貫的見解；就王夫之來說，那是聖人治世的積極用心之所托付，王夫之云：

> 伏羲氏始畫卦，而天人之理盡在其中矣。上古簡樸，未遑明著其所以然，以詔天下後世，幸筮氏猶傳其所畫之象，而未之亂。文王起於數千年之後，以「不顯亦臨，無射亦保」之心得，即卦象而體之，乃繫之〈彖辭〉，以發明卦象得、失、吉、凶之所繇。周公又即文王之〈彖〉，達其變於〈爻〉，以研時位之幾，而精其義。孔子又即文、周〈彖〉、〈爻〉之辭，贊其所以然之理，而爲〈文言〉與〈彖〉、〈象〉之傳；又以其義例之貫通與其變動者，爲〈繫辭〉、〈説卦〉、〈雜卦〉，使占者、學者得其指歸以通其殊致。蓋孔子所贊之説，即以明〈彖傳〉、〈象傳〉之綱領，而〈彖〉、〈象〉二傳即文、周之〈彖〉、〈爻〉，文、周之〈彖〉、〈爻〉即伏羲之畫象，四聖同揆，後聖以達先聖之意，而未嘗有損益也。〔註219〕

王夫之認爲，伏羲畫卦，透過卦爻變化，已將天下萬理盡涵其中，後人，如文王作卦辭、發明卦象，周公作爻辭、釋爻位變化之理，孔子作〈象〉、〈彖〉、〈繫辭〉等傳者、更是闡揚微旨，所以，他們是「四聖同揆，後聖以達先聖之意，而未嘗有損益也。」王夫之說《易》學傳承，大意如此堅持，而其主要目的，就是要糾舉朱子「《易》本卜筮之書」之謬。

### （二）就朱子「經、傳分編」說

就《周易》「經、傳」的編排方式，以及因而所衍繹出的文化觀點問題，誠

---

如之前於〈朱子〉章節所述，計有六種，而王夫之是屬於：「《易》爲文化之根源，前聖後賢，一脈相傳，堅信：『蓋孔子所贊之說，即以明〈彖傳〉、〈象傳〉之綱領，而〈彖〉、〈象〉二傳即文（王）、周（公）之〈彖〉、〈爻〉，文、周之〈彖〉、〈爻〉即伏羲之畫象，四聖同揆，後聖以達先聖之意，而未嘗有損益也。』」除此之外，王夫之又說：「即〈象〉見〈彖〉，即〈彖〉明〈爻〉，即〈彖〉〈爻〉明〈傳〉，合四聖于一軌，庶給正人心，息邪說之遺意。」〔註220〕又說：「昔者夫子既釋〈彖〉、〈爻〉之辭，而慮天下之未審其歸趣，故〈繫傳〉作焉。求〈彖〉、〈爻〉之義者，必遵〈繫傳〉之旨，舍此無以見《易》明矣。」〔註221〕又說：「《易》之精蘊，非〈繫傳〉不闡。」〔註222〕王夫之此中一再強調，「四聖同揆」，甚至要指出，要瞭解《經》文，唯一之法，就是確實掌握孔子之〈易傳〉，特別是〈繫辭傳〉，因爲孔子所闡述的不是卜筮之專技，而是窮理盡性的人事義理。王夫之此說明顯是針對朱子「經、傳分編」的主張而發。王夫之認爲朱子似乎把占卜與義理分離，當成兩件事，又以爲四聖是各自闡述其《易》學觀點，變成好像是毫無聯繫性的破碎文化，這些都是王夫之所無法認同的。

## 四、論王夫之誤解朱子「《易》本卜筮之書」說

究竟朱子「《易》本卜筮之書」的提出，是何種用心？以及王夫之對朱子的批判是否如實，此一《易》學史上之公案，有必要澈底釐清。

就本研究對朱子「《易》本卜筮之書」說之掌握，於之前已有詳述，在此爲要對比二家，再簡述之。其實在朱子的《語錄》言論中，已說得很清楚，然而，聽者不瞭解的仍然是不瞭解，因爲，「義理」學派都橫亙著一份自信，總認爲伏羲作《易》雖是「卜筮」爲始，但其中借陰陽之升降、顯隱，已反映出天道變化，並昭示著人事得失之理；因此，進一步堅信，人文素養已進步甚高，對《周易》的瞭解，早已跳脫「卜筮」的迷信與幼稚了；甚至他們會說，不用等到孔子的〈易傳〉，更早的《左傳》、《國語》的解說，也普遍存在「人文張昂」的自信了。也就是說，問題就出在朱子又云：「《易》本卜筮之書」的「本卜筮」的說法，是大家比較無法接受的觀點。而朱子不僅於此，又將傳《易》聖人之連續性區隔，導致文化斷層，朱子云：「今人讀易，當分爲三等，伏羲自是伏羲之

---

〔註220〕王夫之：《周易內傳發例》第一則，頁346。
〔註221〕王夫之：《周易內傳發例》第九則，頁358。
〔註222〕王夫之：《周易內傳發例》第二十五則，頁383。

易，文王自是文王之易，孔子自是孔子之易。」〔註223〕這些都是令熱愛文化且要積極傳承自許的王夫之所無法接受的，而必須指出朱子盲點之所在！

就瞭解朱子的《易》學觀點，本研究以錢穆先生的說明最為貼切，錢先生就於朱子「《易》分三等」之說，有很明確的掌握，他說：「此條可寬看，可緊看。若不泥殺看，只是分別《易》之三層次而依序讀之，斯可矣。若必緊看，必確認其是伏羲《易》、文王《易》與孔子《易》，則又復引人入歧。又必謂《易》經三聖，其義則一，則是歧而又歧也。」〔註224〕也就是說，錢穆先生特別將朱子所認為的《易》學源頭闡釋出，即從最早的，學界所共同承認的伏羲《易》，其創作目的就是為「卜筮」而用；因此，可以如此理解：「《易》本卜筮之書」之「本」字，其意就僅是「源頭」意，而說「源頭」本意並未否認《易》是可以有「義理」之內涵性，借勞思光先生的說法：「一事之如何發生是一個問題，一事有何種內含意義又是另一問題。」此即：「發生意義與本質意義」〔註225〕的差異。說「發生意義」，則《易》要為「卜筮而作」，是沒有人會反對，也不須反對；說「本質意義」，則因「卜筮」之舉，而產生人事義理的舉一反三之聯想，那是人類思想進步的原動力；當能區分此二項意義之分別時，則說伏羲《易》、說「《易》本卜筮之書」之朱子《易》學概念，就豁然開朗，而不需要再焦慮的認為朱子是詆毀聖經。

朱子自己也曾云：「《易》本卜筮之書。後人以為止於卜筮。」〔註226〕首先，要指出，就是深怕讀者將其關鍵之「本」字給疏忽了，接著，朱子「《易》本卜筮之說」認為，聖人見解並非僅是一脈相傳，倘若僅是一脈相傳，則後人只能承續前說，如此說來，則是認為伏羲氏作《易》之時，早就慧眼洞見，把未來時代的各種可能性，一舉道盡，這在時代發展現象來說，絕對不可能，而且也不必要；畢竟社會的發展取向，必然是由簡單到複雜，伏羲既是先民之祖，自然只能就其當時之簡單社會，提出簡單的作法，以便解決簡單的事情，如此而已；隨著社會的複雜化，也必然會產生非先民所能掌握的新事件，因此，後代聖人，若能秉持伏羲精神，必可再提出新的方法，所以說創新，是每時代之聖人，憑據其時代特殊性，去理解與詮釋《易》，再從中體會出其個人之《易》學

---

〔註223〕黎靖德編：《朱子語類》卷六十六〈卜筮〉，頁1629。
〔註224〕錢穆：〈朱子之易學〉，頁22。
〔註225〕勞思光：《新編中國哲學史（一）》，頁104～105。
〔註226〕黎靖德編：《朱子語類》卷六十六〈卜筮〉，頁1622。

價值觀；因此，伏羲《易》自是伏羲《易》、文王《易》自是文王《易》、孔子《易》自是孔子《易》等等說法，是各有其時代環境下及其個人理解的承續性與獨創性；所以，後人在解讀上，一方面要有相同包容的欣賞心胸，另一方面更要釐清那僅僅是其一家理解之特點，不要將其特點認爲是唯一，甚至就是伏羲一脈相傳的權威眞傳，當然，更重要的是，接棒者也要如斯之氣象。

由此來看，朱子不僅仍然尊重伏羲創作之功，也允許後人有進步空間；再者，更鼓勵人人都是具有獨創性，以及有包含性，如此可以棄除權威與傳統，達到「開放與詮釋」的無限進步空間。

依朱子的智性理解，必然相信學術是有時代性與限制性的，因此，伏羲作《易》的目的，就是只能相對於其所處時代的問題而展現其所解決的方法，理論上，伏羲《易》是有階段性的；然而，《易》之所以有令後人著迷的地方，是因爲《易》他是以一種抽象的形體、以一種不落言詮的方式呈現，所以可以提供後人隨著其時代需要、個人體驗以及企圖予以從中體會，以汲取價值，因此，接續者文王就在這種情形下，從伏羲《易》學再開展出新學問，發揮了所謂的文王《易》學，以便解決文王其時代的問題；當然，人類的演化，的確是有不斷的推衍的情形，到了孔子時代，最具體明顯的現象就是「禮崩樂壞」，孔子勢必有其新用心，以借文王《易》學來再呈現孔子的時代用心，那就是所謂的孔子《易》學的展現了！當然孔子之後也必然有再續者；〔註227〕在代代傳續與創造中，呈顯個人與時代價值。

朱子的《易》學論點與其時代課題之用心是有相互性的，即如何建構「新儒學」，以收拾散漫人心，並進而對抗佛、老之學，這是宋儒普遍用心，更是朱子積極企圖；此環境，不同於前代，此用心，也不同於他人；況且，《易》的形象，本身就是一種充滿允許「變化」的架構，提供各種解釋的條件，朱子云：「《易》則是箇空底物事，未有是事，預先說是理，故包括得盡許多道理。看人做甚麼，皆撞著他。」〔註228〕雖然從伏羲、文王、孔子，各有其時代用心，但是無可否認的是，伏羲一開始所呈現的《易》就已隱含提供可以多加發揮的空間，因此說一脈相傳，在此方面來看，並非無據，然而，一脈

---

〔註227〕勞思光説：「就學派之發展講，孔子創建儒學，規模既定而遺留如此問題，則後起者如能解答此二問題，又不違孔子精神方向，則即在客觀意義上爲代表此一思想主流者。」勞先生此説意義，頗能呼應朱子之説，贅述於此。見勞思光：《新編中國哲學史（一）》，頁157～158。

〔註228〕黎靖德編：《朱子語類》卷三十四〈加我數年章〉，頁355。

相傳，僅在工具的選擇是一脈相傳，至於賦予的內容以及所要面對的時代課題，絕對不是一脈相傳所能充分解釋的。朱子云：

> 易之爲書，更歷三聖，而制作不同。若庖羲氏之象，文王之辭，皆依卜筮以爲教，而其法則異。至於孔子之贊，則又一以義理爲教，而不專於卜筮也；是豈其故相反哉？〔註229〕

朱子提出爲什麼孔子義理《易》學與伏羲卜筮《易》學在表現方式不一樣。行文至此，我們就可以理解朱子對《易》學文化的認同上，因爲有傳承性以及其時代課題——對抗佛、老的任務，在此條件思考下，所展現的挑戰與回應，因此是著有時代性特質，當然也就難免有了工具目的上的限制。

　　相對於王夫之，其《易》學傳承性與朱子態度與信念，自應相同，但是其「時代課題」是——「明代解體、異族竄進」下的「天崩地解」之歎；因此朱、王彼此之間的治學重點已明顯不同。另外，王夫之的「四聖同揆」說來批評朱子《易》學，其實是站在擁護傳統文化，以消解新朝政帶來的可能壓力，是以說王夫之是一種對漢文化堅持的信仰了；其實這對朱子來說，也有同樣理念；二人在本質上，是有著「殊途同歸」的趨勢，只是在「時代課題」的不同上，因而導致在理解操作上，有著不同的進路而已。其實對於不同時代的不同性與進步性，王夫之也是有所認同的，其說：

> 洪荒無揖讓之道，唐虞無弔伐之道，漢唐無今日之道，則今日無他年之道多矣。〔註230〕

單看此條足以發現，王夫之也承認時代與所發生事物之課題是有必然連帶性，絕對不可能說前人可以預測未來，甚至幫後人規劃制度；因此，後人不用束縛於前人的架構下，而可以有配合新時代的新見解；王夫之更擴大來解讀爲時代的進步性，以爲明、清之際，提供了新思唯；然而，若再就《易》學來看，王夫之又言：

> 若夫《易》之爲道，即象以見理，即理之得失以定占之吉凶，即占以示學，切民用，合天性，統四聖人於一貫，會以言、以動、以占、以制器於一原，則不揣愚昧，竊所有事者也。〔註231〕

則又是認爲伏羲作《易》已是規劃完整，文王、周公、孔子，僅是就伏羲《易》

---

〔註229〕朱子：《朱文公文集》卷八十二〈書伊川先生易傳板本後〉，頁3842。
〔註230〕王夫之：《周易外傳》卷五〈繫辭上傳〉第十二章，頁250。
〔註231〕王夫之：《周易內傳發例》第三則，頁349。

學的再闡揚而已；兩者之理論，在互相比較後，可以發覺，在王夫之的思想中，一方面要標舉古道聖賢的完備性，一方面要承認時代的新創造思維性；這就是「前理解」下的「視界融合」。其實此見解的價值蘊涵，在朱子的《易》學體系中，與其所強調「《易》本卜筮之書」的內在涵義，何嘗不是如此。至於二家之差別，僅因「時代課題」之迥異，而產生「不同的理解」。

另外，值得一提的是，就王夫之《易》學理論建構中，都是由「【乾】、【坤】並建」的理論所推演，誠如吳龍川所說：「論其（王夫之）《易》學，則不止包括錯綜等卦爻結構，以及由卦變所產生諸般神妙變化——乃至太極等形上概念、相關論點，都必須從〈乾〉〈坤〉並建的角度加以詮釋。」〔註232〕在王夫之的「【乾】、【坤】並建」之主張裏，強調【乾】、【坤】兩卦相反相成，且不分先後。【乾】、【坤】不能分先後，這是因為天地萬物萬事都有陰陽兩方面，本無孤陰孤陽之時。王夫之云：

> 《易》之【乾】、【坤】並建，則以顯六畫之理，乃能顯者，爻之六陰六陽而爲十二；所終不能顯者，一卦之中，嚮者背者，六幽六明，而位亦十二也。十二者，象天十二次之位，爲大圓之體。太極一渾天之全體，見者半，隱者半，陰、陽寓於其位，故轂轉而恆見其六。【乾】明則【坤】處於幽，【坤】明者【乾】處於幽。《周易》並列之，示不相離，實則一卦之嚮背，而【乾】、【坤】皆在焉，非徒【乾】、【坤】爲然也，明爲【屯】、【蒙】，則幽爲【鼎】、【革】，無不然也。〔註233〕

王夫之此論，其中有三項論點，可依朱伯崑所言，大旨是，分從「體用、隱顯、分合」來說明。「體用」者，謂以【乾】、【坤】爲體，六十二卦爲用，以邏輯上的涵蘊關係解釋【乾】、【坤】與六十二卦的關係。「隱顯」者，云任何卦都有隱顯兩面，無孤陰或無孤陽之象。這一方面說明卦爻都有兩重性，一方面表示陰陽只有消長而無生滅。「分合」者，是指同一與差別相互依存，不可分割，論證六十四卦乃一整體。〔註234〕因此，就卦爻「隱、顯」來看，每一卦的「顯」必有相對的「隱」，所以，吾人不能依視覺上之認定而武斷所見

---

〔註232〕吳龍川：《王船山「〈乾〉〈坤〉並建」理論研究》（臺北：國立臺灣師範大學國文學系博士論文，2005年6月，岑溢成教授指導），頁10。

〔註233〕王夫之：《周易內傳發例》第七則，頁355。

〔註234〕朱伯崑：《易學哲學史》第四卷，頁94～97。

之「有、無」，反而應是體察其背後未「顯」之「隱」，方能眞掌握事物之本質，否則，天地萬物之豐富性，都將被眼睛、經驗、情緒等所給迷惑！由此看來，就王夫之《易》學理論，其實也要強調「包容」與「雅量」，以開擴心胸去接受未可知之事物之理；而這種觀點，與朱子「《易》本卜筮之書」說的精神，事實上又是相通的。

因此，若說朱子「《易》本卜筮之書」說，是朱子《易》學核心，則王夫之「【乾】、【坤】並建」說是其《易》學核心，而彼此之間，對於學術包含之雅量的信念，其精神是相通的。所以，吾人可以發現，王夫之對朱子的批評，其實是不必要的、是誤解的；徐世昌嘗云：「（王夫之）平生爲學，神契橫渠，羽翼朱子，力闢陸王；於《易》根柢最深。凡說經，必徵諸實，寧鑿毋陋，曩括百家，立言胥關於人心世道。」〔註235〕說「羽翼朱子」云云，就肯定朱子《易》學方面來看，此案語還是有再闡釋清楚的必要，因爲就《易》學精神來看，是有共同交集的，但是就「卜筮」觀的推衍，王夫之或許是誤解了朱子，導致二人的差異甚大，則是不爭事實。

朱伯崑先生曾就王夫之對朱子「卜筮」說的看法，有所說明，他說：「王氏對朱熹的批評，所謂尚占不尚學實乃誤解。所以有此誤解，由於朱熹易學吸收了圖書學派特別是邵雍的象數之學的觀點。」〔註236〕朱先生僅就朱子「圖書學」現象來說明，卻沒有將「《易》本卜筮之書」才是此問題的癥結點，作一明確分析，以及其中二家的的潛在的信念觀點，其實是存在著「殊途同歸」的趨向結構。

## 第三節　李光地對朱子「《易》本卜筮之書」說的翼護與誤解

李光地奉敕編《周易折中》與其私人著作《周易觀象》、《周易通論》等等，對於朱子的「卜筮」說，有著繼承性的闡揚，而闡揚的目的與康熙帝政治需求，是有著緊密的關聯性。

康熙帝爲治國與鞏固政權需要，「亟思以道統做爲治統之後盾，因此一方

---

〔註235〕徐世昌：《清儒學案》卷八〈船山學案〉（臺北：世界書局，1979 年 4 月 3 版），頁 1。
〔註236〕朱伯崑：《易學哲學史》第四卷，頁 17。

面刻意表現了對明學術、尤其是王學之極其詆毀；另方面則特意拉攏正統理
學，表現了以程朱爲尊的學術傾向，以示其所接續才是道統之正。」〔註237〕
因此，其編修《周易折中》之目的，即是由此立場出發，康熙帝云：

> 《易》學之廣大悉備，秦漢而後，無復得其精微矣！至有宋以來，
> 周、邵、程、張闡發其奧，唯朱子兼象數、天理，違衆而定之，五
> 百餘年，無復同異；宋、元、明至於我朝，因先儒已開之微旨，或
> 有議論已見漸，至啓後人之疑，朕自弱齡，留心經義五十餘年，未
> 嘗少輟，但知諸書、《大全》之駁雜，奈非專經之純熟。深知大學士
> 李光地，素學有本，《易》理精詳，特命脩《周易折中》，上律河洛
> 之本末，下及衆儒之考定，與通經之不可易者，折中而取之。〔註238〕

是知，就該書編纂出發點與目的，有著下列幾點可以釐清的：其一、自秦漢
以後之作，已無復得《易》學精微之義；其二、直至宋代以來，才又能闡發
《易》學奧旨，然而，五子治《易》偏重不一，朱子學究廣博，知象數、義
理均爲《易》學不可偏廢之要件，因此成爲元、明科舉取士之必讀書籍；其
三、明代雖有官修《周易大全》，取材依據雖能一秉朱子，然而朱子箇中要
義無識，因此內容駁雜，無法呈顯經典精神；其四、有鑑於上述不足或缺失，
因此，有必要重新編修經典，以提出價值標的，供新時代所依循。就此來看，
康熙帝的《易》學之學術立場是很鮮明的，而李光地既是奉敕編書，其立場
勢必要配合康熙帝需要，因而也以程頤、朱子《易》學爲本，所以《折中》
在〈凡例〉第6則，云：

> 朱子之學，出自程子，然文義異同者甚多，諸經皆然，不獨《易》
> 也。況《易》則程以爲聖人說理之書，而朱以爲聖人卜筮之教，其
> 指趣已自不同矣。然程子所說，皆脩齊治平之道，平易精實，有補
> 學者，朱子亦謂，所作《本義》簡略，以義理程《傳》既備故也。
>
> 〔註239〕

由此觀之，可以獲悉《折中》首先認爲《程傳》與《本義》二書在闡釋儒學
過程，或許採取進程並非一致，可是就於《易》學價值上，是不分軒輊的；

---

〔註237〕張麗珠師：《清代新義理學——傳統與現代的交會》〈紀昀反宋學的思想意義〉
（臺北：里仁書局，2003年1月），頁85。
〔註238〕李光地編：《御纂周易折中》康熙帝〈序〉，頁1～4。
〔註239〕李光地編：《御纂周易折中》〈凡例〉，頁38～39。

再者，論述朱子自己所認爲程《傳》義理已備，因此作《本義》僅是要略補程《傳》所不足之處，即「卜筮」立場的闡明而已。至於，《折中》之所以將朱子的《周易本義》說列爲最前，是有其根據的，在〈凡例〉第 4 則，云：

今所收，上自漢、晉，下迄元、明，使二千年易道淵源，皆可覽見。

列朱《義》於前者，《易》之本義，朱子獨得也。〔註240〕

朱子之作已得《周易》本義。至於，所謂《易》之本義爲何？《折中》於〈綱領二〉有引朱子之說，以證《折中》之安排爲正確之舉；朱子云：

上古之時，民心昧然，不知吉凶之所在，故聖人作《易》教之卜筮，使吉則行之，凶則避之，此是開物成務之道。〔註241〕

聖人作《易》，本是使人卜筮，以決所行之可否，而因之以教人爲善。

〔註242〕

由此可知，所謂的《易》之「本義」即是卜筮說的體認，用以指導蒙昧民心，進而開物成務之結果。

康熙帝與李光地既然是如斯的認識朱子「卜筮」說，因此，當就《折中》之〈凡例〉與〈綱領〉之現象來看，的確是可以斷定，李光地即是遵循朱子學，並進而充當闡翼者，曾春海說：「可見李光地的易學立場是尊崇朱子易學的，這是他尊朱學立場的貫徹。吾人由其《尊朱要旨》之作，表明了他一生是尊崇朱子學的。」〔註243〕然而，尊崇是一回事，能否如實掌握朱子《易》學，則又是一回事；本研究於前所述朱子「《易》本卜筮之書」說的豐富蘊涵，從當時學者就無法明瞭，則後代學者，諸如王夫之者，又眞能如實瞭解？因爲傳統學者一直先有橫亙《經》書的權威價值之成見，導致容許不了對《經》書的負面批評的觀點；因此同樣就朱子「卜筮」之說的蘊涵，果是李光地所瞭解的嗎？會不會也是在尊崇朱子學，但又「焦慮」「《易》本卜筮之書」之下，企圖作一闡釋，以幫朱子解套，更幫《易》之學術傳統解套？此爲本研究所要探討的旨趣；接著，即以此基礎下，收集李光地相關言論，以進一步掌握，李光地所理解的朱子「《易》本卜筮之書」說，究竟是如何的面貌。

〔註240〕李光地編：《御纂周易折中》〈凡例〉，頁 36～37。
〔註241〕李光地編：《御纂周易折中》〈綱領〉，頁 84。
〔註242〕李光地編：《御纂周易折中》〈綱領〉，頁 85。
〔註243〕曾春海：〈李光地的易學初探〉收入江日新編：《清代經學國際研討會論文集》，頁 197。

## 一、李光地對朱子「卜筮」說的翼護

　　康熙帝學識淵博，既是經學專家，且於《易》學也頗有所研究，則其觀點勢必會有影響於李光地，康熙帝《周易折中・凡例》第5則，云：

> 然《易》之爲書，實根於象數而作，非他書專言義理者比也。但自焦贛、京房以來，穿鑿太甚，故守理之儒者，遂鄙象數爲不足言，至康節邵子，其學有傳，所發明圖卦蓍策，皆《易》學之本根，豈可例以象數目之哉！故朱子表章推重，與程子並稱，《本義》之作，實參程、邵兩家以成書也。後之學者言理義、言象數，但折中於朱子可矣。〔註244〕

就康熙帝此段簡易的《易》學史觀來看，康熙帝是積極主張《易》是要象數學來作爲基礎的，以便指出一般儒者倡言義理者是會游談無據之失，但是他所認爲的象數，並非兩漢占術的穿鑿之學，而是邵雍「圖書學」；簡單的講，圖書象數是《易》學之根，義理人事是《易》學的運用，而能融合此二項，足以展現《易》學之學者，即是朱子，因此，康熙帝認爲，朱子《易》學，即是標準依歸之所在。李光地身處如此之政治環境，以及帝王如此之學術主張，若要佔一席之地且有相當份量的發言權，則必然要配合闡述；李光地云：

> 學《易》之至者，無如孔子。……京房、焦贛，數之賊也；輔嗣、康伯，義之蠹也；邵氏出而洩圖之秘，程子生而闡道之微，於是羲皇之所以觀察而作，文周之所以憂患而興，孔子之所以假年而學理義象數，如日斯揭然，是二子之書者，微朱子亦孰與尊信而表章之哉！且邵子之書理精矣，而主於推步與卜筮異，程子之書義備矣，而主於論道與象占殊；是於作《易》之本，學《易》之要，蓋猶有所未發焉者，至於朱子一以占筮舉其概，所以釋《易》者，甚近且淺，而至精之理無不存也，至變之用無不周也，至神之機無不寓也。
> 〔註245〕

《易》學價值與標準，就是從孔子開始，因此，後代繼承者是否有治學成就，只要將孔子標準一對照，就能呈現。依李光地的看法，邵雍圖書繼承著孔子象數之妙，程頤《易傳》發揚著孔子義理之精，而朱子《本義》是爲集二家之大成。李光地除了與康熙帝有相似的見解之位，更於此說明朱子之所以能

〔註244〕李光地編：《御纂周易折中》〈凡例〉，頁38。
〔註245〕李光地：《榕村集》卷十五《文淵閣四庫全書本》冊1324，頁740。

得「折中」之條件，那是因爲朱子標舉「《易》本卜筮之書」，將「卜筮」的
蘊涵予以闡發，即所謂的：「至精之理無不存也，至變之用無不周也，至神之
機無不寓也。」或許，此說的意義，吾人可以取用蔡方鹿之說朱子治學的「經
典詮釋方法」，〔註246〕來應證之；其中有所謂「歷史還原法」，即是：「是指從
考查經典形成的歷史背景出發，客觀地指出經典產生的原始本意，然後以此
來詮釋經典並衡量、評判以往對經典的詮釋是否符合歷史上經典產生的原貌
的經典詮釋方法。」有所謂的「因時結合法」：「是指把繼承與變通相結合的
經典詮釋法。其中因指因循、繼承；時指隨時而變通、變革，以適應社會發
展的需要。」另外，還有「古爲今用法」：「是指在經典詮釋中，取古代經書
的內容爲朱熹所處時代的思想理論的建構作論證的一種詮釋方法」等等；至
於，朱伯崑先生亦有所解的說：「此卜筮之書中存在著天下事物之理，需要後
人揭示和闡發。」〔註247〕二人所說的要義甚明，都在肯定朱子的「伏羲作卜
筮」說，以蘊涵無限資源，端看後人如何去汲取；相信此理念是貼合李光地
的觀點的。另外，李光地還進一步說明朱子「卜筮」說的存在價值原因，以
及之所以成爲後學治學依據，那就是能闡明伏羲作《易》之旨，並進而配合
時代之課題作最有利之解讀與應用，李光地說：

> 漢以來說《易》者直以聖人作易，特爲道陰陽消長，洩造化之妙耳，
> 雖知其資於卜筮，然不以爲本指也，至朱子始以伏羲作《易》，正爲
> 卜筮而設，其時風氣未開，民俗淳質，未知趨避吉凶，則第使之知所
> 趨避而已；暨乎中古，淳質漓而詐僞滋，趨避益巧，但知有吉凶，而
> 不知有義理，則失伏羲教人之本意，故文王、周公作〈象〉繫〈爻〉，
> 示人以中正仁義之歸，故曰其衰世之意耶，蓋因俗化之衰，而彌縫之
> 使其淳也。然文、周之蘊，莫之能發，是以《易》象雖存而大義乖，
> 仍浸淫于術數，孔子於是推極文、周繫辭之至隱，發揮道德性命於〈十
> 翼〉之中，然後知《易》果非占卜之小數，而義理之微言也。由此言
> 之，伏羲教人趨吉避凶之心，即其教人舍惡從善之心，文王、周公中
> 正仁義之教，即其使人不迷於吉凶悔吝之教，夫子發文、周之心，闡

----

〔註246〕蔡方鹿：《朱熹經學與中國經學》（北京：人民出版社，2004 年 4 月），頁 545
　　　　～555。蔡先生的方法論中，除了後敘三種以外，還有一種：「訓詁與義理相
　　　　結合法」，此一方法在朱子《周易本義》的注解操作中，有實際運用；然在此
　　　　解讀李光地之說，姑且不用。
〔註247〕朱伯崑：《易學哲學史》第二卷，頁 487。

義理之微，即其所以洩羲皇之秘，極前用之道也。世更三古，教以時施，然其爲心，豈有二哉！自溺於文辭者，既不察夫立象之本，拘於象數者，又不適乎典禮之中，《易》之道泯泯棼棼，而幾乎熄，非周、程發其理，邵子傳其象，朱子復推卜筮之指，以還《易》之本教，則雖欲知四聖之心，其孰從而求之？然至于今，尚有執朱子三聖之《易》不同之說，而欲各以意求之者，其蔽比於肆且拘者而滋甚，彼蓋不善觀朱子之說，而以言害辭、辭害意之失也。故此贊之序三古，源委相接而卒之，曰：四聖一心，此可以爲朱子之定論矣。〔註248〕

案：此文大旨可分析如後：第一、首述漢代以來，雖知《易》之形式是卜筮之書，但卻不知卜筮所蘊涵之意義。第二、接著要說，直至朱子特加闡明後，方信伏羲、文王、周公、孔子等四聖，對於《易》之價值之掌握，不僅是一脈相傳，且各有隨其時代課題，賦予合乎運用之價值。第三、要批評漢、魏以來之學人，昧於對卜筮之不識，或僅說象數、或溺於文辭，都是失於一偏，無法確實掌握《易》之卜筮說的意義。第四、直至兩宋時期，從周敦頤、程子、邵雍的再理解，以至於朱子的慧眼闡微，終於能將《易》之卜筮蘊涵發揚，千年來之陰霾一掃而淨。第五、然而就李光地當時，又有學人，無識朱子「《易》本卜筮」之說的意義，還認爲朱子是割裂先秦四聖《易》學之說，詆毀聖學，李光地認爲，那根本就是大發厥詞，並無識於朱子《易》學。

以上之說，可以顯見就李光地的《易》學史觀，特別是「義理」方面，是從伏羲到孔子一階段，兩宋是一階段，直至康熙帝、李光地又是一階段，此三段是彼此都是可以掌握《易》學源頭價值，至於其他朝代——漢、魏、唐——之學者，都是失於一偏，沒有如實掌握《易》學核心價值。李光地於《周易通論》〈易本〉章時，又強調說：

間嘗論《易》之源流，四聖之後，四賢之功爲不可掩。蓋自周子標太極之指，邵子定兩儀以下之次，而伏羲之意明，程子歸之於性命道德之要，其學以尚辭爲先，而文、周之理得，朱子收而兼用之，又特揭卜筮以存《易》之本教，分別象占以盡《易》之變通，於是乎，由孔聖以追羲文，而《易》之道粲然備矣。〔註249〕

李光地對於《易》學「四聖」之承、「四賢」之傳，可謂堅信，此說足以當爲

---

〔註248〕李光地：《榕村集》卷九〈述旨贊〉，頁 664～665。
〔註249〕李光地：《周易通論》卷一〈易本〉《文淵閣四庫全書本》冊 42，頁 538。

上文之簡略再總結。另外，〈述旨贊〉之原文甚長，本研究之所以贅引，蓋因：
一者、近來之學者都沒有引用，再者、是李光地所謂的：「然至于今，尚有執
朱子三聖之《易》不同之說，而欲各以意求之者，其蔽比於肆且拘者而滋甚，
彼蓋不善觀朱子之說，而以言害辭、辭害意之失也。」本研究以爲，或許就
是在批評王夫之、或與王夫之的論點相似之學者。

　案：朱子之「《易》本卜筮之書」說，有一個明確的結論，即：「孔子之
易，非文王之易，文王之易，非伏羲之易，伊川易傳，又自程氏之易也。故
學者且依古易次第，先讀本爻，則自見本旨矣。」〔註250〕而王夫之認爲朱
子此說在割裂《易》學一脈相蓄之旨意，因此，有明確批評觀點，王夫之云：

> 朱子學宗程氏，獨於《易》焉，盡廢王弼以來引伸之理，而專言象占，
> 謂孔子之言天、言人、言性、言德、言研幾、言精義、言崇德廣業者，
> 皆非羲、文之本旨，僅以爲卜筮之用，而謂非學者之所宜講習。其激
> 而爲論，乃至擬之於《火珠林》卦影之陋術，則又與漢人之說同，而
> 與孔子〈繫傳〉窮理盡性之言，顯相牴牾而不恤。〔註251〕

王夫之此說之討論，已見於〈王夫之占筮說〉，於此不另再論。至於，李光地
所認爲的王夫之對朱子的批評，根本就是誤解了朱子，其實朱子《易》本卜
筮說，也是要證明「四聖一心」，如此一來，與王夫之「四聖同揆」說，其價
值目的，兩者是有共通的；也就是說對於《易》學的傳承是沒有中斷之慮的，
依李光地之說，看來王夫之等人，其焦慮是多餘的。敘述至此，吾人可以獲
知一概念：即、李光地者，就朱子「《易》本卜筮之書」的看法，他是信心滿
滿，甚至自期是數百年後之最佳繼承人。李光地又說：

> 夫孔子嘗言《易》矣，曰：「和順於道德而理於義，窮理盡性以至
> 於命。」則謂《易》言理是也。然本畫卦繫辭之初，則主於卜筮
> 以明民，非如他書直闡其理、直述其事者也。朱子深探其本，作
> 《本義》一編專歸卜筮。然而至今以爲訾謷，蓋恐狹《易》之用
> 小，《易》之道而使經爲伎術者流也。殊不知，《易》之用以卜筮
> 而益周，《易》之道以卜筮而益妙，而凡經之象數辭義，皆以卜筮
> 觀之，而後可通。〔註252〕

---

〔註250〕黎靖德編：《朱子語類》卷六十七〈易三〉〈綱領下〉〈三聖易〉，頁1648。
〔註251〕王夫之：《周易內傳發例》第3則，頁349。
〔註252〕李光地：《周易通論》卷一〈易教〉，頁539。

李光地又強調《易》書與一般談理說義之書不同，也唯有掌握《易》之卜筮，其擁有無限蘊涵內容之特質，專待後學者去汲取與體悟，依此，才能充分對《易》學的完成瞭解，也才能知悉孔子用心之瞭解；當然，如此順勢而言，也才能對朱子積極用心之瞭解，而瞭解朱子者，即李光地也！

　　總之，就李光地所體會的「卜筮」與《易》的關係，我們可以用呂紹綱的說法，來認識李光地；呂先生說：

> 第一，《易經》本身就是哲學與卜筮的矛盾與統一體。哲學從卜筮中產生，成為卜筮的對立物，却又不能不用卜筮做為軀殼包容自己。哲學這理性的東西竟穿著反理性的外筮外衣，在當時的歷史條件下，與其說是由於不得以，不如說是出於需要，因為罩著卜筮外衣的哲理更合乎理性。第二，在古代，哲學固然以它的理論統率著時代的精神，指導著人們的總的思想趨勢，但是相比之下，作為宗教之一種的卜筮，具有更直接更現實的社會價值，統治者失掉它，無異於失掉整個社會。統治者借用卜筮（還有祭祀）之神道以教化百姓，其神奇的妙用，簡直不可名狀。〔註253〕

呂先生的說法簡單的理解是，就當時之時代性，庶民的接受性，及統治者的治國權宜性等方面，來看《易》與「卜筮」之關係；類似呂先生的看法，幾乎是《易》學主流觀，但是本研究要指出一點是，這種主流意識，其實是以領導者觀點來看廣泛的庶民，其思考著如何才能導向對國家最有利的措施，而李光地的政治身份，最具此觀點的執行意識，因此說，呂紹綱的說明是合乎李光地的想法。

　　針對朱子《周易本義》的闡釋，李光地除了配合康熙帝之命令，於《周易折中》有相關討論之外，李光地對「卜筮」說的進一步闡釋，尚有申論，李光地說：

> 遵《本義》說《易》，自應分別「象」、「占」兩字明白。然「象」必有所自來，卦爻所具之才德、時位是也。「占」必有所施用，大而行師建國，細而婚媾征行，與夫舉一端以包其餘，言大包細，言細包大者。近講名曰尊朱，而絕無復根據卦畫包涵人事之意，卦卦爻爻，皆硬作君臣等樣人物分派，鑿空杜撰，詭怪披猖！〔註254〕

---

〔註253〕呂紹綱：《周易闡微》（長春：吉林大學出版社，1990年8月），頁290。

〔註254〕李光地：《榕村語錄》卷九〈文淵閣四庫全書本〉冊725，頁135。

再度強調他的觀點絕對是直承朱子《本義》而來，要掌握《易》的「象」，才能掌握「理」的源頭；要掌握《易》的「占卜」，才能掌握《易》是如何指導人事之用。李光地更於此要批評其他學人，誤解朱子「卜筮」無限包容的學理，只能執著於九五必是君位、六二必是臣位，限制《易》學妙用，真可說是「鑿空杜撰，詭怪披猖」，李光地此時之措詞，可謂相當強硬，出此可知，李光地羽翼闡發朱子《易》學的自我期許心，是相當積極的，概有百年以來、天下一人之氣勢矣。

李光地為能證明朱子「《易》本卜筮之書」的說法，也採用了「生平繫年法」，認為朱子此說，是其晚年時，擁有學術雄厚涵養時的定論，李光地說：

> 朱子晚年而雅自信於《易》卜筮、《詩》雅鄭之說。夫卜筮之為本義不可易矣，然象爻辭之根於理，而用於占，則相為本末，不可偏廢。
> 〔註255〕

惟有掌握《易》本卜筮之書的體會後，無論說象數、說義理，才是有具體根據；李光地之堅信與自詡，足以證之在《易》學史的傳承上，李光地是自認為真正瞭解的接班人。

## 二、論李光地誤解朱子「《易》本卜筮之書」說

對於朱子「《易》本卜筮之書」說的問題，從朱子當時的學人，就是討論的熱門焦點；當然更不用說在後代學者的立場，也是亟需評議一番，畢竟朱子之學術地位太崇高了，而「《易》本卜筮之書」說又太突兀了！李光地之闡述與羽翼之苦心，也就是在此學術環境下，必然應行的工作。然而，「此一述朱，彼一述朱」學術詮釋與解說者的用心企圖下，果真如實瞭解朱子？

### （一）以「神道設教」說「《易》本卜筮之書」是無法呈現朱子《易》學價值

李光地所理解朱子主「《易》為卜筮說」之意的另一方面的運用，尚有一點值得探討，那就「神道設教」的觀點。李光地於《周易通論》曰：「《易》言理是也，然畫卦繫辭之初，則主於卜筮以明民，非如他書直闡其理，直述

〔註255〕李光地：《榕村集》卷十五〈朱呂說詩論〉，頁747。

其事者也。」〔註256〕又於《榕村語錄》說:「《易》不是爲上智立言,却是爲百姓日用,使之即占筮中,順性命之理,通神明之德。《本義》象數宗邵,道理尊程,不復自立說,惟斷爲占筮而作,提出此意,覺一部《易經》字字活動。……朱子提出占筮,平正、活動、的確。」〔註257〕可見李光地對朱子「《易》本卜筮之作」的理解:即是「神道設教」以化育百姓的權宜之策。

然而,所謂「神道設教」之說,於【觀】〈象傳〉有云:「觀天之神道,而四時不忒;聖人以神道設教,而天下服矣。」至《易緯》〈乾鑿度〉則闡釋甚明,其云:

> 孔子曰:上古之時,人民無別,羣物未殊,未有衣食器用之利,伏犧乃仰觀象於天,俯觀法於地,中觀萬物之宜;於是始作八卦,以通神明之德,以類萬物之情。故《易》者,所以斷天地,理人倫,而明王道。是以畫八卦,建五氣,以立五常之行;象法乾、坤,順陰陽,以正君臣、父子、夫婦之義,度時制宜,作爲罔罟,以佃以漁,以贍民用。於是人民乃治,君親以尊,臣子以順,羣生和洽,各安其性,此其作《易》垂教之本意也。〔註258〕

雖然,據《四庫提要》的說明,認爲〈乾鑿度〉一書,絕對是後人僞造的,〈提要〉云:「隋、唐志《崇文總目》皆未著錄,至宋元祐間始出。」〔註259〕即由目錄學上的資料,即可輕易辨識。但是,對於上述內容的引用,尤其是「作《易》垂教之本意」的效果描繪,在歷來的《易》學著作中,却是頻頻出現;從唐・孔穎達《周易正義》〈第一論易之三名〉,到清末皮錫瑞《易學通論》〈論伏羲坐易垂教在正君臣父子夫婦之義〉,均從〈乾鑿度〉有所引用;一個是以官方立場,促成科舉學子必讀的書籍,一個是清末國勢動蕩不安,最有改革意識的今文學派之健將,然而對於「神道設教」的認同,卻是有共同的看法。也就是說,《易》之「神道設教」的價值,是學界普遍的觀點,因此,由此點來說朱子《易》學中「《易》本卜筮之作」是爲「神道設教」,且是朱子最得《易》之「本義」云云,平心而論,根本見不到有朱子創新之意,以此肯定朱子者,殊無公信力!此爲李光地根本無識朱子《易》學中「《易》本卜筮之

---

〔註256〕李光地:《周易通論》卷一〈易教〉,頁539。
〔註257〕李光地:《榕村語錄》卷九〈周易一〉,頁133。
〔註258〕鄭玄注:《乾坤鑿度》〈乾鑿度〉卷上《文淵閣四庫全書本》冊53,頁866。
〔註259〕紀昀等編:《四庫全書總目提要》卷六《經部六・易類六》,頁110。

作」的眞正意涵之證中，其中一點。

## （二）從「經、傳分編」與「經、傳互證」的差異性論李光地誤解朱子「卜筮」說

朱子的「《易》本卜筮之書」說與採用「經、傳分編」的版本依據，彼此之間是相互呼應的；然而，就此兩項觀點中，後人要瞭解朱子的「《易》本卜筮之書」說的眞正蘊涵，可能常有誤判的情形發生，而導致未必如實理解，但是針對「經、傳分編」的版本排序，要在形式上效法，就比較沒有問題。例如，顧炎武於《日知錄》卷一作〈朱子周易本義〉條，也積極主張是要回復《周易》原始版本，〔註 260〕又說：「復程、朱之書以存《易》。」〔註 261〕即是明確將《經》《傳》分開；但是，顧炎武的看法僅是要復古而已，並沒有眞正瞭解朱子是要避免義理相混，以便呈現從伏羲《易》、文王、周公《易》、孔子《易》等各自不同的治學用心，以及聖人相承之學統；〔註 262〕這在顧炎武的學術中是無察覺出朱子的用心。這種僅注意到現象，而冒然言效法者，就在李光地的《易》學概念上，也是如此，以《周易折中》所處理的想法與操作模式，就是如斯的結果；在《周易折中》〈凡例〉第 1 則，云：

> 《易經》二篇，〈傳〉十篇，在古元不相混。費直、王弼乃以傳附經，而程子從之，至呂大防、晁說之、呂祖謙諸儒，以爲應復其舊；朱子《本義》所據者，祖謙本也。明初，程《傳》、朱《義》並用，而以世次先程後朱，故脩《大全》，書破析《本義》以從《程傳》之序。今案《易》學，當以朱子爲主，故列《本義》於先，而經、傳次第，則亦悉依《本義》原本，庶學者由是以復見古經，不至習近而忘本也。

〔註 260〕顧炎武著，黃汝成集釋：《日知錄集釋》〈朱子周易本義〉條說：「洪武初，頒五經天下儒學，而易兼用程朱二氏，亦各自爲舊。永樂中修大全，乃取朱子卷次，割裂附之程傳之後。」（臺北：世界書局，1991 年 5 月 8 版），頁 2。

〔註 261〕同上條引。汪學群《清初易學》認爲：「顧氏爲學尚古，因此對朱熹復古之功給予肯定。」頁 298。就現象來說，「復古」僅是手段，並不是目的，因此，汪先生此說，不足以道出顧炎武《易》學價值。

〔註 262〕朱子的古《易》版本，其實與其「易本爲卜筮之書」的主張有連帶關係，其目的是希望學者不要被權威迷惑，而僅以爲四聖僅是相承，如此一來，各時代的學者用心，將無法呈顯；因此，朱子提出「易本爲卜筮之書」，接著強調古《易》版本，是要確定時代治學者的價值與開放詮釋的包容。由此來考察顧炎武之認同朱子古《易》版本說，其實顧氏是不了解朱子用心。至於詳細論證，有待專篇討論。

〔註263〕

其後之《四庫提要》介紹《周易折中》價值時，即說：「至於經、傳分編，一從古本，尤足正費直以來，割裂綴附之失焉。」〔註264〕就是清朝政府站在一致觀點的認同上，而作彼此相互唱和；在他們的見解中，明顯的就是繼承了顧炎武的看法。諷刺的是，顧炎武於政治上「反清」了大半輩子，結果他的《易》學理念，竟被所反對的異族體制給發揚光大！

然而，本研究認為，朱子「《易》本卜筮之書」所要呈現的各種價值：「一則、是學理上的還原工作，再則、是破除權威的自由思維，最後、是進步與開放的闡釋精神。」就學理上，是強烈充滿著包容雅量的學術開放性。朱子云：

> 且須熟讀正文，莫看注解。蓋古易，彖象文言各在一處，至王弼始
> 合為一。後世諸儒遂不敢與移動。今難辛說，且須熟讀正文，久當
> 自悟。〔註265〕

以朱子之意認為，唯有回到最早期《周易》「經、傳分編」的原貌上，才不會以後起之說干擾原有舊說，也才不會以後人之說視為唯一之說，而產生權威般的信仰；當如此觀念具備了，才能有充分的雅量，去接受不同見解，也鼓勵著後學者，也有著時代創造力。

因此，說「經、傳分編」之主張，其實是要證明，以說「經、傳」彼此的獨立性質。今試從《周易本義》注中檢索，可證朱子學之包容客觀性云云。

朱子於《周易本義》中有四條注是直接云：「繫辭備矣。」是為【否】九五、【解】六三、【解】上六、【困】六三；乍看之下，或許也會令人提出質疑說，朱子也是「以傳解經」的態度。但是，本研究要指出的是，在「經、傳」版本分合模式中，〈繫辭傳〉一直都是獨立，未曾與「經」合刊的情形；因此，這與朱子的「版本」復古之主張上，是沒有衝突者；當然，就〈易傳〉是「各時代的其中一家」的概念時，必有其參考價值，也就是說，朱子對於〈易傳〉若有甚好之注解時，並不排斥，仍然符合其認為是一家之注之觀點中，這並不違反朱子「版本復古」「經傳分編」說。

況且《周易本義》所採用的參考資料中，是充滿著「眾聲喧嘩」的多元概念，不僅有朱子所說的：「看〈易傳〉，若自無所得，縱看數家反被其惑。……

---

〔註263〕李光地編：《御纂周易折中》〈凡例〉，頁 35。
〔註264〕紀昀等編：《四庫全書總目提要》卷一《經部一・易類一》，頁 2。
〔註265〕黎德靖編：《朱子語類》卷六十七〈朱子本義啟蒙〉，頁 1654。

今有伊川《傳》，且只看此尤妙」的直接印證於注解中，還有多爲學者能言之的：「《程傳》備矣」說之外，另外還有引用《春秋》、《毛詩》、《周禮》、《荀子》、《莊子》、《韓非子》、《史記》、《漢書》、《魏志》、董仲舒、王肅、郭璞、王昭素、張載等等引證資料，甚至在《朱子語類》還記載引佛家「圭峰禪師」之說；〔註266〕由此可證，朱子於〈易傳〉的引用是與其他諸家的引用一樣，凡是合乎《易》學經典之佐證者，皆可納入，足證，均符合其包容與開創之雅量觀點中。〔註267〕

　　然而，吾人考察《周易折中》之編排，雖是採取「經、傳分編」的朱子古版，但是，在李光地的〈案語〉中，卻可以看到「以傳解經」的說法，也就是說，李光地仍離不開王弼以來所立下之權威標準心態，而不是朱子所標榜的客觀與包容心態。

　　檢索《周易折中》李光地案語，單就卦、爻本《經》，至少可得以下 24 則的說明中，仍舊依照「以傳解經」的說法，而且，充滿著「孔子」的單一與權威標準：

【坤】卦：「後得主，當以孔子〈文言〉爲據。」（頁 155）

【需】九五：「〈象傳〉特舉此爻，以當彖辭之義，而〈大象傳〉又特取此爻爻辭，以蔽【需】義之全。」（頁 200）

【小畜】卦：「〈象傳〉尙往，謂陰氣上升。」（頁 240）

【泰】九二：「此爻以夫子〈象傳〉觀之，須以包荒兩字爲主。」（頁 267）

【泰】六四：「然以〈象傳〉上下交，而其志同觀之，則四、五正當君相之位，卜爻之主，兩爻〈象傳〉所謂中心願也。」（頁 271）

【謙】卦：「夫子〈象傳〉所以不舉者，因周公爻辭與彖辭同。」（頁 306）

【謙】六四：「案：『无不利撝謙』，《本義》作兩句《程傳》作一句，觀夫子〈象傳〉則程說近是。」（頁 311）

【觀】上九：「正所以見聖人省身察己，始終如一之心，故〈象傳〉發明之曰：『志未平也。』」（頁 366）

【賁】六四：「〈象傳〉謂之疑者，此也。」（頁 384）

【剝】初六：「案俞氏之說，是以蔑字屬上句讀，蓋自〈象傳〉滅下看出，亦可備一說。」（頁 392）

---

〔註266〕黎德靖編：《朱子語類》卷六十八〈易四〉〈乾上〉，頁 1685。

〔註267〕詳細討論，請見本研究第八章〈解《易》方法〉第一節之「朱子」部份。

【无妄】六二：「〈象傳〉以未富釋之，正謂其無望穫之心。」（頁 413）

【大畜】上九：「〈雜卦〉云大畜時也，正謂此也。」（頁 427）

【頤】卦：「與夫子〈象傳〉語意尤合也。」（頁 431）

【大過】初六：「〈繫傳〉云：茅之爲物，薄而用可重也，正對棟爲重物、重任而言。」（頁 446）

【大壯】九三：「案：京氏以下諸家說用罔，與《傳》、《義》異，以夫子〈小象〉文意參之，諸說近是。」（頁 516）

【家人】六五：「案：假字訓感格，諸說皆有明證，可從何氏之說，於〈象傳〉之義尤爲浹洽也。」（頁 550）

【蹇】九三：「以孔子〈象傳〉觀之，則傳義理長。」（頁 570）

【解】六三：「案：〈繫辭傳〉釋此爻云，盜斯奪之者，奪負乘之人也。」（頁 584）

【益】九五：「案：勿問二字，呂氏說是，觀孔子〈象傳〉可見。」（頁 613）

【萃】六三：「案：以〈象傳〉觀之，吳氏、俞氏之說是也。」（頁 648）

【鼎】上九：「《易》中〈大象〉言天命者，亦惟此兩卦。」（頁 710）

【巽】上九：「〈說卦〉齊乎巽，齊斧者，所以齊物之斧也。」（頁 790）

【中孚】九二：「〈繫辭傳〉兩言況其邇者乎，然後推廣而極言之。」（頁 824）

【既濟】初九：「觀夫子〈象傳〉可知。」（頁 847）

　　由以上資料可證，雖然討論的是卦、爻辭，但是仍然不脫「以傳解經」的強大歷史共識，所使用已包含〈十翼〉了，有〈象傳〉5 次、〈大象〉1 次、〈小象〉13 次、〈繫辭〉2 次、〈文言〉1 次、〈說卦〉1 次、〈雜卦〉1 次，並且常言：「當以孔子爲據」、「觀夫子之說」云云，是知權威與標準，是來自孔子〈易傳〉的看法，甚至，李光地還說：「學《易》之至者，無如孔子。」〔註 268〕由此可證，「孔子作《易傳》」，《易傳》是解《易》之唯一標準的信仰，是穩定的存在李光地腦海中。

　　李光地另有《周易觀象》著作，仍是採用「經傳合一」的方式，足證其無識朱子《易》學。又著《周易通論》有言〈論經傳次序仍王本〉，其以自問

─────────

〔註 268〕李光地：《榕村集》卷十五〈卦爻通辭論〉，頁 740。

自答方式進行，云：

> 「朱子既復《經》〈傳〉次序，今不遵之而從王弼舊本何也？」曰：
> 「朱子之復古《經》〈傳〉也，慮四聖之書之混而爲一也，今之仍舊
> 本也，慮四聖之意之離而爲二也。蓋後世之註《經》也，文義訓詁
> 而已，而又未必其得，故善讀《經》者，且涵泳乎《經》文，使之
> 浹洽，然後參以注解，未失也。」〔註269〕

由此觀之，李光地的看法不僅與王弼觀點同，更是與王夫之「四聖同揆」之
看法仍然是相互輝映而前後一致的。

顧炎武曾指出：「永樂中修大全，乃取朱子卷次，割裂附之程傳之後，而
朱子所定之古文，仍復殽亂。」〔註270〕《四庫提要》亦說：「然割裂《本義》
以附《程傳》自宋董楷已然，不始於永樂也。」〔註271〕可知自南宋以後之學
者，一方面說要承朱子學，另一方面又不離「以傳解經」的傳統束縛；相較
之下，《周易折中》得以拋棄時代成見，跳過元、明二代思維，具體採用「經
傳分編」的版本，可知李光地是擁有較好的學術眞理嗅覺的；但是，卻又於
其私人著作仍採用「以傳解經」。至此，吾人可以明確得出，所謂的《周易折
中》所標榜的：「今案《易》學，當以朱子爲主，故列《本義》於先，而經、
傳次第，則亦悉依《本義》原本，庶學者由是以復見古經，不至習近而忘本
也」云云，僅是皮相之云，僅是復古、崇古之保守心態，絲毫無識於朱子《易》
學所蘊涵的豐富義理。

---

〔註269〕李光地：《周易通論》卷一〈論經傳次序仍王本〉，頁539。
〔註270〕顧炎武著，黃汝成集釋：《日知錄集釋》〈朱子周易本義〉條，頁2。
〔註271〕紀昀等編：《四庫全書總目提要》卷一《經部一‧易類三》，頁27。

# 第四章　卦變說

　　「卦變」說是解讀《易》學中的重要條例，這是《易》學史上的普遍共識，是以自兩漢以降，諸《易》學家莫不殫盡心力，意圖建構一完善的解《易》體系；就其正面意義來說，那是：「立足一種宏大的總體宇宙視野，將現實的社會人生關懷、人文關切依托於對天人關係的理解及如何對待和處理天人關係。」〔註1〕然而，其衍生缺失，是無法完整對於各卦之間有前後呼應的解釋，以至於令後代學者詬病不已，諸如程石泉先生說虞翻之解，說：「吾人於虞氏易說既感穿鑿附會，支離煩瑣，似又感其言之成理，持之有故。蓋虞氏具有如許多方便法門，足以掩飾其乖亂，彌逢其破綻也。」〔註2〕朱伯崑之說王夫之，說：「至於對各卦的具體解釋，特別是各卦之間的聯繫，由於受到《周易》卦序排列次序的局限，其解釋頗多牽強之處，亦未能自圓其說。」〔註3〕如此看來，不論是誰，只要觸及「卦變」說以解《易》者，必有瑕疵之存在，因此被批評等等之現象，自是難免了。但是其中仍存有一有趣現象，即歷代治《易》者，雖然一面批評前賢「卦變」說之謬論，另一方面又重新解釋「卦變」，意圖給予合理的建構；其結果是使得更後之學人，得有據其說亦緊隨批判之，形成一幅有趣「卦變史」畫面，就此現象看來，仍可得一共同交集概念，即學者仍然普遍堅信著「卦變」說，應該是解《易》中所必要之重要方

〔註1〕　王新春：〈也論虞氏易學的卦變說〉，收入劉大均主編：《象數精解》（四川成都：巴蜀書社，2004年5月），頁154。

〔註2〕　程石泉：《雕菰樓易義》（臺北：臺灣商務印書館，1975年12月臺2版），頁25。

〔註3〕　朱伯崑：《易學哲學史》第四卷〈王夫之易學〉，頁97～98。

法，只是前人均錯解罷了！果是如此乎？

「卦變」說解《易》學，既是學界共識，則其說自何來？考其根據有二：其一、自《左傳》、《國語》所記載的筮例中，因爻變而說卦變者；其二、〈象傳〉有言「上下往來」之辭是也。就此，屈萬里先生（1907～1979）認爲《左傳》、《國語》之例：「或許有之，然而可以確定者是尚未普遍化，僅能是濫觴之思矣。」〔註4〕至於〈象傳〉者，屈先生亦認爲：「卦變之說，本於象傳往來上下之文。而象傳所謂往來上下者，皆就其前卦之倒轉而言。」〔註5〕屈先生是當代《易》學大家，其說必有一定之公信力；但是就歷史長河來看，屈先生之批評是一回事，就《易》學史上的現象存在又是一回事，況且「卦變」說的不同運用情形，一直是眾聲喧嘩、此起彼落，實在有必要先行掌握其中之差異處。只是本研究重點並不在辨別孰是孰非，而是要釐清自虞翻以來，諸《易》學家究竟是如何闡釋「卦變」，以及相互批評之信念又是爲何。至於界定「卦變」與《易》究竟是否存在關聯之間的種種細節，非本研究之重點，於此先行擱置。

歷來說治《易》學者以說「卦變」者，觸及者甚多，然而，概念不一，言人人殊，自不在話下，是以有必要下一明確之「定義」，以免因歧出範圍而毫無交集與共識可言。就廣義「卦變」來看，當然可以說：「凡討論卦象所生變化」者，都可做如此稱呼，畢竟，《易》書之所以與其他《經》書不同的地方在此，而之所以吸引讀者注意之原因也在此，所謂「往來不窮」、「唯變所適」，就是「卦變」說的主要精神。清儒方申（1791～1840）《周易卦變舉要》說：

> 是故六爻改易者爲旁通，一爻改易者爲變化；則變化可附於旁通焉。
>
> 六爻移易者爲反復，一爻移易者爲往來，則往來可以附於反復焉；
>
> 六爻交易爲上下易，一爻交易者爲升降，則升降可附於上下易焉。

〔註6〕

是知變化、往來、升降，名目雖殊，然而說解《易》象，以變爲由，均是「卦變」了，畢竟，《易》學就是在討論「變化之學」，〔註7〕且其字義也是與「變

───────────────────

〔註4〕 參見屈萬里：《先秦漢魏易例述評》卷上，《屈萬里先生全集》冊八（臺北：聯經出版公司，1984年7月），頁65。

〔註5〕 屈萬里：《先秦漢魏易例述評》卷下，頁145。

〔註6〕 方申：《周易卦變舉要》收入《續修四庫全書》冊30（上海：古籍出版社，1995年3月），頁59。

〔註7〕 從〈繫辭〉中，就有許多論「變化」的詞句，諸如：「在天成象，在地成形，變

易」有關；﹝註8﹞然而，依此説解「卦變」，則稍嫌廣泛，對於主題掌握，絲毫無法聚焦。

誠如上述所言，早自《左傳》、《國語》所記載的筮例中，因爻變而説卦變者，直至漢、魏時期，承衍其説，踵事增華，始爲流風；漢、魏《易》學者，廣設説解條例，或「互體」、或「反對」、或「兩相易」、或「半象」及「象不見」、或「之正」及「權變」，甚至説「卦變」者。至於説「卦變」條例之使用，以虞翻（170～239）者爲首要代表，應是學界之共識；其概念之產生有二途可探討之，即從「時代背景」及「解經意圖」著手。概漢代流行「宇宙論」，認爲天地萬物都存在一個由其本原而漸次發生和演化的問題，是以觀看《易》象，某卦是如何由某卦演化而來，且某卦爲本、而某卦又爲本卦所衍生之雜卦；因此概念而有「十二消息」之「卦氣説」，進而有「卦變」説系統。以上爲「時代背景」。至於「解經意圖」，其目的是有著積極義，即要證成「卦象與卦辭」之間的關係；明・董守諭（生卒年不詳）説得好：「愚之言變，必欲與卦辭相符。」﹝註9﹞應該是眾多《易》學家其《易》例説解時的共同依歸；此即爲所謂「象數《易》學」也；誠如簡師博賢所説：

> 夫象數易學，旨在推象通辭，而論者病之，是未究其説也。蓋推象通辭者，所以驗易辭之義，實卦所本有；以明此卦之必有此辭，而辭之義必蘊於此卦；因以證成卦與卦辭之必然綰合，而卦辭之所陳，遂爲一理義自明而無須經驗證明者。其説立而易道定，蓋實研易之本也。﹝註10﹞

以此「推象通辭」作爲標準，來檢視眾説紛紜的「象數」《易》學，包括「卦變」之説，才不會漫無依歸、以至於模糊焦點。就此來看，虞翻則是最能掌握此精神者，是以清儒黃宗羲（1610～1695）説：「古之言卦變者，莫備于虞仲翔，後人不過踵事增華耳！」﹝註11﹞王新春也説：「虞翻首次在易學史上推

---

變化見矣。」「天地變化，聖人效之。」「功業見之變。」程頤《易傳・序》：「易，變易也，隨時變易以從道。」最令《易》學家心儀的看法。

﹝註8﹞　許慎《説文解字》：「易，蜥易，蝘蜓，守宮也。」鄭玄：「易一名而含三義，...，變易二也。」洪邁《容齋隨筆》謂蜥易善變。高鴻縉《中國字例》認爲「乍晴乍陰，故引申爲變易、交易。」總之，均認定「易」有「變」義，是普遍共識。

﹝註9﹞　董守諭：《卦變考略》《文淵閣四庫全書》冊35，660頁。

﹝註10﹞　簡師博賢：《魏晉四家易研究》〈序〉（臺北：文史哲出版社，1986年元月），頁1。

﹝註11﹞　黃宗羲：《易學象數論》〈卦變二〉（浙江：浙江古籍出版社，1993年11月第

出較爲完備的卦變學說。」。〔註12〕考虞翻「卦變」說之定義，今依簡博賢師所說，其言：「今考虞氏卦變，殆指『之卦』而言；之者，兩爻相易也。兩爻相易，故此卦變而爲彼卦；所謂某卦自某卦來者也。」〔註13〕當然，虞翻之依據，仍是以〈象傳〉爲本，所謂：「上下無常，剛柔相易」云云，是爲其具體理論之所由來。

因此，本章研究「卦變」說重點，雖以朱子、王夫之、李光地三人爲考察範圍，然而，虞翻之概念，必存之於三人爲其「前判斷」之依據，是以有必要就虞翻說先行釐清，以作爲對照基準點；但是本研究題旨又是以朱子《易》學「卦變」說，來觀察王夫之、李光地是如何闡釋之爲要，所以仍得先聚焦於朱子的理解與運用過程，是以先說明朱子與虞翻「卦變」說比較，以便確定兩家說之實際情形；至於王夫之與李光地的「卦變」說，都是於朱子學風下之影響而有之概念，因此或多或少，都難免會以朱子之說爲討論對象；所以對比觀察彼此相異處，是爲本研究之範圍與進路。

# 第一節　朱子「卦變」說及其學術用心

## 一、現象分析

朱子《周易本義》有所謂「卦變」說，經歸納後，計得十九卦，佔《易》六十四卦中近三成之比重，由此可證，是朱子在注《易》體例上，一項很重要的的條例。此十九卦是爲：【訟】、【晉】、【无妄】、【大畜】、【泰】、【否】、【隨】、【蠱】、【噬嗑】、【賁】、【咸】、【恒】、【睽】、【蹇】、【解】、【升】、【漸】、【鼎】、【渙】。今分析朱子在解說此十九卦中，可得下列四種情形：

### （一）直接於卦注說「卦變」者

1、【訟】卦，朱子注：「以卦變，自【遯】而來，爲剛來居二，而當下卦之中。」

2、【晉】卦，朱子注：「其變自【觀】而來，爲六四之柔，進而上行，以至於五。」

2 次印刷），頁 57。

〔註12〕王新春：〈也論虞氏易學的卦變說〉，頁 134。

〔註13〕簡師博賢：《魏晉四家易研究》〈虞翻易學研究〉，頁 34。

3、【无妄】卦，朱子注：「爲卦自【訟】而變，九自二來而居於初，又爲
震主，動而不妄者也，故爲无妄。」

4、【大畜】卦，朱子注：「以卦變言，此卦自【需】而來，九自五而上。」

5、【隨】卦，朱子注：「以卦變言之，本自【困】卦九來居初，又自【噬
嗑】九來居五，而自【未濟】來者，兼此二變，皆剛來隨柔之義。」

6、【蠱】卦，朱子注：「或曰剛上柔下，謂卦變自【賁】來者，初上二下，
自【井】來者五上上下，自【既濟】來者兼之，亦剛上而柔下，皆所
以爲蠱也。」

7、【睽】卦，朱子注：「以卦變言之，則自【離】來者，柔進居三；自【中
孚】來者，柔進居五；自【家人】來者兼之。」

8、【渙】卦，朱子注：「其變則本自【漸】卦，九來居二而得中，六往居
三得九之位，而上同於四，故其占可亨之。」

## （二）於本卦注說「自某卦來」，〈彖傳〉注說「卦變」者

1、【噬嗑】卦，朱子注：「本自【益】卦六四之柔，上行以至於五，而得
其中。」朱子〈彖傳〉注：「卦變釋卦辭。」

2、【賁】卦，朱子注：「卦自【損】來者，柔自三來而文二剛，自二上而
文三，自【既濟】而來者，柔自上來而文五剛，自五上而文上。」朱
子〈彖傳〉注：「卦變釋卦辭。」

3、【蹇】卦，朱子注：「卦自【小過】而來，陽進則往居五而得中。」朱
子〈彖傳〉注：「卦變釋卦辭。」

4、【解】卦，朱子注：「其卦自【升】來，三往居四。」朱子〈彖傳〉注：
「卦變釋卦辭。」

5、【升】卦，朱子注：「升進而上也。卦自【解】來，柔上居四。」朱子
〈彖傳〉注：「卦變釋卦名。」

6、【鼎】卦，朱子注：「卦自【巽】來，陰進居五，而下應九二之 陽。」
朱子〈彖傳〉注：「卦變釋卦辭。」

## （三）本卦注未說，於〈彖傳〉注方說「卦變」者

1、【咸】〈彖〉，朱子注：「或以卦變言，柔上剛下之義，曰：咸自【旅】
來，柔上居六，剛下居五也。亦通。」

2、【恒】〈彖〉，朱子注：「或以卦變言，剛上柔下之義，曰：【恒】自【豐】

來，剛上居二，柔下居初也。亦通。」

3、【漸】〈彖〉，朱子注：「以卦變釋利貞之意，蓋此卦之變，自【渙】而來，九進居三，自【旅】而來，九進居五，皆為得位之正。」

## （四）不說「卦變」，然於注中說「自某卦來」

1、【泰】卦，朱子注：「小謂陰，大謂陽，言坤往居外，乾來居內，又自【歸妹】來，則六往居四，九來居三也。」

2、【否】卦，朱子注：「蓋乾往居外，坤來居內。又自【漸】卦而來，則九往居四，六來居三也。」

再者，分析朱子之「卦變」說，其云：「某卦自某卦來」者，又可分為三種來源：

## （一）自一卦而來者

1、【訟】卦自【遯】卦來，2、【晉】卦自【觀】卦來，3、【无妄】卦自【訟】卦來，4、【大畜】卦自【需】卦來，5、【渙】卦自【漸】卦來，6、【噬嗑】卦自【益】卦來，7，【蹇】卦自【小過】卦來，8、【解】卦自【升】卦來，9、【升】卦自【解】卦來，10、【鼎】卦自【巽】卦來，11、【咸】卦自【旅】卦來，12、【恒】卦自【豐】卦來。

## （二）自二卦而來者

1、【睽】卦自【離】、【中孚】二卦來者，2、【賁】卦自【損】、【既濟】二卦來者，3、【漸】卦自【渙】、【旅】二卦來者。

## （三）自三卦而來者

1、【隨】卦自【困】、【噬嗑】、【未濟】等三卦來者，2、【蠱】卦自【賁】、【井】、【既濟】三卦來者，3、【泰】卦自【乾】、【坤】、【歸妹】三卦來者，4、【否】卦自【乾】、【坤】、【漸】三卦來者。

以上，為朱子十九卦之「卦變」說大致之分類。《本義》之前有類似歌訣者以說「卦變」，贅錄於下：

訟自遯變泰歸妹　　否從漸來隨三位　　首困噬嗑未濟兼
蠱三變賁井既濟　　噬嗑六五本益生　　賁原於損既濟會
无妄訟來大畜需　　咸旅恒豐皆疑似　　震從觀更睽有三
離與中孚家人係　　蹇利西南小過來　　解升二卦相為贅

　　鼎由巽變漸渙旅　渙自漸來終於是

由此觀之，足證朱子之活潑用心，意圖將深具嚴肅性與神秘性的《易》學，予以普及化。〔註14〕至於，朱子爲何於此十九卦有「卦變」說之原因，是因〈彖傳〉於【訟】有云：「剛來得中」，【晉】云：「柔進而上行」，【无妄】：「剛自外來而爲主於內」，【大畜】：「剛上而尚賢」，【隨】：「剛來而下，柔動而說」，【蠱】：「剛上而柔下」，【噬嗑】：「柔得中而上行」，【賁】：「柔來而文剛」，【咸】：「柔上而剛下」，【恒】：「剛上柔下」，【睽】：「柔進而上行，得中而應乎剛」，【蹇】：「往得中」，【漸】：「進得位」【升】：「柔以時升」，【渙】：「剛來而不窮，柔得位乎外而上同」，【鼎】：「柔進而上行，得中而應乎剛」等十七卦之解說。另外【泰】、【否】等二卦，誠如上文言：【泰】、【否】二卦，朱子不說「卦變」，而於〈彖傳〉也無注，然卻於卦注中說：「自某卦來。」若依清儒黃宗羲之說：「卦變之說，由【泰】、【否】二卦〈彖辭〉：『小往大來』、『大往小來』而見之，而夫子〈彖傳〉所以發明卦義者，於是爲多，顧《易》中一大節目也。」〔註15〕朱子之用意，或許即是由此二卦之辭而來，因其已言「往來」之言！由此可以確定朱子說「卦變」，是以〈彖傳〉爲主要依據。

　　對〈彖傳〉的重視，從王弼（226～249）的〈明象〉裏，〔註16〕到朱子的認知中，一直是極爲重要的資料，朱子說：「《易》中〈象〉辭最好玩味，說得卦中情狀出。」〔註17〕可見〈彖傳〉是解釋《易》學「卦變」說的重要依據條例；是以於《語類》【咸】卦又記載：

　　　　問：「《本義》以爲柔上剛下，乃自【旅】來。【旅】之六五，上而爲
　　　　【咸】之上六；【旅】之上九，下而爲【咸】之九五，此謂『柔上剛

〔註14〕朱子還有「八卦取象歌」、「分宮卦象序」、「上下經卦名次序歌」等等，都有類似的輕鬆意味；許維萍說：「朱熹某種程度是要將《易經》的詮釋單純化，這對越走越朝向多元的現代《易》學研究，無疑具有『當頭棒喝』的作用。」見《宋元易學復古運動》（臺北：私立東吳大學中國文學研究所博士論文，2001年6月），頁288。許維萍之說雖是處理朱子「易本卜筮之書」與《周易》版本問題，但是借此觀念來說朱子《易》學之活潑性亦可通。

〔註15〕黃宗羲：《易學象數論》〈卦變一〉，頁30。。

〔註16〕王弼《周易略例・明象》：「夫象者何也？統論一卦之體，明其所由之主者也。……繁而不憂亂，變而不憂惑；約以存博，簡以濟眾，其唯象乎！」後來的「義理」學繼承者，大都承續此一精神。見《周易王韓注》（臺北：大安出版社，1996年6月），頁250。

〔註17〕黎靖德編：《朱子語類》卷六十七〈讀易之法〉（臺北：文津出版社，1986年12月），頁1662。

下』，與《程傳》不同。」先生曰：「所以不同，何也？」銖曰：「《易》
中自有卦變耳。」曰：「須知程子說有不通處，必著如卦變說，方見
得下落。此等處，當錄出看。」〔註18〕

本研究依朱子指示「此等處，當錄出看」方法，可知朱子是深信「卦變」並
且以此補證《程傳》專就義理論《易》學之不足處。

朱子不僅於此，在《周易本義》前，亦有〈卦變圖〉，其有曰：「〈彖傳〉
或以卦變爲說，今作此圖以明之。」即：

凡一陰一陽之卦各六皆自【復】、【姤】而來。

凡二陰二陽之卦各十有五皆自【臨】、【遯】而來。

凡三陰三陽之卦各二十皆自【泰】、【否】而來。

凡四陰四陽之卦各十有五皆自【大壯】、【觀】而來。

凡五陰五陽之卦各六皆自【夬】、【剝】而來。

由此乍看之下，朱子《本義》說「卦變」，書前又有〈卦變圖〉，前後相呼應，
頗與漢、魏《易》學者說「卦變」者，如出一轍。

但是朱子對漢、魏《易》學的條例是有所批評的，朱子說：「秦漢以來，
考象數者泥於術數，而不得其弘通簡易之法。」〔註19〕因此不可能對漢、魏
所言之《易》例照單全收。再者，取《本義》「卦變」說與〈卦變圖〉相較後，
卻可以輕易發現二者明顯不同；簡單的例子就如【泰】、【否】二卦，《本義》
「卦變」說是自【歸妹】、【漸】而來，〈卦變圖〉卻又說：「凡三陰三陽之卦
各二十皆自【泰】、【否】而來。」究竟是何卦自何卦而來，明顯的前後不一
之處，令人詫異不已？雖然，有清儒王懋竑，曾以朱子《文集》、《語類》等
資料，鉤稽參考，認爲《本義》前之「九圖」乃爲後人所依託，非朱子所爲。
〔註20〕若王懋竑此說爲是，則當然可稍減朱子論「卦變」現象之謬；但是，
縱使「九圖」中之「卦變圖」果眞非朱子之意，單就《本義》內容之說，仍
是異於傳統之說甚多，因此後人針對朱子《易》學「卦變」說而批評者，自
然就不在少數；縱使有王懋竑的翼護，仍然無法消解對此議題的質疑處。當
然，若純粹就現象來考察，必然會見其不合之處；然而，以朱子學問之博大，

---

〔註18〕黎靖德編：《朱子語類》卷七十二〈易八〉【咸】，頁1811。

〔註19〕朱子：《朱文公文集》卷八十二〈書伊川先生易傳版本後〉，頁3482。

〔註20〕王懋竑《朱子年譜考異》卷二〈易本義九圖論〉：「《易本義》九圖非朱子之作
也，後之人以《啓蒙》依仿爲之，又雜以己意而盡失其本指者也。」轉引自
《清儒學案三》卷五十二（臺北：世界書局，1979年4月3版），頁1。

於學術上號稱爲集大成者，〔註21〕且朱子又是如此自信的暢談，足證朱子對於「卦變」說，是有他的積極用心之所在，因此就於此主題，是值得深入探討之。

## 二、朱子對各家「卦變」說之批評

明儒·董守諭作《卦變考略》，引京氏、荀爽、虞翻、九家易、朱子等等諸家中，針對「卦變」說的解辭，其曰：

> 郎顗曰：「京氏傳云：『蠱自泰來，初上兩爻互變，若六爻俱變，則爲否。』虞翻亦曰：「泰初之上。」九家易亦曰：「此本泰卦。」本義曰：「自賁來者，初上、二下；自井來者，五上、上下；自既濟來者，兼之。」（董守諭）諭曰：「變卦之例，雜而不一者，各持師說也。愚之言變，必欲與卦辭相符，此非愚臆也。」〔註22〕

董守諭單就【蠱】卦來說，由此資料之對比下，可知漢、魏學者說法大致相同，都說自【泰】來；然而，朱子卻說自【賁】、【井】、【既濟】三卦而來，的確有與眾不同的看法，但是歸納之，還是可以得出一共同概念，即：目前學者所多認爲的，以「某卦從某卦變來」作爲「卦變」說的討論範圍，是普遍共識，〔註23〕以朱子「卦變」說來看，的確也適用。

針對漢、魏《易》例，紛紜多樣中，朱子未必一概否認，有時也持正面看法的，朱子云：

> 《易》中先儒舊法皆不可廢，但互體、五行、納甲、飛伏之類，未及致思耳。卦變獨於〈彖傳〉之詞有用，然舊圖亦未備，頃嘗修定，今寫去，可就空處填畫卦爻，而以〈彖傳〉考之，則卦所從來，皆可見矣。然其間亦有一卦從數卦而來者，須細考之，可以見《易》中象數，無所不通，不當如今人之拘滯也。〔註24〕

考察朱子所說，是積極且確定的；畢竟「象數」之存在，是《易》學得以成

---

〔註21〕 皮錫瑞：《經學歷史》〈經學積衰時代〉：「漢學至鄭君而集大成，於是鄭學行數百年；宋學至朱子而集大成，於是朱子學行數百年。……以經學論，鄭學、朱學皆可謂小統一時代。」（臺北：鳴宇出版社，1980年5月），頁289～290。

〔註22〕 董守諭：《卦變考略》《文淵閣四庫全書》冊35，660頁。。

〔註23〕 呂紹綱編：《周易辭典》〈卦變〉條（吉林：吉林大學出版社，1992年4月），頁361～363。

〔註24〕 朱鑑編：《文公易說》卷二十二〈揲法卜法〉《文淵閣四庫全書》冊18，頁844。

立的重要條件，掌握「象數」是掌握「義理」的來源認定，是沒有學者會否認的，因此朱子一者說：「先儒舊法不可廢。」再者說：「其間亦有一卦從數卦而來者。」就是在證成漢、魏《易》例之價值；朱子又有所謂的：「如今人之拘滯」者云云，就是針對以「義理」爲主的《易》學用心之學者，或摒棄、或誤解「卦變」說等想法，是不正確的態度；而所謂以「義理」爲主的學者，自然是指著王弼、程頤之說，因此朱子又說：

> 伊川不取『卦變』之說，至柔來而文剛，剛自外來而爲主於內諸處，
> 皆牽強說了。王輔嗣『卦變』，又變得不自然。某之說，却覺得有自
> 然氣象，只是換了一爻，非是聖人合下作卦如此，只是卦成了，自
> 然有此象。〔註25〕

朱子認爲，王弼、程子對「卦變」說雖有認同，但在運用與解讀上，不是錯解、就是不自然云云。

考察王弼於【渙】〈彖〉注云：「二以剛來居內而不窮於險，四以柔得位乎外而與上同；內剛而无險困之難，外順而无違逆之乖，是以亨。」〔註25〕焦循《周易補疏》云：「循按王氏此注，亦用卦變【否】四之二之例，而諱言自【否】卦來。」〔註26〕簡師博賢也說：

> （王弼）蓋以爻位之變易，明卦理之異同；所以有貴乎卦變也。王
> 弼陰襲卦變之例，而不知虞氏卦變特一爻動而見義；乃云二剛來，
> 以明『不窮』之義；又以四柔之行，見『位外而上同』之說。是兼
> 用二爻，而混用荀氏爽之例矣。〔註27〕

究竟朱子所體會的王弼《易》學是否與焦循、簡博賢師所云相同，也許是尚存有待辨正之處，然而可以確定無疑的是，王弼是「陰襲卦變」，且又雜揉各家之說，則是不待辭爭的具體事實；對於王弼這種陽反陰襲的忸怩態度，朱子當然可以說其是：「不自然！」

至於程頤《易傳》，其解釋過程是有著「卦變」之說。程頤認爲「卦變」皆自【乾】、【坤】而來，蓋【乾】、【坤】生六子是爲八卦，八卦相重而爲六十四；程頤於【賁】〈彖傳〉注：

---

〔註25〕黎靖德編：《朱子語類》卷六十七〈卦體卦變〉，頁 1666。
〔註25〕孔穎達：《周易正義》卷六，頁 7 引。
〔註26〕焦循：《周易補疏》，收入《皇清經解易類彙編》卷一千一百四十八（臺北：藝文印書館），頁 1159。
〔註27〕簡師博賢：《魏晉四家易研究》〈王弼易學研究〉，頁 110。

卦之變皆自【乾】、【坤】，先儒不達，故謂【賁】本是【泰】卦，豈
有【乾】【坤】重而爲【泰】，又由【泰】而變之理？下【離】本【乾】
中爻變而成【離】，上【艮】本【坤】上爻變而成【艮】，【離】在內，
故云：「柔來。」【艮】在上，故云：「剛上。」非自下體而上也。【乾】、
【坤】變而爲六子，八卦重而爲六十四，皆由【乾】、【坤】之變也。
〔註28〕

這是程頤的「卦變」最爲明顯之主張，因此可以修正朱子所說的：「伊川不取『卦變』之說」，並非實情。但是程頤接著在實際操作其他卦注時，卻自亂其所主張的「卦之變皆自【乾】、【坤】」的原則；以【訟】〈象〉爲例，程頤注：

據卦才而言，九二以剛自外來而成【訟】，則二乃【訟】之主也。……
二以陽剛自外來而得中，爲以剛來訟而不過之義，是以吉也。卦有
更取成卦之由爲義者，此是也。卦義不取成卦之由，則更不言所變
之爻也。〔註29〕

程頤對於「九二以剛自外來」之依據，並沒有仔細交代；事實上不難發現，程頤是採用「十二消息卦」中之二陰四陽例，〔註30〕【訟】是自【遯】來，所以才有所謂：「九二以剛自外來」之說；至此是知程頤論「卦變」體例，的確不一，難怪朱子要批評說：「皆牽強說了！」〔註31〕

對於「卦變」說，朱子既然前批王弼、後議程頤，又說「漢《易》」條例是：「象數者泥於術數。」又說：「《易》中先儒舊法皆不可廢」云云，幾乎都有所觸及評論，蓋既「破」前說，勢必要有一套完整概念之提出，以完成其「立論」之學術建構，至於其具體成果，即是本研究在「現象分析」段時所歸納之部份，即以〈象傳〉爲據的結論；但是早在北宋·朱震（1072～1138）《漢上易傳》就曾說：

〈訟象〉曰：剛柔而得中。〈隨象〉曰：剛來而下柔。〈蠱象〉曰：
剛上而柔下。〈噬嗑象〉曰：剛柔分動而明。〈賁象〉曰：柔來而文

〔註28〕 程頤：《伊川易傳》卷三（臺北：文津出版社，1990年10月2刷），頁198。
〔註29〕 程頤：《伊川易傳》卷一，頁61。
〔註30〕 胡自逢：《程伊川易學述評》說：「此亦卦變，則沿先儒消息之說也。」（臺北：文史哲出版社，1995年12月），頁170。
〔註31〕 朱子「卦變」說，於【訟】也是認爲是自【遯】來；所以乍看之下，朱子說伊川是：「皆牽強說了」，好像有自我否認的意謂，其實不然，朱子的「卦變」並非主張來自「十二消息說」，詳後所敘。

剛分，剛上而文柔。〈无妄象〉曰：剛自外來，而爲主於内。〈大畜
象〉曰：剛上而尚賢。〈咸象〉曰：柔上而剛下。〈損象〉曰：損下
益上。又曰：損剛益柔。〈益象〉曰：損上益下。又曰：自上下下。
〈渙象〉曰：剛來而不窮，柔得位乎外而上同。〈節象〉曰：剛柔分
而剛得中。剛者陽爻也，柔者陰爻也，剛柔之爻，或謂之來，或謂
之分，或謂之上下；所謂惟變所適也。此虞氏、蔡景君、伏曼容、
蜀才、李之才，所謂自某卦來之說也。〔註32〕

雖然朱子對朱震之《易》學看法，是多有負面評論的，諸如，朱子說：「《漢上
易》卦變，只變到三爻而止，於卦辭多有不通處；某更推盡去，方通。」〔註33〕
又說：「朱子發解《易》，如百衲襖，不知是說甚麼？以此進讀教人主，如何曉？
便曉得亦如何用？」〔註34〕然而，有趣的是，朱震所提到的【損】、【益】、【節】
三卦，也可以在〈象傳〉中理解成「卦變」說，然而此三卦，卻不在朱子十九
卦中的認同範圍；〔註35〕這種現象，顯示了同樣是「卦變」說，同樣是根據〈象
傳〉，同樣是接受「某卦從某卦變來」的基礎，但是彼此之間是有不同的看法，
則是明顯上的不爭之事實。再加上若仔細前後對照，就朱子《易》學條例來看
「卦變」之說，無可否認的是，朱子條例也頗爲淆亂！除非朱子可以具體作解，
否則，朱子評論他人之缺失者，結果也反過來適用於自己，可乎？〔註36〕當然，
吾人仍然相信，朱子「卦變」說，必有其堅定觀點的以證成其《易》學體系。

## 三、朱子與虞翻「卦變」說之比較

黃宗羲說：「古之言卦變者，莫備于虞仲翔，後人不過踵事增華耳！」

---

〔註32〕 朱震：《漢上易傳》〈叢說〉《文淵閣四庫全書》冊11，頁378。

〔註33〕 黎靖德編：《朱子語類》卷六十七〈卦體卦變〉，頁366。

〔註34〕 黎靖德編：《朱子語類》卷六十七〈論後世易象〉，頁373。

〔註35〕 江永（1681～1762）：《群經補義》〈卦變考〉說：「《本義》以卦變言者十九卦，
今推之當有二十二卦。」見《文淵閣四庫全書》冊194，頁10。江永就認爲
【損】、【益】、【節】三卦，依朱子之方式，應該也要納入「卦變」。然而，拙
作以爲，朱子不言，後人何必強作解人！

〔註36〕 朱子說：「伊川只將一部《易》來作譬喻說了，恐聖人亦不肯作一部譬喻之書。」
見《朱子語類》卷六十七，頁1651。結果，朱子之《周易本義》也常出現類似
譬喻的注解，諸如：【比】九五：「顯比，王用三驅，失前禽，邑人不誡，吉。」
朱子注：「一陽居尊，剛健中正，卦之羣陰皆來比己，顯其比而无私，如天子不
合圍，開一面之網，來者不拒，去者不追，故爲用三驅失前禽而邑人不誡之象。」
以一「如」字，如何不是譬喻？此例即明顯是批評別人就是批評自己之例。

〔註 37〕理當有一定之公信力。當然，虞翻之依據，仍是以〈象傳〉爲本，所謂：「上下無常，剛柔相易。」由此對照於朱子「卦變」說，雙方可說乍見是著有相同共識，然而，若同樣理念，朱子就不須批評了，是以必有「大同小異」或「同名異實」之別。以下由虞翻所說「卦變」爲主，並對比朱子說法以之參照，以探求彼此之間的差異性，並進一步試著指出雙方注解應有其學術目的。

## （一）【訟】自【遯】來、【晉】自【觀】來之例

就【訟】卦，朱子注：「以卦變，自【遯】而來，爲剛來居二，而當下卦之中。」案：此說乃依據〈彖辭〉：「剛來得中」而來，並且與虞翻所言：「遯三之二也」的「卦變」說相同。然而仔細分析其注解內容，二者之間，實有不同旨意。

虞翻「卦變」之說，其原則是要說解卦爻辭，以便呈顯有此卦必有此辭，因此在【訟】卦：「訟，有孚，窒惕中吉，終凶。」《周易集解》引虞翻注：「遯三之二」是針對「窒惕中吉」而言，虞翻曰：

> 【遯】三之二也。孚謂二，窒、塞止也，惕懼二也，二失位，故不言貞；【遯】將成【否】，則子弑父、臣弑君，三來之二，得中，弑不得行，故中吉也。〔註 38〕

其中「【遯】將成【否】」之說，即採用「十二消息卦」之原理，【遯】二陰之卦將發展成【否】三陰之卦，【否】卦下卦爲【坤】卦，【坤】〈文言〉曰：「臣弑其君，子弑其父，非一朝一夕之故，其所由來者漸矣，由辯之不早辯也。」是以要針對可能發生之現象，早點做防範，勿讓【遯】發展成【否】，若是，則【否】下卦之【坤】象不成，所以說「三來之二，得中，弑不得行。」既得中位，又【坤】體不成，所以，經文「窒惕中吉」得以證成。因此，虞翻說卦變，「遯三之二」來說【訟】卦的用意，是有著二卦之間的卦理所在，兩卦是存在著必然影響之關係；簡師博賢云：

> 凡自六畫變易之際，以探象求辭於卦爻之中，而證易辭實卦所蘊有；是皆象數本宗，推易之正法也。其虞氏諸所闡發者是也。〔註 39〕

---

〔註 37〕黃宗羲：《易學象數論》〈卦變二〉，頁 57。
〔註 38〕李鼎祚集解・李道平纂疏：《周易集解纂疏》（臺北：廣文書局，1989 年 6 月再版），頁 128
〔註 39〕簡師博賢：《魏晉四家易研究》〈自序〉，頁 1。

所強調的就是這個道理。至於，同樣說【訟】自【遯】來的朱子「卦變」說，對卦辭斷句，與虞翻是不同的；朱子注：

> 訟、爭辯也，上乾下坎，乾剛坎險，上剛以制其下，下險以伺其上。又爲內險而外健。又爲已險而彼健。皆訟之道也。九二中實，上无應與，又爲加憂。且於卦變，自遯而來，爲剛來居二，而當下卦之中，有有孚而見窒，能懼而得中之象。上九過剛，居訟之極，有終極其訟之象。九五剛健中正以居尊位，有大人之象，以剛乘險，以實履陷，有不利涉大川之象，故戒占者，必有爭辯之事，而隨其所處，爲吉凶也。〔註 40〕

朱子《本義》之注，向來以精簡爲其特色，若是在「義理」方面，則可參考《程傳》，故言：「某之《易》簡略者，當時只是略搭配，伊川及諸儒皆已說了，某只就語脈中略過這意思。」〔註 41〕又言：「《程傳》備矣！」〔註 42〕觀此注內容之多，實屬特別；依上所言，朱子斷句爲：「訟，有孚窒，惕中吉，終凶。」而朱子之「遯三之二也」的說辭，是針對「有孚窒，惕中吉」而言，就斷句而言，與虞翻說已是不同，則意義解讀，勢必有所差異。朱子因【訟】二、五爻，皆爲陽爻，是爲無應，故有「憂」，因有「憂」而改變情勢，若由二、三兩爻互換，則【訟】成【遯】，六二爻即可與九五爻相呼應，是以朱子云：「且於卦變，自【遯】而來，爲剛來居二，而當下卦之中，有有孚而見窒，能懼而得中之象。」於此對比朱子、虞翻所謂「卦變」之說，名目相同而內容差異甚大。然而都有言之成理之架構。

至於朱子與虞翻在「卦變」中的說法一致者，還有【晉】卦。【晉】卦：「康侯用錫馬蕃庶，晝日三接。」《周易集解》引虞翻注：

> 【觀】四之五，【晉】、進也。【坤】爲康，康、安也。初動體【屯】，【震】爲侯，故曰康侯，【震】爲馬，【坤】爲用，故用錫馬。【艮】爲多，【坤】爲衆，故蕃庶。【離】日在上，故晝日，三陰在下，故

---

〔註 40〕朱子著・王鐵校點：《周易本義》，頁 37。本研究使用版本爲朱傑人、嚴佐之、劉永翔主編：《朱子全集》（上海：上海古籍出版社・安徽：安徽教育出版社，2002 年 12 月）第壹冊。

〔註 41〕黎靖德編：《朱子語類》卷六十七〈朱子本易啓蒙〉，頁 1654～1655。

〔註 42〕有【坤】文言 2 次、【履】大象 1 次、【大有】九四 1 次、【夬】九五 1 次，計 5 次。朱子云：「《易傳》義理精、字數足，無一毫欠闕。」《朱子語類》卷六十七〈程子易傳〉，頁 1651。

三接矣。〔註43〕

虞翻「觀四之五」之說，或許不是很清楚，試引李道平《周易集解纂疏》云：「爻例，四爲諸侯，【觀】之六四：利用賓于王。四之五皆失位，五之正以四錫（賜也）。」〔註44〕則知虞翻取「觀四之五」以說【晉】卦之因，由於【觀】六四爻辭有「利用賓于王」可以證成「康侯」之象。至於朱子注：

> 【晉】、進也。康侯、安國之侯也，錫馬蕃庶晝日三接，言多受大賜，
> 而顯被親禮也。蓋其爲卦上離、下坤，有日出地上之象；順而麗乎
> 大明之德，又其變自【觀】而來，爲六四之柔，進而上行，以至於
> 五，占者有是三者，則亦當有是寵也。〔註45〕

依朱子之說，何以「變自【觀】而來」？則是因爲〈象傳〉說：「柔進而上行」，因此有「柔」之說、況且上爲【離】有「日出」、「大明」等多項條件，所以得「多受大賜，而顯被親禮也。」因此得知【晉】與「變自【觀】而來」之關係，就是要取【觀】六四之「柔」；至於其與卦爻辭之內容，則絲毫無關，簡單的來看，朱子在此僅是借以言「譬喻」而已；然而平情而論，這種僅取卦象以作爲譬喻者，本身說服性就不強；朱子就曾說：「伊川只將一部《易》來作譬喻說了，恐聖人亦不肯作一部譬喻之書。」〔註46〕又說：「聖人要說理，何不就理上直剖判說，何故恁地回互假托，教人不可曉。」〔註47〕結果，拿來批評《程傳》的觀點，自己也在不經意中運用了；以譬喻來說解卦象，的確是力道薄弱，很容易會有不同見解所推翻；難怪，清儒‧江永（1681～1763）持有不同看法，江永說：

> 今按、【明夷】反爲【晉】，【明夷】之六二，進而上行爲六五也。程
> 子《傳》謂，凡卦【離】在上者，柔居君位，多云柔進而上行；【噬
> 嗑】、【睽】、【鼎】是也，欲見柔居尊者，【晉】、【鼎】是也。今考之，
> 皆是反卦之六二上行爲六五。〔註48〕

認爲解【晉】應是採用「反對」之【明夷】，而非「卦變」說是自【觀】而來。

〔註43〕李鼎祚集解‧李道平纂疏：《周易集解纂疏》，頁420。

〔註44〕李道平：《周易集解纂疏》（臺北：廣文書局，1989年6月再版），頁420。

〔註45〕朱子著‧王鐵校點：《周易本義》，頁62。

〔註46〕黎靖德編：《朱子語類》卷六十七〈程子易傳〉，頁1651。

〔註47〕黎靖德編：《朱子語類》卷六十六〈卜筮〉，頁1621。

〔註48〕江永：《群經補義》卷一〈卦變考〉收入《皇清經解諸經總義類彙編》（臺北：藝文出版社，未標出版年），頁8。

江永之說，也就頗具言之成理了。〔註 49〕畢竟，朱子的「卦變」說，僅取二卦中因爻位上下的交易的用心，是無法證明：「言變，必欲與卦辭相符」的前提吻合，純粹僅因卦爻之陰、陽條件相似、上下交流而已；再者言「譬喻」以說卦爻辭，若具有相同條件者的卦象，是否也可相通？以【節】卦爲例。朱子注：「又其體陰陽各半，而二、五皆陽，故其占得亨。」依此則【井】、【困】、【渙】等三卦條件都一樣具備：「其體陰陽各半，而二、五皆陽」，則卦辭均可曰：「亨」，然而考【井】卦辭並沒有「亨」字。朱子試圖以譬喻以說的用心，至此體例無法一致，以至於後人，諸如江永者，就可以提出不同說法，以資推翻。由此可知，朱子之「卦變」說【訟】、【晉】二卦，既不是要證成卦象與卦辭之間的縉合關係，也無法提供令人信服的解說，致使看似與虞翻相同的「卦變」說中，留下令後人質疑之處。

## （二）【泰】、【否】二卦為卦變來源之例

朱子於《本義》前有「卦變圖」，暢談「某卦自某卦來」，在《本義》十九卦說「卦變」者，除了【訟】、【晉】二卦還合乎朱子自設體例外，其他十七卦，卻未按照「卦變圖」來演化，董守諭說：「按、朱子《本義》上經釋變有九，其與漢魏古注同者，唯【訟】自【遯】來一卦而已，其餘或主漢儒之變，不自立異，未可知也！」〔註 50〕又說：「朱子下經與漢注同者，唯【晉】自【觀】來。」〔註 51〕單就「卦變」說之現象來看，朱子所遺留之問題，可見頗大。

接著討論試從【泰】、【否】二卦開始，畢竟此二卦，朱子之說與漢、魏傳統也是明顯不同。

【泰】卦，朱子注：「小謂陰，大謂陽，言【坤】往居外，【乾】來居內，又自【歸妹】來，則六往居四，九來居三也。」

朱子此注雖不言「卦變」，然依其說解體例，仍然與其他「卦變」說相同。仍據於〈卦辭〉：「小往大來」之說；至於，虞翻則說：「【歸妹】來自【泰】

---

〔註 49〕 類似江永看法之學者不在少數，如清儒陳夢雷《周易淺述》也認爲「凡是所謂卦變者均主張爲『綜卦』。」所謂「綜卦」就是「反對」。例如【訟】〈彖〉注：「剛來得中，按《本義》以卦變言。……今按、卦變之說本于虞翻，先儒亦多異同，義多牽強。今俱以綜卦論之，【需】、【訟】相綜，需上之坎，來居下卦。」（北京：九州出版社，2004 年 10 月），頁 57。而據《四庫提要》說陳夢雷作此書也是：「大旨以朱子本義爲主。」頁 93。

〔註 50〕 董守諭：《卦變考略》，頁 664。

〔註 51〕 董守諭：《卦變考略》，頁 676。

三之四。」二人之說，正好相反。

　　【否】卦，朱子注：「否、閉塞也。七月之卦也，正與【泰】反，故曰：匪人。謂非人道也。其占不利於君子之正道，蓋【乾】往居外，【坤】來居內。又自【漸】卦而來，則九往居四，六來居三也。」案：【否】卦辭有「大往小來」之說，因此朱子才說：「自【漸】卦而來，則九往居四，六來居三也。」而虞翻注又說：「【漸】、【否】三之四。」

　　考察此二卦，令人覺得有趣的是，朱子之說不僅與虞翻不同，甚至取材剛好相反，朱子學問之廣博，既然與虞翻說不同，必然有其學術堅持。董守諭就說：「〈雜卦〉曰：『否、泰反其類也。』此明疏也。朱子坤往乾來之變當矣。及考漢儒解【歸妹】曰：『泰三之四。』是【泰】變【歸妹】，非【歸妹】變【泰】也，似不可以無辨。」〔註52〕董氏一說朱子「當矣」，一說「似不可以無辨」，可惜董氏並沒有「辨」！拙作不揣淺陋，解析箇中奧妙，以下嘗試論之：

　　所謂「卦變」說，依虞翻的運用情形，是以【乾】、【坤】二卦為本，陽息而【復】、【臨】、【泰】、【大壯】、【夬】、【乾】，陰消而【姤】、【遯】、【否】、【觀】、【剝】、【坤】，謂之「十二消息卦」，是十二消息卦出於【乾】、【坤】，而諸卦則出於「消息卦」。虞翻以此說卦爻辭，推卦、辭之間必然綰合處；學者或許多有評論虞翻，然而，不能否認虞翻之治學體例，其企圖之一致性，縱使不能一致而有不妥時，也必然有所說明其原因；以【小過】來說，為四陰二陽當從【臨】、【觀】而來，然而，虞翻注曰：「【晉】上之三，當從四陰二陽【臨】、【觀】之例。【臨】陽未至三，而【觀】四已消；又有飛鳥之象，故知從【晉】來。」李道平疏：「不能兩爻竝動，以成之卦；與【訟】四之初成【中孚】同例也。【晉】體【離】，為飛鳥從【晉】來者。」〔註53〕蓋【小過】卦辭有「飛鳥遺之音」云云，是以虞翻一方面也承認【小過】是特例，而有所說明其無法合乎無法從「四陰二陽【臨】、【觀】之例」之原因，另一方面，又要兼顧卦辭有「飛鳥」之象，因此，說自【晉】卦來；其手法，縱使如焦循所說：「虞氏自知其不可彊通，姑晦其辭，藐為深曲，而究無奧義也！」〔註54〕程石泉更說：「虞氏說易，似有義例，但無一例為虞氏所能遵守不渝者。

〔註52〕董守諭：《卦變考略》，頁657～658。
〔註53〕李道平：《周易集解纂疏》，頁672。
〔註54〕焦循：《易圖略》，收入《皇清經解易類彙編》卷一千一百一十五，頁1206。

更無一例，足以貫穿全經者。」〔註55〕但是吾人仍可體會出虞翻用心在於縮合卦象、卦辭之間的關係，仍然可以查考其體例下之用心。畢竟目的是一回事，而方法的使用又是另一回事；若能將兩者區分，相信也較能欣賞虞翻治《易》特色；誠如唐君毅先生（1908～1978）所言：

（漢易之說）皆可不視為怪，而當視之為一通貫人之對事物性質之類概念與數概念之一種思想方式或思想道路，而導入之思想以往向于具體事物之世界或自然世界，之整全通貫的認識者也。〔註56〕

唐先生對中國文化之看法，秉持著包容欣賞之雅量，對「漢《易》」亦有如斯觀點，是以云「通貫天人」，為「漢《易》」用心；另外黃宗羲也考察歷代以來說「卦變」者甚多，但是黃氏也認為「虞氏動以一爻之有定法也。」〔註57〕的確是持平之論。

至於朱子《易》學，說【訟】、【晉】等等「卦變」說，或許並不是要與虞翻爭勝，進而自創《易》例；但是，可以確定的是，朱子亦接受「十二消息卦」之說。在《本義》中，朱子有所謂某卦是某月之卦之說，散見於《本義》中，檢索得：

【泰】：正月之卦也。

【大壯】：二月之卦。

【夬】：三月之卦。

純【乾】四月之卦。（見【姤】卦注）

【姤】：為五月之卦。

【遯】：六月之卦。

【否】：七月之卦也。

【觀】：正為八月之卦。

【剝】：九月之卦也。

剝盡，則為純【坤】十月之卦。（見【復】卦注）

【復】：故十有一月，其卦為復。

【臨】：十二月之卦也。

〔註55〕程石泉：《雕菰樓易義》第二章〈略述虞仲翔易例〉（臺北：臺灣商務印書館1975 年 12 月臺 2 版），頁 26。

〔註56〕唐君毅：《中國哲學原論‧原道篇二》第六章〈漢代易學中之易道及其得失與流變〉（臺北：臺灣學生書局，1986 年 10 月全集校訂版），頁 299。

〔註57〕黃宗羲：《易學象數論》〈卦變二〉，頁 59。

案：【乾】「四月之卦」說與【坤】「十月之卦」說，朱子於【乾】、【坤】本卦注時無見說明，於【姤】、【復】注中方始說出；可算是比較特殊之處，不知朱子用意爲何？然而可確定的是，朱子亦用「十二月消息卦」以解釋卦辭，可說無須置疑。蓋【復】卦辭，有：「七日來復」之說，朱子云：

> 【復】陽復生於下也，【剝】盡則爲純【坤】十月之卦，而陽氣已生於下矣！積之踰月，然後一陽之體始成，而來【復】，故十有一月其卦爲【復】，以其陽旣往而復反，故有亨道。又内【震】外【坤】，有陽動於下，而以順上行之象，故其占又爲己之出入，旣得无疾，朋類之來亦得无咎。又自五月【姤】卦一陰始生，至此七爻，而一陽來復，乃天運之自然，故其占又爲反復其道，至於七日當得來復。又以剛德方長，故其占又爲利有攸往也。〔註58〕

蓋【姤】爲一陰五陽之五月卦，陰氣始生，至【復】爲一陽五陰之十一月卦，月份算來，剛好是「七」，而對於七「日」與七「月」之明顯差異時，在《朱子語類》中亦有記載其解釋，朱子云：「七日只取『七』義，猶八月有凶只取『八』義。」而李光地《周易折中》也引了鄭剛中之說，曰：「七者陽數，日者陽物，故於陽，長言七日。八者陰數，月者陰物，臨剛長以陰爲戒，故曰八月。」〔註59〕針對「七日」之解，無論是否能言之成理，但是明顯可見，朱子採用「十二消息卦」，是不爭的事實。所以當朱子以【訟】自【遯】六月來、【晉】自【觀】八月來；然而，於【泰】、【否】來說，其爲「十二消息卦」，凡三陽、三陰之卦，理應來自此二卦，才能完構其一貫體系；今朱子卻囿於〈彖傳〉之說，反倒說【泰】自【歸妹】、【否】自【漸】來，消息卦反而來自其所衍生之卦來，若朱子要堅守〈彖傳〉自無可議，然而又要兼顧「十二消息卦」，於【泰】說：「正月之卦」，於【否】說：「七月之卦」，致使爻例混亂，而無法自圓其說，無怪乎後世學者譏評不已。

## （三）一卦自二卦、三卦來者例

朱子「卦變」，又說一卦可自二卦、甚至三卦來者，更是引起學者討論不斷。以【隨】卦爲例。朱子曰：「以卦變言之，本自【困】卦九來居初，又自【噬嗑】九來居五，而自【未濟】來者，兼此二變，皆剛來隨柔之義。」案：

---

〔註58〕 朱子著・王鐵校點：《周易本義》，頁52。
〔註59〕 朱子之言，亦見於李光地：《周易折中》（台中：瑞成書局，2001年10月據清康熙54年「武英殿」原刊本影印），頁401。

朱子依〈彖傳〉說:「剛來而下,柔動而說」,用【困】、【噬嗑】二卦爲說,尚是合乎「二爻相易」的普遍共識,自是可通,尚有言之成理之架構;但是,說【未濟】者,已經是「四爻相易」了,的確是開前所未有之說法。

考察,《程傳》注【隨】卦:「以『卦變』言之,【乾】之上,來居【坤】之下,【坤】之初,往居【乾】之上,陽來下於陰也。」〔註60〕虞翻注:「否上之初,剛來下柔,初上得正;故元亨利貞,无咎。」同樣是說「卦變」,同樣是依據〈彖傳〉說:「剛來而下,柔動而說」,而所述之卦變來源,《程傳》仍依循虞翻說,相較於朱子來說,則明顯是獨闢谿徑,自創一格。

畢竟,《易》例設計,以爲說解經文,使卦爻象與辭之間能有一規則可循,是《易》學家共同自覺意圖;再者,要求條例能夠務求完整一致,方是有所謂客觀可言,得足以服人之心;若因此卦此爻,合乎該卦該爻之需要,就能說該卦自從此卦來者,依此方向來說,則所謂【乾】、【坤】父母卦,亦可自其他卦來乎?干寶《易》注【乾】、【坤】二卦時,就說:

> 陽在初九,十一月之時,自復來也。
> 陽在九二,十二月之時,自臨來也。
> 陽在九三,正月之時,自泰來也。
> 陽氣在(九)四,二月之時,自大壯來也。
> 陽在九五,三月之時,自夬來也。
> 陽在上九,四月之時也。
> 陰氣在初,五月之時,自姤來也。
> 陰氣在二,六月之時,自遯來也。
> 陰氣在三,七月之時,自否來也。
> 陰氣在四,八月之時,自觀來也。
> 陰氣在五,九月之時,自剝來也。
> 陰在上六,十月之時也。〔註61〕

若依干寶條例,一面信守「十二消息卦」時,還能說有所依據,但是仔細再分析,則「陽在上九,四月之時也」,應云:「當自【乾】來。」「陰在上六,

---

〔註60〕程頤《易傳》:「凡成卦,既取二體之義,又有取爻義者,復有更取『卦變』之義者,如【隨】之取義,尤爲詳備。」頁154。可見程頤以【隨】之例,說「卦變」是很堅定的。

〔註61〕干寶之說具見於李鼎祚《周易集解》。

十月之時也」，應云：「當自【坤】來。」如此，則必然形成了：「【乾】自【乾】來，【坤】自【坤】來」的窘困現象了！相信干寶在注解時，或許也發現此理之不妥，而不知所謂矣！因為，當單就各爻注解時，乍見其說，是有其道理可見，然而資料彙集後，整體考察，即見其理之謬誤而顯現粗糙；簡師博賢作〈干寶易學研究〉說干寶之作，是：「殆徒炫虛說，無所取義也。考干氏注乾坤諸爻，凡言爻本、值月者，率皆如是，刪之可免謬贅矣！」〔註62〕良有以也。

　　同理可論，朱子說「卦變」，信守〈彖傳〉之說，單就各卦獨立解說，或許可以呈現其意謂，然而彙集後，竟可明顯發現，無法有前後一致的解說條例！董守諭對此現象，亟欲替朱子尋找理由，他說：

> 京、虞、蜀氏，皆主【隨】自【否】來，【否】上之初，剛來下柔，
> 於義文旨趣，窺見玄微。《程傳》所云：『乾之上九，來居坤之下，坤
> 之初六，往居乾之上。』伊川卦變，雖只就【乾】、【坤】相索言往來，
> 與自【否】來者，未始鑿也。朱子以【困】之初二爻，一升一降成【隨】，
> 【噬嗑】之五上爻升降成【隨】，又以【未濟】之初二升降，五上升
> 降合二變而成【隨】；考亭易學淵藪，或別自有據。〔註63〕

但是，就現象呈顯後，董氏也止能自作寬解，替朱子解套說是：「考亭（朱子）易學淵藪，或別自有據。」至於究竟根據為何，看來董氏也僅能「闕疑」而已！但是這種答案，的確令人見之莞爾！陳夢雷（1650～1741）《周易淺述》【隨】〈彖〉注，就說：「按、《本義》謂以卦變、卦體、釋卦名，義謂自【困】卦九來居初，自【噬嗑】九來居五，自【未濟】來兼此二變，皆剛來下柔也。今按《來註》，但以『綜卦』言之，【隨】、【蠱】相綜；〈雜卦〉原對言之，【隨】以【蠱】之，艮反兌居上，巽反震居下，是剛來下柔也。以後凡言『卦變』者皆從『綜卦』。」〔註64〕陳夢雷則寧願採用來知德（1525～1604）之說，也不隨朱子之說。另外，毛奇齡（1623～1716）《仲氏易》，則創「三易說」有云：

> 若夫三易，則一曰「反易」：「謂相其順逆，審其向背而反見之。」
> 一曰「對易」：「謂比其陰陽，絜其剛柔而對觀之。」一曰「移易」：
> 「謂審其分聚，計其往來，而推移，而上下之。」此三易者，自漢、

〔註62〕簡師博賢：《魏晉四家易研究》〈干寶易學研究〉，頁144。
〔註63〕董守諭：《卦變考略》，頁659。
〔註64〕陳夢雷：《周易淺述》，頁123。

魏迄今，多未之著，而《周易》之所爲《易》，實本諸此。〔註65〕以此意圖，用作調合虞翻、朱子對「卦變」說的不同處；〔註66〕本研究重點並不在辨正孰優孰是，是以先行擱置；但是，由此可以確定的是，朱子自創一卦可自二卦、三卦來的「卦變」說，其中疑慮甚多，因此在後人的《易》學討論中，是完全不接受朱子「卦變」說，則是不爭事實。

### （四）兩卦互來例

朱子說「卦變」者，另有一種比較特殊的，那就是二卦互爲往來者。共有兩組，第一組爲【解】、【升】，解析如下：

【解】卦，朱子注：「其卦自【升】來，三往居四，入於坤體，二居其所，而又得中，故利於西南平易之地。」

【升】卦，朱子注：「升進而上也。卦自【解】來，柔上居四，內巽外順，九二剛中，而五應之，是以其占如此。」可以確定的是，朱子說【升】卦是根據〈象傳〉曰：「柔以時升。」但是說【解】卦，在〈象傳〉裏，就比較沒有明顯的說法，依照朱子的理解，是因爲有「往得眾，……乃得中。」至於第二組爲【漸】、【渙】。

【漸】〈象傳〉，朱子曰：「以卦變釋利貞之意，蓋此卦之變，自【渙】而來，九進居三，自【旅】而來，九進居五，皆爲得位之正。」

【渙】卦，朱子曰：「其變則本自【漸】卦，九來居二而得中，六往居三得九之位，而上同於四，故其占可亨之。」朱子對於【渙】卦，是根據〈象傳〉曰：「剛來而不窮，柔得位乎外而上同。」但是就【漸】卦而言，並不是從卦辭內容而注解，而是依〈象傳〉有：「進得位，往有功」而言。由此又可考察出朱子之「卦變」說，有時可以就卦辭、〈象傳〉辭即能相互呼應，有時就僅能依〈象傳〉辭強作解讀；朱子「卦變」體例，又是另一方面的混淆。

接著，仍以對比視野，來觀察虞翻、朱子之說。按、【解】卦辭：「解，利西南，无所往，其來復吉，有攸往，夙吉。」針對「利西南」者，《周易集解》【解】卦，引虞翻曰：「臨初之四，坤西南，卦初之四得坤眾，故利西南，往得

---

〔註65〕毛奇齡：《仲氏易》收入《皇清經解易類彙編》卷九十，頁145。

〔註66〕例如【賁】，虞翻說自【泰】來，朱子說自【損】、【既濟】二卦來，毛奇齡則說自【泰】、【損】、【益】三卦來均可。黃沛榮就此，認爲：「諸家反覆推闡，更互演繹，皆無當於經義。……皆以反對之義爲說耳。」見《周易象象傳義理探微》（臺北：萬卷樓圖書公司，頁2001年4月），頁4～5。是知黃沛榮說與來知德說相近。

眾也。」是知虞翻「卦變」說，以「二陽四陰之卦，來自【臨】、【觀】例」，所以說：「臨初之四」；又【坤】卦辭：「坤，元亨利牝馬之貞，西南得朋，東北喪朋，安貞吉。」有「西南」之辭，所以虞翻云：「坤西南，卦初之四得坤眾，故利西南」。李道平疏：「從二陽四陰之例，卦自【臨】來，故云：『【臨】初之四。』【坤】位西南，四體【坤】，【坤】廣生爲眾，初之四成【解】，故得【坤】眾。〈象傳〉曰：『利西南，往得眾也』。」〔註67〕至於【升】卦，《周易集解》引虞翻注：「【臨】初之三，又有【巽】象，剛中而應，故元亨也。」李道平疏：「【臨】卦辭曰：『元亨』。」〔註68〕所以虞翻取【臨】說【升】，由此可知，虞翻「卦變」說某卦自某卦來，一直堅守卦象與卦辭之綰合之必然關係。

至於朱子：「其卦自【升】來，三往居四，入於坤體，二居其所，而又得中，故利於西南平易之地。」其所謂「坤體」「利於西南平易之地」云云，不僅取【坤】卦有「西南」之辭，更取邵雍有所謂「文王八卦圖」，【坤】即在西南方位，或許也說得通。〔註69〕但是，當朱子以〈象傳〉：「柔以時升」爲據，說【升】自【解】來，就顯得毫無來由，只因「柔以時升」，則【臨】也是有具備「柔以時升」的條件，何以朱子不取用？考《周易折中》【升】〈象〉，李光地引冀煥之說：「〈象傳〉，柔以時升，似指六五而言，非謂『卦變』，故下文言『剛中而應』，亦謂二應五也。」〔註70〕就明確的不認爲有「卦變」之跡。況且說【升】、【解】是互來云云，在卦辭關聯上，沒有呈現必然條件時，仍然可以輕易的推翻其說，這是不爭事實！

## （五）小　結

總之，朱子「卦變」說，有兩點爭議處：若就虞翻「卦變」說之目的，朱子的「卦變」說，是與之有明顯不同，此爲第一點；至於第二點來說，以〈象傳〉說，則合乎朱子所謂「卦變」條件者，並非僅此十九卦，黃宗羲就仔細分析，可得下列現象：

> 朱子之所舉者，亦有未盡；【訟】之自【无妄】、自【巽】，【隨】之自【既濟】，【蠱】之自【未濟】，【噬嗑】之自【未濟】、自【賁】、自【隨】，【賁】之自【蠱】、自【噬嗑】，【无妄】之自【家人】，【大

〔註67〕李道平：《周易集解纂疏》，頁463。
〔註68〕李道平：《周易集解纂疏》，頁527。
〔註69〕朱子：《周易本義》前九圖說之第八圖。
〔註70〕李光地：《周易折中》卷十，頁1005。

－193－

畜】之自【睽】,【咸】之自【困】,【恒】之自【井】,【晉】之自【艮】、自【萃】,【睽】之自【大畜】、自【兌】,【蹇】自【坎】、自【萃】、自【艮】,【解】之自【震】、自【小過】、自【坎】,【升】之自【明夷】,【鼎】之自【離】、自【大過】,【漸】之自【否】,【渙】之自【益】、自【未濟】,復得二十九卦,而兼之者,不與焉。此二十九卦者,以爲有用乎?則爲〈象辭〉之所不及。以爲無用乎,不應同一卦變,在一卦中,其可以附會〈象辭〉者,從而取之,其不可以附會象〈辭者〉,從而置之!朱子云:『某之說却覺得有自然氣象。』者安在也?且易所謂『往來上下』者,自內之外謂往,自外之內謂來,上者上卦也,下者下卦也,今兩爻互換,同在內卦而謂之往,同在外卦而謂之來,同在上卦而曰下,同在下卦而曰上,即欲附會之而有所不能矣!是朱子之『卦變』,兩者俱爲無當宜乎,其說之不能歸一也!

〔註71〕

黃宗羲也是根據〈象傳〉所云條例,以針對朱子「卦變」體例之不一作了詳細分解,以子之矛、攻子之盾,可說是歷代以來,最明確的糾舉!然而,近人有持不同看法者,大陸學者王風就認爲,不少學者批評朱義《卦變圖》,認爲《周易本義》注文與卷首《卦變圖》不合,實際上,這些學者未能認識到朱熹《卦變圖》是用二維圖表表達多維內容,從而誤讀了這張圖。而一旦正確解讀朱熹《卦變圖》,將會發現《周易本義》注文與卷首《卦變圖》符合若契,毫無相悖之處。〔註72〕針對王風的用心,拙文以爲,所謂「二維圖表」云云是否可以用來合乎朱子說法,不無質疑之處?再者,王風以「三陽三陰」之例作說明,或許還可以解釋的通達,但是,若以「二陽二陰」之例,說【解】自【升】來,還合乎王風條例,但是當說【升】自【解】來時,就明顯不適用了,因爲【升】、【解】是平行關係,不是主從關係了!因此,朱子「卦變」說仍見有體例不一之憾,絕對是不爭事實。

當然,換個角度思考,所謂「唯變所適」,在此精神下來理解,說某卦自某卦而來,或一卦、或二卦、三卦,只要能證體《易》是講「變」的價值,

---

〔註71〕黃宗羲:《易學象數論》〈卦變三〉,頁35。至於其後之胡渭《易圖明辨》卷九〈卦變〉章,也接受黃氏之說而更爲推衍。

〔註72〕王風:〈論《本義》注文與卷首《卦變圖》之相合〉見《周易研究》(2004年4月),頁19~28。

就是正確的，朱子從事卦變、卦理的建構，就是要尋求治學「活法」。何謂「活法」？朱子曰：「大抵古書殘闕，未易以臆說斷，惟古筮之法，則其象數具存，恐有可以義起者，推而得之乃所謂『活法』耳。」〔註73〕能活就能變，此道理是深受《易》學者所認同的。況且〈象傳〉之說，漢、魏《易》學家，不一定就是正確理解！董守諭更推而闡釋之，其曰：

> 朱子不云乎古註，說【賁】卦自【泰】來，後儒非之，以爲【乾】、
> 【坤】合而爲【泰】，豈有【泰】復變爲【賁】之理！殊不知，若論
> 伏羲畫卦，則六十四卦一時俱了，雖【乾】、【坤】亦無能生諸卦之
> 理，若如文王、孔子之說，則縱橫曲直，翻覆相生，無所不可由。
> 〔註74〕

又說：

> 胡一桂云：「《本義》上下經，所釋卦變，凡十九卦，且所釋【訟】、
> 【晉】與圖同，餘皆不合，如【隨】自【困】、【噬嗑】、【未濟】來，
> 據圖則自【否】、【泰】來，然則朱子釋變，原不拘於一隅，亦自與
> 漢魏諸家有神交也。」〔註75〕

依此，漢、魏學人說「卦變」可，朱子之異說，論「卦變」亦可，凡變即可，仍是合乎「唯變所適」之大原則。大陸學者余敦康更說：「〈象傳〉是以爻變而言卦變，並沒有以乾坤而言卦變，前人的成說在經典上是缺乏依據的。朱熹秉著嚴謹的治學精神對此十九卦作了全面的考查，以求其義例。」〔註76〕若是如此，則是明、清以來之學者，一直誤解朱子「卦變」之說了。

## 四、論朱子「卦變」說之建構途徑

就朱子的學問，博大精深，《宋元學案・晦翁學案》稱其爲：「致廣大，盡精微，綜羅百代矣。」〔註77〕然而，其《易》學「卦變」說，在歷代以來，卻是毀多譽少，甚至連自詡爲朱子學羽翼之明清學者，也多不認同；這些種

〔註73〕朱鑑編：《文公易說》卷二十二〈答程可久〉，頁849。
〔註74〕董守諭：《卦變考略》，頁662。
〔註75〕董守諭：《卦變考略》，頁664。
〔註76〕余敦康：〈朱熹《周易本義》《易學啓蒙》象數之學述評〉收入劉大鈞編《象數精解》（四川：巴蜀書社，2004年5月），頁195。
〔註77〕黃宗羲撰・全祖望補：《宋元學案》卷四十八（臺北：世界書局，1991年9月5版），頁846。

種現象的顯示，與我們所認知的朱子學術氣勢，實在有段距離。但是若加以重新思索，我們所討論的「卦變」概念，一直橫亙著漢、魏以來的傳統說法為基本出發對照點，倘若朱子的說法，如果不是漢、魏系統的承襲者或修正版，那麼歷代以來的討論，眞的如余敦康所說，也許都是岔離朱子主題！況且對於漢、魏「象數」《易》學，朱子是有相當大的批評的；朱子在其《易學啓蒙‧序》中說：

> 近世學者，類喜談《易》而不察乎此。其專於文義者，既支離散漫而無所根著，其涉於象數者，又皆牽合傅會，而或以為出於聖人心思智慮之所為也。若是者，予竊病焉！因與同志頗輯舊聞，為書四篇，以示初學，使毋疑於其說云。〔註78〕

可見朱子的《易》學「象數」觀，是有著他獨特之看法的，而這些獨特看法，就在《易學啓蒙》一書中，以〈本圖書〉、〈原卦畫〉、〈明著策〉、〈考變占〉等四篇文章中表現出來。〔註79〕

## （一）從《易學啓蒙》說「卦變」

《易學啓蒙》一書的內容，朱子是有其堅定之學術建構想法，《朱子語類》記載：「〈大學〉、《啓蒙》畢。（朱子）因言：『某一生只看得這兩件文字透，見得前賢所未到處，若使天假之年，庶幾將許多書逐件看得恁地，煞有工夫。』」〔註80〕學界普遍認為，朱子〈大學〉注，是其思想體系，提綱挈領的建構，也是對抗禪宗思想的重要依據，是相當重要的學術地位；〔註81〕今以《啓蒙》與〈大學〉相提並論來看，可見是有朱子另一方面的思想體系建構之看法；由此可知，《啓蒙》說「考變占」，其實所賦予的定義絕對不同；有了此觀念的掌握，當知朱子應當有其治學用心。因為對於《啓蒙》，朱子的明確度是比

---

〔註78〕朱鑑編：《文公易說》卷二十二〈揲法卜法〉，頁 842。

〔註79〕林文彬：〈朱子《易學啓蒙》初探〉（台中：國立中興大學中文學報，1996 年 1 月），頁 231～249。其「摘要」說：「我們可以透過此書，看出朱子如何基於『太極之理』的思路，來剖析《周易》的象數結構，以彰顯出『易本卜筮之書』的本來面目。」

〔註80〕黎靖德編：《朱子語類》卷十四〈大學一‧綱領〉，頁 258。

〔註81〕例如劉澤亮〈從《五經》到《四書》：儒學典據嬗變及其意義——兼論朱子對禪佛思想挑戰的回應〉：「朱子特別重視《大學》的綱要性。……他不僅對《大學》一書分經、傳，變次序，而且對格物致知章補闕傳，用力最勤，貢獻最大。……是朱子基於禪佛教心性論的挑戰而提出的儒學新綱領。」（東南學術，2002 年第 6 期），頁 18。

《本義》強得多，〔註82〕畢竟礙於注《經》原則，在《本義》就有許多限制，相對於《啓蒙》來說，不僅是後來之作，〔註83〕更可暢所欲言。朱子云：

> 熹向來作《啟蒙》，正爲見人說得支離，因竊以《易》中所說象數，聖人所已言者，不過如此今。學《易》者，但曉得此數條，則《易》略通大體，而象數亦皆有用，此外紛紛皆不須理會矣！〔註84〕

所以，我們或許可以相信，朱子是要另築《易》學系統，以用來考察其「卦變」說；或許，吾人由此方向來考察，能得新概念。

　　朱子《易學啓蒙》〈考變占〉，所述三十二圖，以明一卦可變六十四卦的道理，朱子曰：「於是一卦可變六十四卦，而四千九十六卦在其中矣，所謂引而伸之，觸類而長之，天下之能事畢矣。」〔註85〕又說：「以上三十二圖，反復之則爲六十四圖。圖以一卦爲主，而各具六十四卦，凡四千九十六卦，與焦贛《易林》合。然其條理精密，則有先儒所未發者，覽者詳之。」〔註86〕朱子所云，的確是前無來者，後無繼者，以此再來重新解讀朱子於《本義》所說之「卦變」，「某卦自某卦來」者時，或許朱子以《易學啓蒙》作爲「卦變」說根據，就不會產生後人那麼多的質疑了！因此我們也許可以假設，研究朱子「卦變」說，應當採用《啓蒙》三十二圖，而不是依據《本義》之「卦變圖」。黃宗羲說的好：「朱子言以〈彖辭〉考之說卦變者凡十九卦，蓋言成卦之由。〈彖辭〉不言成卦之由，則不言所變之爻，此是朱子自言其卦變也。」〔註87〕拙意以爲，黃宗羲點出了朱子之重點，即在「成卦之由」，此線索以目前來看，是頗富價值。清儒錢大昕（1728～1804）也頗慧眼獨據的指出，說：「〈卦變圖〉，《啓蒙》詳之，蓋一卦可變爲六十四卦，〈彖傳〉卦變偶舉十九卦，以爲說爾。」〔註88〕更可爲

---

〔註82〕 李光地：《周易折中》於【比】九五「案」語，説：「《本義》係朱子未脩改之書，故其後來講論每有不同。」頁235。

〔註83〕 王懋竑（1668～1741）：《朱子年譜》，説《本義》成於淳熙四年（1177），《啓蒙》成於淳熙十三年（1186）（臺北：臺灣商務印書館，1971年）。但是今本《周易本義》之〈繫辭〉上十一章：「河出圖，洛出書。」朱子注：「詳見《啓蒙》。」則又可證《本義》在後，因此近年來，又多有推翻，至於詳請如何，在此不贅述，本研究僅在說明，以創作概念來說，《啓蒙》應在《本義》後之作。

〔註84〕 朱鑑：《文公易説》卷十九，頁818。

〔註85〕 朱子：《易學啓蒙》〈考變占〉。引自李光地：《周易折中》頁1830。

〔註86〕 朱子：《易學啓蒙》〈考變占〉。引自李光地：《周易折中》頁1896。

〔註87〕 黃宗羲：《易學象數論》〈卦變〉，頁55。

〔註88〕 錢大昕：《潛研堂文集》卷三十八〈王先生懋竑傳〉《四部叢刊初編》（臺北：臺灣商務印書館，1966年），頁376。

旁證也。至於一針見血，講出箇中奧妙者，莫過於南宋‧俞琰（1258～1327）所說：「卦變之說，用之占法則可，用之解經則不可。」〔註89〕他們都已觸及朱子「卦變」之所以異於傳統的特點，深具參考價值。

## （二）從「《易》本卜筮之書」說「卦變」

至於朱子〈考變占〉的「卦變圖」與《本義》前的〈卦變圖〉其不同處應如何區隔？拙意以為，朱子《易》學是整體的，不可僅就部份現象來討論。探討朱子《易》學「卦變」說，還是得回到「《易》本卜筮之書」的觀點出發。

說《易》是「卜筮」，本是一種傳統的說法。面對傳統，我們很容易習以為常，而絲毫不覺其中有那些問題尚未釐清；甚至奉為權威而遵行不疑。但是就朱子個人體會，以及時代特殊性，卻展示出朱子與傳統不同的學術觀點。朱子《易》學企圖，主張直接回到原點，說：「《易》本卜筮之書」，蓋回原點，方可以探求真象，而不致於人云亦云！本研究於之前〈卜筮〉章嘗引德國哲學家葛達瑪之「詮釋學」說以參照，簡而言之，它是允許後人可以根據自我所體會的價值，去解讀經典；所以，就朱子「《易》本卜筮書」之觀點來看，就是要恢復各創作者的時代用心，因此說伏羲畫卦，就是畫卦而已；文、武王作卦爻辭，就是卦爻辭，他可以是因卦象而來，但是不等於卦象；孔子作《易傳》，就是《易傳》，他可以是根據卦爻辭而來，但是不等於僅是卦爻辭的內容而已。以此類推，王弼《易》注、程子《易傳》，或許是根據以上四聖而來，而四聖僅是居於啟發的地位，闡釋者有其自己的個人標準在，或反應時代、或指導未來、或展現學養，但是都僅是其個人《易》學的一家之言，不是之前四聖之體會所能拘束；所以朱子說：

> 孔子之易，非文王之易，文王之易，非伏羲之易，伊川易傳，又自程
>
> 氏之易也。故學者且依古易次第，先讀本爻，則自見本旨矣。〔註90〕

因此後代學者讀《易》時，應有基本概念：一者、不要被前賢所囿，二者、應該回歸原典，三者、鼓勵自己應有獨特性見解，四者、體認不同時代有其亟需處理的問題是以經典解讀重點亦有不同。以上所述，是呈現尊重的、進步的學術開放空間；朱子說「《易》本卜筮之書」的涵義，即在此精神下呈現價值。〔註91〕蔡方鹿作《朱熹經學與中國經學》，亦有專篇討論朱子之「經典

---

〔註89〕俞琰：《讀易舉要》卷一〈卦變說〉《文淵閣四庫全書》冊21，頁409。。
〔註90〕黎靖德編：《朱子語類》卷六十七〈易三〉〈綱領下〉〈三聖易〉，頁1648。
〔註91〕十七世紀初，有英國哲學家培根（Francis Bacon）作《新工具》（New Organon）

詮釋方法」，〔註92〕其中有所謂「歷史還原法」、「因時結合法」、「古爲今用法」
云云，可以與葛達瑪之看法相呼應，都可呈顯朱子的《易》學涵義，此即是
余敦康所說的：「朱熹認爲，象數在先，義理是隨著人類智力的進展根據對象
數不斷深入的理解逐漸開發出來的。」〔註93〕由此理解與體會時，再來看朱
子之說，就知道說「《易》本爲卜筮之書」說，並不是藐視經典，而是更尊重
之，朱子云：

> 八卦之畫，本爲占筮。方伏羲畫卦時，止有奇偶之畫，何嘗有許多
> 說話；文王重卦作繇辭，周公作爻辭，亦只是爲占筮設；到孔子，
> 方始說從義理去。〔註94〕

這是朱子簡單的講「《易》本卜筮之書」的概念。至於充分敘述，足以明識朱
子《易》學者，莫過於《朱子語類》所記載者：

> 聖人作《易》之初，蓋是仰觀俯察，見得盈乎天地之間，無非一陰
> 一陽之理，有是理則有是象，有是象則其數便自在這裏，非特〈河
> 圖〉、〈洛書〉爲然。……自伏羲而上，但有此六畫，而未有文字可
> 傳；到得文王、周公，乃繫之以辭，故曰：「聖人設卦觀象，繫辭焉
> 而明吉凶。」蓋是卦之未畫也，因觀天地自然之法象而畫。……是
> 伏羲即卦體之全，而立箇名如此。及文王觀卦體之象，而爲之〈彖
> 辭〉，周公視卦爻之變，而爲之〈爻辭〉而吉凶之象益著矣！大率天
> 下之道，只是善惡而已，但所居之位不同，所處之時既異，而其幾
> 甚微，只爲天下之人不能曉會，所以，聖人因此占筮之法以曉人，
> 使人居則觀象玩辭，動則觀變玩占，不迷於是非得失之途。……蓋
> 其所謂象者，皆是假此眾人共曉之物，以形容此事之理，使人知所
> 取舍而已。故自伏羲而文王、周公，雖自略而詳，所謂占筮之用則
> 一，蓋即那占筮之中，而所以處置是事之理，便在那裏了；故其法

---

一書中指出，在人類知識學術的發展過程中，阻礙進步是來自人類思想中的
種種蔽障，是爲：「種族的偶像」、「洞穴的偶像」、「市場的偶像」、「劇場的偶
像」。以上之說引自劉岱《中國文化新論・序論篇》《不廢江河萬古流》（臺北：
聯經出版事業公司，1981 年 9 月），頁 23～28。此說之企圖，與早在十二世
紀之朱子，可說是不謀而合，是知大學問家之必然敏銳觸覺也。

〔註92〕 蔡方鹿：《朱熹經學與中國經學》（北京：人民出版社，2004 年 4 月），頁 545
～555。

〔註93〕 余敦康：〈朱熹《周易本義》《易學啓蒙》象數之學述評〉，頁 167。

〔註94〕 黎靖德編：《朱子語類》卷六十六〈易二〉〈綱領上之下〉〈卜筮〉，頁 1629。

> 若粗淺，而隨人賢愚，皆得其用。……到得夫子，方始純以理言，
> 雖未必是羲文本意，而事上說理，亦是如此。但不可便以夫子之說，
> 爲文王之說。〔註95〕

此段可依幾點解析：（一）四聖相傳之《易》學，僅是依個人價值之點撥，不是形在影隨般的附和而已，是以朱子一再強調：「所居之位不同，所處之時既異，而其幾甚微。」「故其法若粗淺，而隨人賢愚，皆得其用。」是以說其精神是與「開放詮釋學」之觀念吻合。（二）孔子〈象傳〉之作，是源自伏羲畫卦象、文武王作卦爻辭而來的是沒錯，然而，孔子自有其體會；因此欲從〈象傳〉上推，以明識伏羲卦象時，有時是可符合者、有時是孔子自我體驗者，此中些微差別，必須區分掌握好關鍵點，此即爲「其幾甚微」、「但不可便以夫子之說，爲文王之說」的朱子「易本卜筮之作」之辨明與學術立場。（三）後代學者，自有其所處之不同時代，當然有其不同面對之事件，因此也可以隨其所理解的《易》學價值，作不同的應變與解決，此即「隨人賢愚，皆得其用」之道理也。當掌握了朱子之「《易》本卜筮之書」的眞諦後，吾人即可進而體會出朱子所謂的：「《易》只是個空底物事」的見解。朱子云：

> 若《易》只則是個空底物事。未有是事，預先說是理，故包括得盡
> 許多道理，看人做甚麼，皆撞著他。〔註96〕

由於他是「空底物事」，所以能包容各種可能、套入各種具體事物；換句話說，朱子認爲學《易》的主要特點，在能掌握其中的抽象道理，不會受具體的、個別的的事件給牽制，而顯出僵化不自然；至此，我們可以說，朱子的「《易》本卜筮之書」是一種消除權威迷霧、還原經典學理的工作，是一種開放與尊重的詮釋工作，是一種破除權威、以得自由思維的工作。

但是說「開放詮釋」並不是漫無止境的任意作解，依朱子的體會，仍必須是有所範疇與依據，那就是要不得違離孔子〈彖〉、〈象〉等傳文的精神，朱子云：

> 大概看《易》，須謹守〈彖、象〉之言，聖人自解得精密平易。後人
> 看得不子細，好用己意，解得不是。〔註97〕

這裏的「謹守」二字，即在昭示著孔子〈彖〉傳之詮釋，與伏羲卦象之微妙

---

〔註95〕黎靖德編：《朱子語類》卷六十七〈易三〉〈綱領下〉〈三聖易〉，頁 1646。
〔註96〕黎靖德編：《朱子語類》卷六十六〈易二〉〈綱領上之下〉〈卜筮〉，頁 1631。
〔註97〕黎靖德編：《朱子語類》卷七十三，〈易九〉〈艮〉條，頁 1852。

體會，值得吾人細細品味，其中有雙方的契合處，也有個別的特殊性，因此，學者同樣說「以〈象〉解《經》」，但是就箇中蘊涵來看，朱子仍有其不同的堅持，即說「以〈象〉解《經》」是其中方法之一，而非絕對標準。

　　無論朱子《易》學的根據是否合乎歷史真相，〔註98〕這畢竟是朱子《易》學系統中的很重要的基本立場。因此我們可以在此理解出，朱子是從「《易》本卜筮之書」的觀點，到「卦變」說的提出，就是要由伏羲《易》象之闡述而來，他與漢、魏《易》學家所根據文、武王的卦爻辭的原則，畢竟是不同的出發點。當體會了此點的不同，我們就能瞭解，朱子引用邵雍「先天」、「後天」，〈河圖〉、〈洛書〉之說，以完構其伏羲《易》之體系的用心了。

## （三）從邵雍《易》學說「卦變」

　　就邵雍（1011～1077）的《易》學體系，在北宋當時，並不受到同時的《易》學家給予青睞，〔註99〕誠如勞思光所說：「蓋康節之學主要為一極特殊之宇宙論，而以河圖洛書之說為依據，與二程之純粹形上學理論相距極遠。且此種學術之學所代表之精神方向，尤與儒學之精神方向大有衝突。」〔註100〕直到南宋，朱子慧眼獨具，特別提出闡揚，朱子云：

> 然此非熹之說，乃康節之說，非康節之說，乃希夷之說，非希夷之說，乃孔子之說；但當日諸儒既失其傳，而方外之流，陰相付受，以為丹竈之術，至於希夷、康節，乃反之於易，而後其說始得復明於世。然與見今《周易》次第行列多不同者，故聞者創見多不能曉，而不之信，只據目今見行《周易》，緣文生義，穿鑿破碎，有不勝其杜撰者，此《啟蒙》之書，所為作也。若其習聞易曉，人人皆能領畧，則又何必更著此書？以為屋下之屋，牀上之牀哉！〔註101〕

就《易》〈圖〉，朱子的看法，主張一脈相傳，而且相傳血脈是歷歷可考；當

〔註98〕如曾春海《朱熹易學析論》認為：「蓋周易經傳皆未曾確定文王、周公演卦、繫卦爻辭，而先秦典籍亦乏有力的戴錄，因此朱子的說法似不足徵信。」（臺北：輔仁大學出版社，1990年9月再版），頁34

〔註99〕黃宗羲編·全祖望補：《宋元學案·百源學案》：「明道云：『堯夫欲傳數學于某兄弟，某兄弟那得工夫。』」勞思光先生《新編中國哲學史（三上）》：「皆可知二程始終認為康節之學非正道所在。」（臺北：三民書局，1989年10月5版），頁154。

〔註100〕勞思光：《新編中國哲學史（三上）》，頁156。

〔註101〕朱子：《朱文公文集》卷三十八〈答袁機仲三〉，頁1668。

時學者如袁機仲者，就提出相大的質疑，認爲所謂《易》〈圖〉，其遠離儒學精神甚遠，而且，符合方外煉丹之術之條件又甚爲緊湊，這幾乎是學界普遍的看法；然而，朱子卻爲之大力支持，甚至又說：

> 來教疑《河圖》《洛書》是後人僞作。熹竊謂，生於今世而讀古人之書，所以能別其眞僞者，一則、以其義理之所當否而知之，二則、以其左驗之異同而質之；未有舍此兩塗，而能直以臆度懸斷之者也。熹於世傳《河圖》、《洛書》之舊，所以不敢不信者，正以其義理不悖，而證驗不差。爾來教必以爲僞，則未見有以指其義理之繆，證驗之差也，而直欲以臆度懸斷之。此熹之所以，未敢曲從而不得不辨也。」〔註102〕

朱子堅信邵雍《易》學，由此可證。〔註103〕朱彝尊（1629～1709）《經義考》引魏了翁之說：「朱文公《易》得於邵子爲多，蓋不讀邵《易》，則茫然不知《啓蒙》、《本義》之所以作。」〔註104〕的確是簡要而觸及重點，值得重視。

朱子之所以堅定意志，大力汲引邵雍《易》學，這又與朱子《易》學中的「《易》本卜筮之書」之主張，是息息相關的，即在建構儒學新體系，以便對抗佛、老之學；〔註105〕當瞭解了這一層的觀念後，朱子的「卦變」說與漢、魏《易》學體例不同的原因，也就豁然呈現出來了。杜保瑞說：「邵雍的先天易圖事實上與《周易》卦序排列不同，因爲思考的邏輯本來就不相同，因此它在易學史上的適用意義恐怕還是只有在邵雍自己的問題意識脈絡下的哲學理論中才有實效。」〔註106〕當系統不同，其所要呈現的價值，也必然隨之不同。

考察邵雍《易》學，不得以傳統《易》學概念來檢視，畢竟，彼此之間

---

〔註102〕朱子：《朱文公文集》卷三十八〈答袁機仲三〉，頁1664。

〔註103〕朱鑑：《文公易說》：「康節說伏羲八卦，乾位本在南，坤位本在北，文王重易時，更定此位，其說甚長，大概近於附會穿鑿。」卷二，頁448。可見朱子對於邵雍《易》學，並非全然無疑，只是，朱子要建構思想體系，於此先引用。

〔註104〕朱彝尊：《經義考》卷三十一，朱子《著卦考誤》〈提要〉引魏了翁之說（臺北：臺灣中華書局，1797年2月），頁2。。

〔註105〕林慶彰說：「以上各種易圖，都帶有解釋宇宙化生萬物的意義在內，理學家用這些圖來彌補儒家宇宙論思想的不足，並作爲對抗佛、老思想的部分依據。」《清初的群經辨僞學》〈考辨易圖〉（臺北：文津出版社，1990年3月），頁77。林先生之說是當時的普遍性，朱子的說法是其個人的特殊性。

〔註106〕杜保瑞：《北宋儒學》〈邵雍易學與歷史哲學進路的儒學建構〉（臺北：臺灣商務印書館，2005年4月），頁124。

是不同的思考進路；就〈繫辭傳上〉來說：「易有太極，是生兩儀，兩儀生四象，四象生八卦，八卦定吉凶，吉凶生大業。」〈繫辭傳下〉：「八卦成列，象在其中，因而重之，爻在其中矣。」是知，傳統《易》學是採用類似所謂「等比」數學觀念，由一而二而四而八而六十四，其中，由八至六十四之演化，是活潑的生機盎然，是諸如〈繫辭傳上〉所說的：「化而裁之存乎變，推而行之存乎通，神而明之存乎其人。」就在強調個人在不定的「變」、「通」萬象中，隨其體驗、各有所悟，進而開展不同生命價值。至於邵雍的《易》學體會，誠如杜保瑞所說的：

> 在易學史上的知識意義為建立認識卦象的最簡易的排列序，即一分為二的加一倍法的序列，一方面表現在易圖中，另方面表現在以四象說天地萬物中。至於這樣的易學與儒學理論關涉的知識意義，則是藉由聖人對天地萬物的知識的掌握，從而作為治國用世之資訊依據，在知識掌握上盡知，這就是邵雍的宇宙論建構的目的。〔註107〕

邵雍是「加倍法」，依照機械化的排序法，排演各項預期結果，缺失當然是少掉了各人的活潑性，以至於人人僅能在一定的規則內去尋求發展而已；〔註108〕但是，其積極用心，希望以「智性」的思維，以建構系統，來掌握天地萬象，進而能夠客觀提供後人依隨根據；這是邵雍《易》學與傳統《易》學之間，最大的不同點。

　　所以當我們看到朱子極力認同邵雍《易》學時，就必須先掌握朱子《易》學的區分，有時是採用傳統《易》學觀，有時是借取邵雍之說；就如同之前所言的朱子〈象傳〉看法一樣。因此當見到朱子之《本義》前之「卦變圖」與《本義》內容所述之「卦變」說不相合時，根本就不用訝異其中的錯誤點，因為「卦變圖」是代表「孔子《易》學」，而朱子《本義》的「卦變」說，是從卜筮角度出發，是依據「伏羲《易》學」來體驗。朱子《本義》前之九圖按語，即明確講出此種概念，朱子云：

> 《易》之圖九，有天地自然之《易》，有伏羲之《易》，有文王、周公之《易》，有孔子之《易》。自伏羲以上，皆無文字，只有圖書，

〔註107〕杜保瑞：《北宋儒學》〈邵雍易學與歷史哲學進路的儒學建構〉，頁127。
〔註108〕曾春海《朱熹易學析論》說：「邵康節添加己意，把數說得細密繁複僵硬，把自然的變化侷限於方圓規矩之中，使宇宙生化的秩序說得如機械秩序般，與易書『神無方而易無體』，『不可為典要，唯變所適』之言不類，喪失大易活潑神妙的不可測性及變易精神。」頁26。

最宜深玩，可見作《易》本原精微之意；文王以下，方有文字，即今之《周易》。然讀者亦宜各就本文消息，不可便以孔子之說，爲文王之說也。〔註109〕

錢賓四先生引朱子《語類》卷六十七云：「孔子之易，非文王之易；文王之易，非伏羲之易。」闡釋說：「朱子論易，先分爲伏羲、文王、孔子之三層次。伏羲僅畫卦，即象數之易也。」〔註110〕此說甚好，足證朱子所說的「卦變」說，就是借孔子〈象傳〉的啓發，以說伏羲《易》學。朱子云：

> 如卦變圖，剛來柔進之類，亦是就卦已成後，用意推說，以此爲自彼卦而來耳；非眞先有彼卦而後方有此卦也。古注說【賁】卦自【泰】卦而來，先儒非之，以爲【乾】、坤合而爲【泰】，豈有【泰】復變爲【賁】之理？殊不知，若論伏羲畫卦，則六十四卦一時俱了，雖【乾】、【坤】亦無能生諸卦之理，若如文王、孔子之說，則縱橫曲直，反覆相生，無所不可，要在看得活絡，無所拘泥，則無不通耳。〔註111〕

朱子是主張「伏羲畫卦，則六十四卦一時俱了」，因此其所謂的「卦變」，就是從伏羲《易》學角度而說，因此朱子才會接著說文王、孔子說得僅是「活絡」，就是區別著《易》學的階段不同處而抒發。楊自平說：「朱子依據〈象傳〉提出卦變的概念，將六十二卦各種變化的可能展現；此非用以解釋經文，而是展示六十四卦間經由爻畫升降產生的各種聯結。」〔註112〕朱子論「卦變」學理論目的非在證文王、周公之卦爻辭，而是在說伏羲六十四卦象，因此云：「非用以解釋經文」，即是此意。

---

〔註109〕朱子：《周易本義》，頁29。

〔註110〕錢穆：《朱子新學案》第四冊〈朱子之易學〉（臺北：聯經出版公司，1998年），頁45。

〔註111〕朱鑑：《文公易說》卷二，頁449～450。

〔註112〕楊自平：〈《易經》「升降」與「反對」兩種卦變義例的考察〉發表於（台北《中國文哲研究集刊》第17期，2000年9月），頁479。然楊先生此作仍有可議之處，即其論「卦變」者，乃取廣義範圍，因而有「升降」與「反對」等之考察，而得出以吳澄之說：「除了注意升降變化外，更加入卦體結構的考量，引入了反對概念，而呈現六十四卦間升降與反對兩種關係，也使得吳澄的卦變理論更形周延。」頁488。就此結論，本研究認爲仍屬於卦爻之間的變化遊戲，與虞翻意圖證明「經文」的立場不同，因此，學者都言「卦變」，乃「名同實異」，其目的意謂均不同，當不在同範疇定義下，討論是無共識，則孰優孰佳之論斷，實屬無義。

相較於漢、魏《易》學看法，特別是虞翻「卦變」說，他是延續「四聖同揆」的理念，四聖的作法、精神、意境，完全是相符合，因此《易傳》必是根據且合乎「卦爻辭」，「卦爻辭」必然合乎「卦象」，是以說卦爻必然與卦象吻合；元儒王申子《大易緝說》：「聖人所繫卦辭、爻辭，无一字不在六畫上取來。」〔註113〕就是從這種「四聖同揆」的價值看法而來。因此虞翻「卦變」，甚至其他《易》例之用心，都可以由此方向來體會。高懷民說：「虞氏卦變，則因為受了注經的牽制，不能悉心著意於卦象的安排，所以他的卦變雖然規模已具，卻難免其中有違例之處。」〔註114〕高先生說虞翻，因為以「注經」為第一考量，的確道出虞翻用心之所在，這也即是簡師博賢所昭示的：「所以驗易辭之義，實卦所本有；以明此卦之必有此辭，而辭之義必蘊於此卦；因以證成卦與卦辭之必然縮合。」因此，一樣是「卦變」說，對比朱子、虞翻之所以有不同的表現，其實癥結點，就在「四聖同揆」的解讀方向有異，自然會有不同結果。總而言之，他們的重點，不是「卦變」說孰優孰非的問題，而是對整個《易》學原始與發展取向態度的問題。

## 五、論朱子「卦變」說是《易》學體系之新建構

如果以漢、魏《易》學條例之標準，來討論朱子「卦變」說，自然是不相應的，就如黃宗羲所說：「朱子雖為此圖，亦自知其決不可用。」〔註115〕畢竟，朱子的用心本就不在與漢、魏學者同方向；然而，自詡為「朱子學」之承繼後學者，卻一直無法跳脫此範圍，當然是得不出真象。因此本研究以為，以朱子《啟蒙》系統的說法來思索，也許能得道朱子的用心。《朱子語類》有記載朱子師弟對「卦變」說的討論，可以看出，朱子的「卦變」說，早在當時就已經有質疑點了，而這個質疑由其弟子提出，朱子回答，倍顯珍貴，其曰：

（董銖）問：近略考卦變，以象辭考之，說卦變者凡十九卦；蓋言成卦之由，凡象辭不取成卦之由，則不言所變之爻。程子專以乾坤言變卦，然只是上下兩體皆變者可通，若只一體變者則不通，兩體變者凡七卦：隨、蠱、賁、咸、恒、漸、渙是也。一體變者兩卦，訟、无妄是也。七卦中，取剛來下柔，剛上柔下之類者，可通至一

---

〔註113〕王申子：《大易緝說》〈問成卦之主〉卷二《文淵閣四庫全書》冊24，頁44。
〔註114〕高懷民：《兩漢易學史》（自印本，1983年2月3版），頁204。
〔註115〕黃宗羲：《易學象數論》〈卦變三〉，頁34。

體變者，則以來爲自外來，故説得有礙。大凡卦變須看兩體上下爲變，方知其所由以成之卦。（朱子）曰：便是此處説得有礙，且《程傳》賁卦所云，豈有乾坤重而爲泰，又自泰而變爲賁之理？若其説果然，則所謂乾坤變而爲六子，八卦重而爲六十四，皆由乾坤而變者，其説不得而通矣！蓋有則，俱有自一畫而二，二而四，四而八，而八卦成，八而十六，十六而三十二，三十二而六十四，而重卦備，故有八卦，則有六十四矣。此康節所謂先天者也。若震一索而得男以下，乃是已有此卦了，就此卦生出此義，皆所謂後天之學。今所謂卦變者，亦是有卦之後，聖人見得有此象，故發於象辭，安得謂之乾坤重而爲是卦，則更不可變而爲他卦耶！若論先天一卦，亦無既畫之後，乾一、兑二、離三、震四，至坤居末，又安有乾坤變而爲六子之理。凡今《易》中所言，皆是後天之易耳，以此見得康節先天後天之説，最爲有功。〔註116〕

由上可知，朱子説「卦變」，並不在證成《經》學卦爻辭與卦爻象的關係，而是要採用邵雍「先天」、「後天」之學，至於採用邵子之學，除了要證成其「理學」體系，另外，邵雍《易》學提供了一種從治學到治國的範圍，特別是「智性」下的思索，以便安排從天地萬物到人事義理的完整掌握，更是令朱子心動；杜保瑞説：「邵雍宇宙圖式之作，是藉由分類的規律，將天地萬物集結起來，藉由彼此交涉互動的關係，建立認識的新模式，而此一工作之所以可能，即是因爲人心之運用，即其言先天學之心法學義。更重要的是，即是人可以掌握的，亦即透過對於分析天地萬物的知識架構的建立，使其得以在人類的認知系統下被定義而連結，從而有被人智掌握之意義。」〔註117〕相信這是朱子一直念茲在茲的學術企圖。余敦康則説：「我們今天研究他的（朱子）卦變理論，應該從哲學的角度聯繫他的整個易學體系來找出其合理的定位，至於能否有效地用於解經或變占，由於問題的本身業已失去了意義，是大可不必去費心探訪的。」〔註118〕余先生的看法是否合乎朱子的想法，姑且不論，但是可以確見的是，朱子《易》學，在邵雍《易》學方面，得到太多啓示了，而此一啓示促使朱子在解讀《易》學上能夠獨闢天地，從新的思維去發掘「《易》

---

〔註116〕黎靖德編：《朱子語類》卷六十七〈易三〉〈綱領下〉〈卦體卦變〉，頁1667。
〔註117〕杜保瑞：《北宋儒學》〈邵雍易學與歷史哲學進路的儒學建構〉，頁126。
〔註118〕余敦康：〈朱熹《周易本義》《易學啓蒙》象數之學述評〉，頁199。

本卜筮作」之古老命題，因而賦予新價值，劉述先說：

> 朱子一生強探力索，決不肯止於儱侗的了解，故其思想屢經轉折，
> 歷經辛苦，最後才完成他自己思想的獨特型態。正因他肯去作眾端
> 參觀的努力，絕不拘泥於一家之說，所以其思想的規模宏大，這是
> 他的長處。然又因他經歷得多，慢慢培植一種自信，也不免顯露一
> 些短處。他的思想自成一系，毫無問題。〔註119〕

劉先生提要示的介紹朱子學問之優缺點雖說相當深刻，然而，若吾人再以「開
放詮釋學」的立場，說伏羲《易》及象數中之「卦變」說時，則可體會朱子
之「思想自成一系」，的確是毫無問題。而朱子「思想自成一系」之目的，更
是要建構其哲學體系，朱伯崑說：

> 朱熹哲學中的重要問題，如理氣問題、理事問題、人性問題、動靜
> 問題，都是從其易學命題中引伸出來的。朱熹哲學中最高範疇太極，
> 也是通過筮法的解釋而提出的。朱熹關於世界發展規律的學說更是
> 從易學中推衍出來的。〔註120〕

當掌握到朱子建立系統之企圖心之後，再同情的回到當時的環境背景，瞭解
佛、道思想盛行、人心道德失落，促使有自覺之儒家學者，產生無比之焦慮，
而汲汲欲建立起新的儒家思想體系，以「收拾人心」時，處於今代的我們，
或許可以比明、清學者更能包容與欣賞朱子《易》學。

　　總而言之，朱子《周易本義》「卦變」說之內容，既迥異於虞翻，也不同
於漢、魏諸家；而更令人錯愕的是，與其所云之「卦變圖」條例也明顯自違，
乍看之下，種種粗糙的手法，實在與我們所認識的朱子、所謂「集大成」者
的概念，難以等同，至少在「文、武王《易》學」之表現上是不及格的；當
然，可以採用董守諭所說的：「考亭易學淵藪，或別自有據。」或是余敦康所
說的，朱子《易》學僅是要證成「理學」，《易》學是手段，「理學」才是目的，
所以學者要從哲學角度來考察等等之說。本研究據以上資料探討後，初步認
為，董守諭的說法太籠統，而余敦康的結論跳脫又太快，至於，黃宗羲的批
評，純就現象討論；三人都無法將朱子「卦變」說的箇中妙意展現出來；因

---

〔註119〕劉述先：《朱子哲學思想的發展與完成》（臺北：臺灣學生書局，1982年2月），
　　　　頁69。
〔註120〕朱伯崑：《易學哲學史》第二卷（臺北：藍燈文化事業公司，1991年9月），
　　　　頁497。

此，本研究認爲，唯有明確掌握「《易》本卜筮之書」的蘊涵，才能明晰「《易》是空底物事」的指謂，而朱子此書之觀點是採用「伏羲《易》學」的進路，並配合邵雍《易》學體系來考察，則朱子《易》學「卦變」說的癥結疑點處，也就順勢突破，方能得知朱子之用心矣。

# 第二節　王夫之「卦變」說及其學術用心

## 一、現象分析

考察王夫之論「卦變」說，與朱子之對照下差異，最明顯的現象，是朱子《周易本義》「卦變」說，計得十九卦。此十九卦是爲：【訟】、【晉】、【无妄】、【大畜】、【泰】、【否】、【隨】、【蠱】、【噬嗑】、【賁】、【咸】、【恒】、【睽】、【蹇】、【解】、【升】、【漸】、【鼎】、【渙】。至於就王夫之「卦變」說概念，可先以《周易內傳發例》第十則爲說，王夫之云：「卦變者，因〈象傳〉往來上下進行內外之旨，推而見其所自變也。」〔註121〕又云：「〈象傳〉之以卦變言者十五。」〔註122〕是爲：【隨】、【蠱】、【噬嗑】、【賁】、【咸】、【恒】、【損】、【益】、【漸】、【渙】、【无妄】、【大畜】、【晉】、【睽】、【鼎】。

朱子言十九卦，王夫之言十五卦，二人之差別是，朱子有：【泰】、【否】、【訟】、【升】、【解】、【蹇】，計六卦爲王夫之所不提；王夫之有：【損】、【益】，此二卦爲朱子所未提。至此無論王夫之論點與目的爲何，但是可以確定的是，從虞翻到朱子、王夫之二人所討論的「卦變」說概念，他們都有著共同的「前理解」，即都是依據〈象傳〉而來，如此一來，自是與簡博賢師所強調的：「今考虞氏卦變，殆指『之卦』而言；之者，兩爻相易也。兩爻相易，故此卦變而爲彼卦；所謂某卦自某卦來者也」的定義相同。當有共同的「卦變」定義，才能「對比」，見其差異處及其用心；再者，後人之說，若與前人不同，則是難免有批評前人之不足處，因此，可以確定的是王夫之的「卦變」說，與朱子「卦變」說，是有著關係的，甚至說，即是要指出朱子「卦變」之謬。

吳龍川作《王船山「乾坤並建」理論研究》，其第四章、第五章名曰〈卦變

---

〔註121〕王夫之撰、李一忻點校：《周易內傳發例》第十則（北京：九州出版社，2004年6月），頁359～360。

〔註122〕王夫之：《周易內傳發例》第十則，頁360。

二種〉，有討論「八卦卦變」、「十二辟卦卦變」，並說：「一是從靜態的錯綜對照，見一卦恆有陰陽十二的事實；二是論證陰陽十二時，涉及的動態過程，明瞭六十二卦皆〈乾〉〈坤〉二卦隱顯而成，此即船山『卦變』說法。」〔註123〕考其討論過程多以王夫之〈序卦傳〉圖表爲說，且引用朱伯崑《易學哲學史》、陳玉森、陳憲猷《周易外傳鏡詮》、蕭漢明《船山易學研究》、金納德〈論船山易學之乾坤並建說〉等文章爲討論依據，所敘甚詳，值得精讀之；然而王夫之於〈序卦傳〉所談之項目，明顯與《發例》第十則所述是不同範疇，且王夫之《發例》第二十則也說：「《易》之爲道，自以錯綜相易爲變化之經，而以陰陽之消長屈伸，變動不居者爲不測之神。」〔註124〕所謂「錯綜相易」的指謂，似乎比較合乎虞翻的「旁通」與「反對」二條例；再者，王夫之稱此兩種爲「二經」：「十二卦者以爲之經。」「八卦者以爲之二經。此二經者，並行不悖者也。」〔註125〕王夫之並沒有稱之爲「卦變」者明矣。依此來論，則吳龍川所謂〈卦變二種〉之「卦變」概念，乃屬於廣義「定義」之範疇，並非本研究所要討論之「卦變」，因此可知，二者是「名同而實異」，本研究特此說明，以避免取材歧出範疇；且由此可見，學者就「名、實」之論，多未辨析箇中差異。

## 二、王夫之「卦變」說之理論根據

王夫之說「卦變」，分爲兩組；一組是以三陰三陽的【隨】、【蠱】、【噬嗑】、【賁】、咸、【恒】、【損】、【益】、【漸】、【渙】，一組是四陽二陰的【无妄】、【大畜】、【睽】、【鼎】及四陰二陽的【晉】等五卦。以上是爲王夫之所說的：「卦變者，因〈彖傳〉往來上下進行內外之旨，推而見其所自變也。〈彖傳〉之以卦變言者十五」之分析內容。就第一組來看，王夫之又說：

> 【隨】：「剛來而下柔。」【蠱】：「剛上而柔下。」【噬嗑】：「柔得中而上行。」【賁】：「柔來而文剛分，剛上而文柔。」【咸】：「柔上而剛下。」【恒】：「剛上而柔下」【損】：「其道上行」【益】：「自上下下。」【漸】：「柔得位。」【渙】：「剛來而不窮。」皆三陰三陽之卦，故古注以爲自【否】、【泰】而變。而先儒非之，謂【乾】、【坤】合而爲

---

〔註123〕吳龍川：《王船山「〈乾〉〈坤〉並建」理論研究》（臺北：臺灣師範大學國文學系博士論文，2004 年 6 月，岑溢成教授指導），頁 97。

〔註124〕王夫之：《周易內傳發例》第二十則，頁 374。

〔註125〕王夫之：《周易外傳》卷七〈序卦傳〉（北京：九州出版社，2004 年 6 月），頁 319、320。

【否】、【泰】，豈有【否】、【泰】復爲他卦之理！程子因謂皆自【乾】、

【坤】而變。然此二說相競，以名之異，而非實之有異也。〔註 126〕

案：所謂「古注以爲自【否】、【泰】而變」云云，應是指著虞翻、荀爽之說；然就虞翻所言，不僅於此十卦而已，尚有：【歸妹】、【節】、【既濟】、【井】、【困】、【未濟】等六卦，另外，尚有變例二卦：【豐】、【旅】。一般來看，當有變例出現時，即代表虞翻條例無法一以貫之，所以被後人譏評不已的原因，就由此開始。以王弼爲例，其《周易略例》〈明象〉篇云：「案文責卦，有馬无乾，則僞說滋漫，難可紀矣。互體不足，遂及卦變，變又不足，推致五行，一失其原，巧愈彌甚，縱復或值，而義无所取！」〔註 127〕即是批判虞翻說最有力者，也深受後代治《易》學者認同。然而，程頤《易傳》於【賁】〈彖〉「柔來而文剛」、「分剛上而文柔」注云：

> 卦爲賁飾之象，以上下二體，剛柔交相爲文飾也。下體本【乾】，柔來文其中而爲【離】，上體本【坤】，剛往文其上而爲【艮】，乃爲山下有火，止於文明而成【賁】也。天下之事，无飾不行，故【賁】則能亨也，「柔來而文剛，故亨」；柔來文於剛而成文明之象，文明所以爲【賁】也。賁之道能致亨，實由飾而能亨也。「分剛上而文柔，故小利有攸往」，分【乾】之中爻，往文於【艮】之上也。事由飾而加盛，由飾而能行，「故小利有攸往。」夫往而能利者，以有本也。賁、飾之道，非能增其實也，但加之文彩耳，事由文而顯盛，「故爲小利有攸往」。亨者、亨通也，往者、加進也，二卦之變，共成賁義，而象分言上下，各主一事者，蓋離明足以致亨，文柔又能小進也。〔註 128〕

程頤此解說，有「下體本【乾】，柔來文其中而爲【離】，上體本【坤】，剛往文其上而爲【艮】」云云，其實就是虞翻「卦變」說的基礎概念之延續，況且，程頤不僅於此，進而再提此一凡例之說解，即「六十二卦者皆由【乾】、【坤】之變」也。程頤云：

> 卦之變皆自【乾】、【坤】，先儒不達，故謂【賁】本是【泰】卦，豈有【乾】、【坤】重而爲【泰】，又由【泰】而變之理！下【離】本【乾】

---

〔註 126〕王夫之：《周易內傳發例》第十則，頁 360。

〔註 127〕王弼：《周易略例》〈明象〉（臺北：大安出版社，1999 年 6 月），頁 262。

〔註 128〕程頤：《伊川易傳》，頁 195～196。

中爻變而成【離】，上【艮】本【坤】上爻變而成【艮】，【離】在內，
故云柔來；【艮】在上，故云剛上。非自下體而上也。【乾】、【坤】
變而爲六子，八卦重而爲六十四，皆由【乾】、【坤】之變也。〔註129〕

是【乾】、【坤】爲父母卦，其餘六十二卦，均由此創生，此爲程頤論「卦變」
的基本論點。然而，程頤此說，就朱子之觀點，又不能接受；蓋朱子《易》學
之基本核心理念是「《易》本卜筮之書」說，此理論所堅持的其中一種概念是《易》
有：「伏羲《易》」、「文王《易》」、「孔子《易》」，三家用心自是不同，因此就「卦
變」來說，他主張還是要從「伏羲《易》」的觀點方可點明理緒，朱子說：

> 太極、兩儀、四象、八卦者，伏羲畫卦之法也。〈說卦〉：「天地定位
> 至坤以藏之」以前，伏羲所畫八卦之位也；「帝出乎震」以下，文王
> 即伏羲已成之卦，而推其義類之詞也。如〈卦變圖〉，剛來柔進之類，
> 亦是就卦已成後，用意推說，以此爲自彼卦而來耳，非眞先有彼卦，
> 而後方有此卦也。古注說【賁】卦自【泰】卦而來，先儒非之，以
> 爲【乾】、【坤】合而爲【泰】，豈有【泰】復變爲【賁】之理，殊不
> 知，若論伏羲畫卦，則六十四卦一時俱了，雖【乾】、【坤】亦無能
> 生諸卦之理，若如文王、孔子之說，則縱橫曲直，反覆相生，無所
> 不可，要在看得活絡，無所拘泥，則無不通耳。〔註130〕

朱子主張伏羲作六十四卦，且是同時出現與完成，不須要大費周章云某卦自某
卦來。不僅朱子不認同程頤的「卦變」說，至王夫之時，也不認同，因而有所
評論，云：「此二說相競，以名之異，而非實之有異也。」強調僅是賣弄名辭，
對於實際內容仍是相同的，也就是說，仍是虞翻「卦變」說的延續血已！

　　但是，王夫之與朱子的觀點中，彼此也是有不相通之處；然而就「【乾】、
【坤】爲本」與「伏羲畫卦，則六十四卦一時俱了」的講法，則又是相同的，
也就是說，對於程、朱二人的說法裏，王夫之是既有「取」亦有「捨」，且「取」
之後亦有相當程度的修正，亦非原樣了。王夫之說：

> 夫子作〈彖傳〉，於卦畫已定、卦象已備、卦德已見於〈彖辭〉之後，
> 而得其理焉，明此卦之所以異於彼卦者，以其爻與位之有變易也。
> 蓋自天地而言之，則萬象不同之形體，大化不齊之氣應，各自爲道，
> 而非由此而變彼；而以人事之同異得失言之，則陰陽各自爲類，而

---

〔註129〕 程頤：《伊川易傳》，頁195～198。
〔註130〕 朱鑑編：《朱文公易說》卷二，頁786。

其相雜以互異者，唯由情之動而往來進退於其間，數有參差，則性
情功效之臧否應違以殊，非忽至於無因，乃其推移之際，毫厘之差，
千理之謬也。〔註131〕

案：若說「《易》本卜筮之書」是朱子《易》學核心、是起始與歸宿，則王夫
之《易》學，重要理論綱領，名曰：「【乾】、【坤】並建」說，乃貫穿諸多關
節的線索，實可爲其《易》學核心、是其起始與歸宿，乃不爲過；吳龍川說：
「論其《易》學，則不止包括錯綜等卦爻結構，以及由卦變所產生諸般神妙
變化——乃至太極等形上概念、相關論點，都必須從〈乾〉〈坤〉並建的角度
加以詮釋。」〔註132〕不僅論卦、爻之錯綜結構不能離開它，甚至欲論「占、
學一理」，也要由此作爲關鍵處。因此，要論「卦變」之前，須先將「【乾】、
【坤】並建」說之特質，如實掌握。

　　所謂「【乾】、【坤】並建」者，強調【乾】、【坤】兩卦相反相成，且不分
先後。【乾】、【坤】不能分先後，這是因爲天地萬物萬事都有陰陽兩方面，本
無孤陰孤陽之時。朱伯崑認爲此一理論可用三點來體會，即從「體用」、「隱
顯」、「分合」等概念，以資說明。「體用」者，謂以乾、坤爲體，六十二卦爲
用，以邏輯上的涵蘊關係解釋【乾】、【坤】與六十二卦的關係。「隱顯」者，
云任何卦都有隱顯兩面，無孤陰或無孤陽之象。這一方面說明卦爻都有兩重
性，一方面表示陰陽只有消長而無生滅。「分合」者，是指同一與差別相互依
存，不可分割，論證六十四卦乃一整體。〔註133〕依此考察王夫之所說：「蓋自
天地而言之，則萬象不同之形體，大化不齊之氣應，各自爲道，而非由此而
變彼」云云，即是【乾】、【坤】各爻或隱或顯的不同開展形體。王夫之又說：
「【乾】有六陽，【坤】有六陰，而其交也，至【屯】【蒙】而二陽參四陰，至
【需】【訟】而二陰參四陽，非陰陽之有缺也。」〔註134〕即是在說明此一原理，
曾昭旭先生說：「天地之全體，人不可一舉而盡見，而只能見其半，於是渾淪
之天體，乃依於人而分爲隱顯兩面矣」又說：「雖然當前只有一幾發見，而實
則宇宙之全體即於此一幾而具在。」〔註135〕斯爲對王夫之理念甚爲清晰、扼

〔註131〕王夫之：《周易內傳發例》第十則，頁360。
〔註132〕吳龍川：《王船山「〈乾〉〈坤〉並建」理論研究》，頁10。
〔註133〕朱伯崑：《易學哲學史》第四卷〈王夫之易學〉段，頁94～97。
〔註134〕王夫之：《張子正蒙注》卷一〈太和〉（臺北：世界書局，1959年9月），頁
　　　　14。
〔註135〕曾昭旭：《王船山哲學》（臺北：遠景出版社，1983年），頁58～64。

要之善解矣。

因此是知，就王夫之「卦變」說，是由「【乾】、【坤】並建」理論所推衍出，既是【乾】、【坤】並建，各卦等陰陽實質是「隱顯」的現象，是知與程頤說「卦變」由【乾】父、【坤】母所化生起，的確有著明顯不同的概念。

## 三、王夫之與朱子「卦變」說之比較

王夫之《易》學說「卦變」，單就其理論與意圖來看，必有其價值義理，以建構其《易》學體系，然而《易》道廣大且含藏萬理，是以學者無論如何說解，均僅能是一家之言，故凡對《易》學有所闡揚，以利後學者汲取，均是具有正面之價值，此就「開放詮釋」學術性格，都是樂觀其成，所以自虞翻、王弼以來，所述《易》學，雖有瑕瑜互見，本亦無可厚非；然而，就王夫之言「卦變」之說，並論及前賢，如虞翻、朱子者，則吾人就不得不取之，予以在觀念平台上，以資相互比較，以觀彼此之間的指謂為何，方能論斷良窳。王夫之論「卦變」，於《發例》接著又說：

> 若泛言自【乾】、【坤】而變，則六十二卦皆【乾】、【坤】所摩盪而成。若以【隨】、【蠱】之屬剛柔之上下言之，則所謂自【乾】、【坤】變者，亦下乾上坤、下坤上乾之謂。從三畫而言則謂之【乾】、【坤】，從六畫而言則為【否】、【泰】，齊實一也。三畫之【乾】、【坤】，或成象於內，或成象於外，各從其類而不雜者，則為【否】、【泰】；離其類而相雜，則為【隨】、【蠱】。〔註136〕

案：王夫之論《易》之錯綜變化之條例，計有兩種，即吳龍川所言的「卦變二種」，是為：「八卦卦變」、「十二辟卦卦變」是也。王夫之於此討論的即是採用「十二辟卦卦變」，其順序為：【乾】、【坤】、【泰】、【否】、【臨】、【觀】、【剝】、【復】、【遯】、【大壯】、【夬】、【姤】；此說與虞翻之「十二消息卦」：【復】、【臨】、【泰】、【大壯】、【夬】、【乾】、【姤】、【遯】、【否】、【觀】、【剝】、【坤】的卦象一樣，但是排序不同；王夫之認為虞翻的說法，過於機械化，因此，提出他的新建構體系。王夫之認為：「【泰】、【否】者，三陰三陽適得其均，消長之不偏者也。分體【乾】、【坤】之純，故足以繼【乾】、【坤】之盛。」〔註137〕所以在「凡錯綜同象之卦，其卦八，其象四」之排列中，【泰】、【否】後，即接【隨】、

〔註136〕王夫之：《周易內傳發例》第十則，頁360。
〔註137〕王夫之：《周易外傳》卷七〈序卦傳〉，頁329。

【蠱】，〔註138〕是知王夫之於此即用〈序卦傳〉之說法，仍然要說明，是由「【乾】、【坤】並建」爲其基礎的概念：蓋因孤陽不長，孤陰不消，是以陰陽必然相摩盪，而有各種現象之產生。《易》就是【乾】、【坤】兩卦的爻位互相推移，而天道和人事之變易皆在其中，所以要說「【乾】、【坤】並建以爲首」。王夫之又說：

> 《易》者互見推移以摩盪之謂。《周易》之書，【乾】、【坤】並建以爲之首，《易》之體也。六十二卦錯綜乎三十四象而交列焉，《易》之用也。純【乾】純【坤】未有《易》也，而相峙以並立，則《易》之道在，而立乎至足者爲《易》之資。【屯】、【蒙】以下，或錯而幽明易其位，或綜而往復易其幾，互相易於六位之中，則天道之變化，人事之通塞盡焉。〔註139〕

所謂「摩盪」者，據王夫之解釋：「『摩』者，兩相循也；『盪』者，交相動也。」〔註140〕概指陰爻、陽爻交感往來，由【乾】、【坤】而產生六子卦的過程。總之，【乾】、【坤】並建，爲陰陽和合之氣，是變化之本體，而天以太極、陰陽二氣化成萬物，在氣化中，由於陰陽二氣交感作用，有相互對立及相互摩盪，從而產生萬物之變化規律，純【乾】或純【坤】，皆不可能產生變化，唯有激盪與交感，方是變化之本體。因此，王夫之於《發例》言：「若泛言自【乾】【坤】而變，則六十二卦皆【乾】【坤】所摩盪而成。」簡言之：「在動態過程中，卦爻不斷隱顯，即成爲卦爻變化『神妙莫測』的惟一原因。於是，通過卦爻之錯綜，展現不斷隱顯之理——同時即是呈顯了《易》卦變化之神妙莫測。」〔註141〕因此，【乾】、【坤】所摩盪是爲【泰】、【否】，而由【泰】、【否】再摩盪則可得：【隨】、【蠱】、【漸】、【歸妹】、【既濟】、【未濟】；王夫之由此認爲【乾】、【坤】是爲【泰】、【否】摩盪，而且是合乎「隱、顯」之理；王夫之又云：

> 變易而各乘其時，居其位，成其法象，非所見者有，所不見這無也，故曰【乾】、【坤】其《易》之蘊邪？言《易》藏畜陰陽，具足充備，以因時而成六十二象。〔註142〕

至此方知，王夫之認爲虞翻諸人「卦變」說，是認爲兩爻的「互易」的方式，

---

〔註138〕王夫之：《周易外傳》卷七〈序卦傳〉，頁328。
〔註139〕王夫之：《周易內傳》卷一上〈上經乾坤〉，頁7。
〔註140〕王夫之：《周易內傳》卷五上〈繫辭上〉第一章，頁413。
〔註141〕吳龍川：《王船山「〈乾〉〈坤〉並建」理論研究》，頁15。
〔註142〕王夫之：《張子正蒙注》卷一〈太和〉，頁14。

這是不合實際歷史，畢竟伏羲作《易》六十四卦一時具備，何須後人再費心補充？所以王夫之是主張說：「夫子作〈彖傳〉，於卦畫已定、卦象已備、卦德已見於〈彖辭〉之後，而得其理焉，明此卦之所以異於彼卦者，以其爻與位之有變易也。」因此王夫之談「卦變説」，則是以【乾】、【坤】兩卦諸爻「隱、顯」的解釋六十二卦的形成；兩者看似外表相同，其實箇中變化與原理完全不同，所以王夫之說：「毫厘之差，千理之謬也。」不僅一舉推翻了前賢謬說，更企圖建構其心目中理想的《易》學體系。吾人可以從其《周易內傳》觀王夫之具體注解：

　　【隨】此卦自【否】變。（頁 130）

　　【蠱】以卦變言，【泰】上之陽來居於初。（頁 136）

　　【噬嗑】自【否】之變而言之。（頁 154）

　　【賁】謂【泰】之變。（頁 159）

　　【咸】、【恆】二卦，皆自【否】、【泰】之變而言。（頁 209）

　　【損】、【益】亦以【泰】、【否】之變而立名義者也。（頁 263）

　　【漸】卦因【否】卦之變而立義。（頁 339）

　　【渙】卦自【否】變者。（頁 375）

　　但是，無可否認的是，王夫之以〈彖傳〉爲起點，以虞翻「卦變説」爲據，所引的卦象必然是與虞翻等人相同，然而爲了否定虞翻之說，而所建構的理由卻又旁及〈序卦傳〉所言的「錯綜」條例，明顯的已偏離討論的「卦變」定義範疇，這是王夫之沒有掌握真正「卦變説」的現象。至於說【隨】、【蠱】、【噬嗑】、【賁】、【咸】、【損】、【漸】、【渙】之三陽三陰等八個卦均可因「卦變」方法來自【泰】、【否】，則其他三陽三陰之另八個卦，〔註143〕何以不能也從【泰】、【否】而來？當然若王夫之也將其他八個卦也納入，則與虞翻說法一樣，又是太機械化了，無法展現《易》道無方之靈活精神，畢竟，王夫之是非常在乎《易》的「不測之神」境界；另外，其他八個卦之〈象〉傳辭裡，並沒有「上」「下」「往」「來」之句，當然也就不能歸爲「卦變」之範疇，依此，王夫之可以論斷虞翻說是詮釋過當。

　　至於，朱子將【泰】、【否】納入「卦變」說，且云自【歸妹】、【漸】而來，而王夫之不取；由此也可知，王夫之是將【泰】、【否】作爲「【乾】、【坤】並建」架構下的呈顯現象，因此【泰】、【否】就是【乾】、【坤】，當然不可說

---

〔註143〕是爲【歸妹】、【節】、【恆】、【井】、【益】、【困】、【既濟】、【未濟】。

是因「卦變」方法，反而來自【歸妹】、【漸】導致成為倒果為因了。畢竟王夫之對於【泰】、【否】二卦是相當重視的，王夫之說：

> 《彖傳》於此二卦（按【泰】、【否】也），暢言天地萬物消長通塞之機，在往來之際，所以示古今治亂道術邪正之大經，而戒人主之親賢遠奸，君子之持己以中、待物以和，至為深切。學《易》者當於此而審得失存亡之幾。〔註144〕

【泰】、【否】二卦，不僅是介於天地與人事之間的關鍵點，更是人事義理指導的標的，重要性是不可輕忽，因此王夫之接著又說：「先儒謂《易》但為筮利害而作，非學者之先務，何其與聖人之情相違也！」〔註145〕即是又批評朱子「《易》本卜筮之書」說以及其所連帶討論的「卦變」說，都是完全予以推翻了。以上為第一組「三陰三陽」例之說明。

至於王夫之論「卦變」的第二組內容，是四陽二陰的【无妄】、【大畜】、【睽】、【鼎】及四陰二陽的【晉】等五卦。王夫之說：

> 【无妄】曰：「剛自外來而為主於內」，【大畜】曰：「剛上」，【晉】、【睽】、【鼎】皆曰：「柔進而上行」，則又非【乾】、【坤】也，非【否】、【泰】也。【无妄】者，【遯】之剛自外來也。【大畜】者，【大壯】之剛上也。【晉】者，【觀】之柔進五也。【睽】者，【大畜】之柔上進也。【鼎】者，【巽】之柔上行也。此又一義。為【遯】、為【大壯】、為【觀】，則陰陽雖畸勝，而猶從其類，亦純象也。為【无妄】、為【大畜】、為【晉】，則雜也。唯【睽】為【大畜】之變，其義稍遠；而【鼎】、【革】為【巽】、【離】之變，又別為一義。

案：虞翻「卦變」有「二陰四陽之卦，來自【遯】、【大壯】例」，而王夫之與之同者為：「【无妄】者，【遯】之剛自外來也。【大畜】者，【大壯】之剛上也。」虞翻「卦變」有「二陽四陰之卦，來自【臨】、【大觀】例」，而王夫之與之同者為：「【晉】者，【觀】之柔進五也。」此三卦，王夫之認為是：「則陰陽雖畸勝，而猶從其類，亦純象也。」即認同虞翻說。

比較有趣的是，王夫之說：「【睽】者，【大畜】之柔上進也。」不僅與虞翻說不同，與朱子「【睽】自【離】、【中孚】、【家人】來」也不同，在歷代以來論「卦變說」者，無有相似說法，另外「【睽】者，【大畜】之柔上進也。」而依

---

〔註144〕王夫之：《周易內傳》卷一下【泰】，頁96。
〔註145〕王夫之：《周易內傳》卷一下【泰】，頁96。

虞翻說，【睽】、【大畜】均是來自【大壯】，虞翻此說較容易理解，而王夫之【睽】自【大畜】來，不知其依據爲何？再者，針對此例，考察王夫之〈序卦傳〉之各種圖式，也無合乎【睽】自【大畜】來之條例可證，而王夫之就《發例》也僅說「其義稍遠」，則究竟何意，實有再探討之必要；然而，可以確定的是，王夫之以此論「卦變」則稍嫌籠統矣！至於王夫之「【鼎】者，【巽】之柔上行也。」則又與朱子同；因此吾人大抵可以知王夫之論「卦變」，並不是完全秉持「之卦」、「兩爻相易」之概念，而是純就卦爻之間可以互相改變，以求言之成理的意圖罷了。汪學群說王夫之「卦變」是：「卦變是相對本卦而言的，原卦爲本卦，由本卦中形質相異兩爻的位置變動而新生出的卦，爲卦變。」〔註146〕又說：「王夫之主張卦變，但反對之卦之法。」〔註147〕就汪先生之說，看來不僅是不適用於王夫之的概念的，而且也混淆了「卦變」定義了。

　　以下舉一例，來說明王夫之與其他前賢，就於「卦變」說，的確是有不同概念。

　　按：【復】卦辭有所謂「七日來復」之說。孔穎達《正義》認爲王弼是採用《易緯》「六日七分」說，李鼎祚《集解》也主張「六日七分」；但是至《程傳》則云：「謂消長之道，反復迭至，陽之消，至七日而來復。【姤】，陽之始消也，七變而成【復】。」朱子《本義》延續《程傳》云：「自五月【姤】卦一陰始生，至此七爻而一陽來【復】。」則知《程傳》、朱子《本義》均用「十二消息」說，既用「十二消息」說，則與虞翻「卦變」說之架構則均同。然而，王夫之於本卦注云：

　　　天之運行恒半隱半見，日過一度，周而復出於地，於此可想陰陽具
　　　足，屈伸於幽明，而非有無也。「七日」者，數極則反之大概；舊說
　　　謂自【姤】至【復】，於《易》卦、天數俱不合，今不從之。〔註148〕

王夫之此注一秉其「【乾】、【坤】並建」以說，並明確指責所謂「舊說」之謬，而「舊說」即是朱子之說。依此可以再得有力證明，王夫之的確是不認同朱子「卦變」說，當然也就間接著不認同虞翻之說了。但是王夫之於【歸妹】卦：「征凶，无攸利。」王夫之又注云：「卦自【泰】變，陰陽本有定交，而

〔註146〕汪學群：《王夫之易學──以清初學術爲視角》（北京：社會科學文獻出版社，2002 年 5 月），頁 150。
〔註147〕汪學群：《王夫之易學──以清初學術爲視角》，頁 152。
〔註148〕王夫之：《周易内傳》卷二下【復】，頁 170～171。

【乾】上之陽，出而依陰，【坤】下之陰，反入而爲主於內，就近狎交，不當其位。」〔註149〕說明「征凶」之因，就在於三、四爻互換，而本來是兩爻是當位之爻，交換後立即失位，所以夫之之說：「就近狎交，不當其位」，甚至說：「但舉卦名，已知爲不祥之至。」考《周易集解》【歸妹】引虞翻注：「【泰】三之四。」其討論內容，與其所論斷之卦辭內容來看，王夫之幾乎是完全與虞翻同，是又是不爭事實。

若就虞翻「卦變」說，則其目的是要證明與注解經文：「因以證成卦與卦辭之必然緄合。」若就朱子「卦變」說，則其目的要說明：「伏羲之《易》，而《易》本卜筮之書。」當二人學術立場不同時，當然取材方向與解說途徑，自然也就不同。相較於王夫之，一方面要說：「漢儒泥象，多取附會。流及於虞翻，而約象、互體、半象、變爻，曲以象物者，繁雜瑣屈，不可勝紀。」〔註150〕另一方面又說：

> 朱子謂一卦而六十三卦皆可變，其說本自焦贛，贛之爲術，博衍著策，九、六變動而爲四千九十六之占辭，繁冗重復，而究不足以盡天道人事無窮之理數，以爲憂悔吝而補過之明鑑，姑不具論；即其所云變數，以筮法動爻言之，非謂卦之固有此也。〔註151〕

討論至此，大抵可得，王夫之既不認同虞翻、朱子之「卦變」說，卻又間雜引用與虞翻、朱子相同條例之說；無論其《易》學目的爲何，但是「自紊其例」〔註152〕的缺失，也在所難免，諸如朱伯崑先生所言：「至於（王夫之）對各卦的具體解釋，特別是各卦之間的聯繫，由於受到《周易》卦序排列次序的局限，其解釋頗多牽強之處，亦未能自圓其說。」〔註153〕看來就王夫之來看，也是無法跳脫出此一框架了。

## 四、論王夫之「卦變」說在證《易》道「神妙莫測」

王夫之說「卦變」，或許條例紊亂，且對於前賢之「卦變」定義，也稍嫌

---

〔註149〕王夫之：《周易內傳》卷四上【歸妹】，頁346。
〔註150〕王夫之：《周易外傳》卷六〈繫辭下傳〉第三章，頁262。
〔註151〕王夫之：《周易內傳發例》第十則，頁361。
〔註152〕錢大昕（1728～1804）說虞翻「卦變」之失的評語。見《潛研堂文集》卷四〈答問一〉。收入《皇清經解諸經總義類彙編》第二冊（臺北：藝文印書館），頁2246。
〔註153〕朱伯崑《易學哲學史》第四卷〈王夫之易學〉，頁97～98。

掌握不當而有歧出之虞；然而王夫之的積極用心，吾人仍不可忽略。王夫之此一理論用心，有其《易》學史上的用心；其批評重點有二：一者、在其之前，一般《易》學家或以乾為首，以乾為六十四卦之始，或以坤為始者，王夫之以為此皆未能盡《易》之底蘊，並加以批評，王夫之曰：

> 大哉《周易》乎！乾坤並建，以為大始，以為永成，以統六子，以
> 函五十六卦之變，道大而功高，德盛而與眾，故未有盛於《周易》
> 者也。《連山》首艮，以陽自上而徐降以下也；《歸藏》首坤，以陰
> 具其體以為基而起陽之化也。……乾、坤並建於上，時无先後，權
> 无主輔，猶呼吸也，猶雷電也，猶兩目視、兩耳聽，見聞同覺也。
> 故无有天而无地，无有天地而无人，……无有天而无地，況可有地
> 而无天，而何首乎艮、坤？无有道而无天地，誰建坤、艮以開之先？
> 然則獨乾尚不足以始，而必並建，以立其大宗。〔註154〕

王夫之於此處言《易》首【艮】或首【坤】之非是，不合乎天地創建之原理，以論《連山》、《歸藏》其價值無所取；再者，【乾】、【坤】二卦，排列有先，但《易》理上【乾】、【坤】並建，並無分先後主輔，一如呼吸之一呼一吸，不究何為先何為後，不究何為主何為輔，所知者，是呼以待吸，吸以待呼，其間作用相輔相承，由此證【乾】、【坤】之相輔相承，無有先後，就如呼吸，又如雷電，兩目同見、兩耳同聞、天地相對相成，道理亦然。因此，某卦之存在不用因某卦而來，方能呈顯其存在條件，是以應為一時俱備，而無所期待；再者，《易》學精神最忌機械，而導致其靈活無方的活潑性失落，因此王夫之論「卦變」，即在強調要「隨時變易以從道」即是要展示：「事物的變易，雖千變萬化，總有規則可循，即王夫所說的『常』；但其變易又難以測定其後果，即其所說的『變』。因此，處理事物的變化，既要知常，又要通變，既不能守常而不知變，也不能因變而不知常。」〔註155〕由此看來，王夫之論「卦變」與〈序卦〉的精神是一致的，都在標榜《易》學「無生滅」、「無增減」、「無損益」、「無始終」〔註156〕等等特質；這些用心，就《易》學價值體現來說，是值得肯定的。

---

〔註154〕王夫之：《周易外傳》卷五〈繫辭上傳〉第一章，頁 206～207。
〔註155〕朱伯崑《易學哲學史》第四卷〈王夫之易學〉，頁 56。
〔註156〕汪學勤《清初易學》〈王夫之的易學〉（北京：商務印書館，2004 年 11 月），
　　　　頁 122～125。

## 第三節 李光地〈卦變辨〉及其對朱子的批判

### 一、現象分析

　　李光地的學術風格或價值地位，在後人的第一印象中，好像沒有人會很在意的去積極討論；反倒是其生平境遇，如：「三案」及學術風格：「由王變朱」的轉變，倒是後人的共同記憶了。陳祖武點校《榕村語錄》時，也不忘再強調，認為李光地的學問曾經歷了陸王派向程朱派轉變的過程。而這種轉變亦非由於學術自身，而是由於迎合時尚，所以說「李光地的主張，無非朱熹學術主張的復述而已。」〔註157〕但是，所謂「無非朱熹學術主張的復述而已」之說，其實是有爭議性的，若就李光地奉敕所編的《周易折中》之先《經》文後〈傳〉文的編排方式，且又以朱子《周易本義》為首，或許是有此現象，果是復述朱子之義而已；然而深入探討後，以李光地〈案語〉而言，可以發現，李光地是有很多觀點是與朱子說不同的，〔註158〕而且已經不是「折中」般，或者是只想要「學者以是讀朱子之書，庶不謬厥旨矣」〔註159〕的提醒注意重點而已，反到是充滿強烈否定朱子見解，並進一步提出其確認觀點；諸如「卦變」說，即是其中之一例。

　　李光地有關於「卦變」說的看法，是採取與朱子不同的進路，李光地在《周易通論》卷二〈卦變辨〉章，就有明顯的觀點。此中內容，總共討論到：【訟】、【隨】、【蠱】、【噬嗑】、【賁】、【无妄】、【大畜】、【咸】、【恒】、【晉】、【睽】、【蹇】、【解】、【損】、【益】【升】、【鼎】、【漸】、【旅】、【渙】等計 20 卦。李光地開宗明義即言：

　　　　《易》中言剛柔上下往來者，先儒皆以卦變之法推之，故其為說甚
　　　　多。今直依古注，但以虛象說上下往來之義，則所謂上下往來者，
　　　　與內外之義同爾。〔註160〕

此說仍與《周易折中》【訟】〈象〉〈案語〉同，強烈主張所謂「卦變」說者是不可取的，應該以「虛象」來解說〈象傳〉的「上下往來」，而可用以「內外」

---

〔註157〕陳祖武：《榕村語錄》卷首〈點校說明〉（北京：中華書局，1995 年 6 月）。
〔註158〕參閱李梅鳳：《李光地《周易折中》案語研究》（彰化：國立彰化師範大學國
　　　　文研究所，2003 年 6 月碩士論文，游志誠教授指導）。如【履】六三：「武人
　　　　為于大君」李光地〈案語〉與朱子說明顯不同，頁 56。
〔註159〕李光地：《御纂周易折中》卷一【乾】「案語」，頁 136。
〔註160〕李光地：《周易通論》卷二〈卦變〉，頁 556。

的概念，是相同詞意來作說明。就以上之二十卦，可以分成三組來討論：

## （一）內卦說「來」例

1、【訟】剛來而得中也。是指九二剛中因在內卦，故謂之來，不必有所自來也。

2、【无妄】剛自外來，而爲主於內，亦與【訟】同義。

## （二）外卦說「往」例

3、【噬嗑】柔得中而上行，與【訟】同義。（案：六五爻）

4、【蹇】往得中也，謂九五。

5、【解】往得眾也，謂六五乃得中也。

6、【大畜】剛上而尚賢者，上居九上、六五下之，即有尚賢之象。

7、【晉】柔進而上行，指六五居上體。

8、【睽】柔進而上行，同【蹇】往得中也，謂九五。

9、【鼎】柔進而上行，與【晉】、【睽】同。

10、【漸】進得位，專指九五，進居尊位，故申之曰：其位剛得中也。

11、【旅】得中乎外而順乎剛，指六五。

12、【升】柔以時升，指六四，六五在上卦得位。

## （三）內外合說「往來」例：

13、【隨】初剛，下於二三之柔，四五之剛下於上柔。

14、【蠱】二三之剛上於初柔，上剛上於四五之柔也。

15、【賁】柔來文剛，分剛上而文柔，亦兼二體及爻畫而言，【離】內【艮】外，是柔來剛上也。爻畫則六二之柔，居於內卦，是來文初、三之剛，上九之剛，居卦之外，是上文四、五之柔也。

16、【咸】柔上剛下。（案：與【恒】卦並論。）

17、【恒】剛上柔下，專指二體，不指爻畫，與【訟】之上剛下險同，但【訟】之上下字爲實字，如內外之類。【咸】、【恒】之上下字爲虛字，如往來之類也。

18、【損】損下益上。（案：與【益】卦並論。）

19、【益】損上益下，亦是就爻畫，取往來上下之義。

20、【渙】剛來而不窮，指九二柔得位乎外，而上同指六四上承九五。

以上是爲李光所引二十卦的簡單分類；然而，其中亦有必要辨析之處。

就第 1 點李光地云：「【訟】剛來而得中也。是指九二剛中因在內卦，故謂之來，不必有所自來也。」案：【訟】內卦爲坎、外卦爲乾，坎九二居初六、六三之中，是以說「九二剛中因在內卦，故謂之來」，即內卦說「來」。但是，就〈彖傳〉而言：「反內曰來」，謂自外來，以兩卦「反對」爲序，即【需】與【訟】反對，是以：「【需】五來爲【訟】二也。」〔註161〕就此〈彖傳〉精神，李光地亦有取用爲說，如【隨】、【蠱】反對，【噬嗑】、【賁】反對，【无妄】、【大畜】反對，【蹇】、【解】反對，【損】、【益】反對；於李光地所云二十卦中有十卦適用，則理應另十卦亦通用，方能成爲體系、言之成理，是以說【訟】「剛來而得中」乃【需】之五來，今李光地云：「是指九二剛中因在內卦，故謂之來，不必有所自來也」之說，是有疵議之處。再者，比較其與朱子的看法裏，就朱子的十九「卦變」說與李光地的二十「卦變辨」說，其間的差異是：朱子把【泰】、【否】納入，李光地則無；朱子不取【損】、【益】、【旅】，李光地則取之。若李光地要辨「卦變」之非，則理應取相同卦象爲說，於說明後予以證「卦變」爲非，然李光地取卦象於不同，則要云古之學者言「卦變」，均不可取，乃屬各言其範圍，恐無交集可言。

　　說「卦變」一直是《易》學界的有力主張；但是對〈彖傳〉的理解而與之搭配的「卦變」之卦數，究竟應有幾個，卻是各有不同；江永（1681～1763）也有所論斷，或許是要解決歷代以來之爭，其云：

> 按、〈彖傳〉中有言「剛柔往來上下」者，虞翻謂之「卦變」，《本義》謂「自某卦而來者」，其法以相連之兩爻，上下相易取之，似未安！
> 倘謂來無所自，往無所之，但虛言之，不指何卦，此《注疏》之說，又覺虛空無著。今更考之文王之《易》以「反對」爲次序，則所謂「往來上下」者，即取切近相反之卦，非別取諸他卦也。〔註162〕

一方面說虞翻、朱子說「似未安」，一方面又說王弼、孔穎達之注疏言「虛象」爲「虛空無著」，因而主張以「反對」爲解，即：「【需】反爲【訟】，【需】之九五來，爲九二而得中也。」蓋今本《易》序排列，【需】後爲【訟】，則以此類推，【泰】、【否】互來，【隨】、【蠱】互來等等。江永之說計有二十二卦，與朱子、李光地則又有小異，其取【復】，不取李光地【旅】，再加【泰】、【否】，

〔註161〕屈萬里：《先秦漢魏易例述評》卷上〈象象傳例〉，頁1。
〔註162〕江永：《群經補義‧周易補義》卷一〈卦變考〉，收入《皇清經解》卷二百五十六（臺北：藝文印書館），頁2。

是為二十二卦。然而江永之說，亦有疑點；其說以今本《易》序，相續二卦
為「反對」說，然而說【復】自【剝】來，可是【剝】卻未在江永二十二卦
之內？至此之疑，江永又如何作解？因此，江永假使是要調解朱子與李光地
「卦變」說紛爭時，不僅沒有達成其企圖，反而又製造新的一家說法，徒增
熱鬧而於事無補。

　　然而各家對「卦變」說在紛擾之際，仍有共同的看法，即是與【泰】、【否】
二卦的關係是密切的。因此李光地也有鮮明的主張，其說：

> 以上二十卦，皆以內外二體，取往來上下為義，不因卦變而取，且
> 如【否】、【泰】，陰陽往來，文王〈彖辭〉已言之，乃是以內三爻、
> 外三爻，通寓往來之象，豈亦可以『卦變』推乎！故「卦變」之說
> 於先儒無所折中，然不若古注直指卦體爻畫虛象之為愈也。〔註163〕

案：黃宗羲（1610～1698）早就有此結論：「卦變之說，由【泰】、【否】二卦
彖辭：「小往大來」、「大往小來」而見之，而夫子〈彖傳〉所以發明卦義者，
於是為多，顧《易》中一大節目也。」〔註164〕可是，黃宗羲也認為所謂的「卦
變」仍是以「反對」說為佳；黃宗羲云：

> 上經三十卦，反對之為十二卦；下經三十四，卦反對之為十六卦。
> 【乾】、【坤】、【頤】、【大過】、【坎】、【離】、【中孚】、【小過】，不可
> 反對，則反其奇偶以相配。卦之體，兩相反，爻亦隨卦而變，顧有
> 於此則吉，於彼則凶，於彼則當位，於此則不當位；從「反對」中
> 明此往來倚仗之理，所謂兩端之執也。行有无妄之守，反有天衢之
> 用，時有豐亨之遇，反有羈旅之凶，是之謂「卦變」，非以此卦生彼
> 卦也，又非以此爻換彼爻也。〔註165〕

由於比較歸納後來看，李光地之說是上承黃宗羲而下啟江永，在《易》學史上
也可以算是一具體系統主張；但是，平情而論，仍又僅是一家之言，對於論說
「卦變」的紛擾、多面現象，亦僅僅是再添一筆，無法提出全面而圓融的說法，
戴君仁先生曾說：「總而言之，卦變之說，支離破碎，已是定評，最好不講。如
一定要講，宋代的程傳朱本義要比漢易簡單些，不傷人腦筋。」〔註166〕戴先生

〔註163〕李光地：《周易通論》卷二〈卦變〉，頁556。
〔註164〕黃宗羲：《易學象術論》卷二〈卦變一〉，頁54。
〔註165〕黃宗羲：《易學象術論》卷二〈卦變一〉，頁54～55。
〔註166〕戴君仁：《談易》（臺北：臺灣開明書店，1982年2月7版），頁51。

積極要折中解《易》，採取比較簡單易懂的用心，是可以令人認同，但是將《程傳》、《周易本義》相提並論，其實也沒掌握到就「卦變」來說，兩家也是不同的，因此，戴先生的「總而言之」云云，仍是沒有將「卦變」問題釐清。就如同李光地般，雖有質疑、亦有具體見解，但是依舊無法有一完整的說法，這或許是《易》本身卦爻象之架構，所呈現的形式而允許其多元特質；是以成也由此，敗也由此矣！

## 二、李光地對朱子「卦變」說的批判

就〈彖傳〉而說「卦變」者，是朱子的重要依據，並進而有十九「卦變」說的論述。無論是否有被學界所認同，但是在朱子學術架構下，「卦變」說畢竟是其中的重要一項理論，它是前後相承，以挺舉出其學術義理，也就是說，朱子是從「卦變」說→「伏羲《易》」→「《易》本卜筮之書」→「義理詮釋」→「理學」等等相呼應，乃一系列的價值支撐點，是前後呼應而無可替代的重要理論，若說單獨取消了某一項論點，則環環相扣的學術體系，也就有全盤崩潰的危機，更誇張的說，或許會導致「一無是處」〔註167〕的結果，並非危言聳聽的現象；果然在時代推衍下，在清儒的學風選擇性思維判斷下，宋儒學術果真的被歸是「一無是處」！對此結果，林啓屏先生有精闢的點出現象，他說：「宋明儒之努力與異端（案：佛老）奮鬥的成果，帶來了儒學在宋明兩代的高度發展，其功應如孟子一般。可是時移清季，『闢異端』的宋明儒學，卻反被清儒打爲『異端』。」〔註168〕當然，同樣的選擇性思維，到了民國，以牟宗三先生爲代表的新儒家，也以其學術洞見下的選擇，就一舉否認了清代學術的價值；牟先生言：「我們講中國的學問，講到明朝以後，就毫無興趣了。」又說：「明亡以後，經過乾嘉年間，一直到民國以來的思潮，處處令人喪氣，因爲中國哲學早已消失。」〔註169〕諸如以上諸家種種討論，之所以眾

---

〔註167〕語出勞思光：《新編中國哲學史（三下）》，頁809。勞先生說：「倘宋儒只建立哲學理論，而不訴諸於孔孟，不言及道統，則可以不受歷史標準之裁判。但宋儒既自以爲所講乃孔孟之學，又依傳說及常識塑造道統。此二者皆涉及歷史，卻不能置歷史標準於不問矣。故若有重客觀研究之學興起，而只取宋儒學說在歷史標準下之種種缺點爲批評對象，則將只見宋儒一無是處，而不見其理論方面之意義。」

〔註168〕林啓屏：《儒家思想中的具體性思維》第二章〈「正統」與「異端」〉（臺北：學生書局，2004年2月初版），頁86。

〔註169〕牟宗三：《中國哲學十九講》第十八講〈宋明理學概述〉，李明輝記錄（臺北：

聲喧嘩，就是因為研究「觀點」與「價值」進路的不一，所造成的不同結論。同樣的，回溯就王夫之看朱子《易》學，說：「朱子師孔子以表章六藝，徒於《易》顯背孔子之至教。故善崇朱子者，捨其注《易》可也」〔註170〕的批判，也是沒有真正掌握到朱子《易》學要義，而僅就某些成見進路去觀察，是以終究要否定朱子《易》學成就了！

　　由此可見，當吾人要否認前代學者的某些觀點時，的確要思索其前後之完整性與呼應之關係，特別是朱子，被公認為學問之博大，於學術上號稱為「集大成者」〔註171〕的重量級學者，更要仔細推敲其理論提出的演繹過程，而不是冒然針對某論點的小瑕疵，去大發厥辭，而另一方面又說是其學術的支持者、闡翼者，殊不知，僅流於皮相、膚淺而已！以李光地為例，其自承是朱子學繼承闡翼者，卻對朱子「卦變」說，完全採取否定態度，而否定之理由，又沒有觸及核心，即是明顯一例；李光地《折中》於【訟】卦〈象傳〉〈案語〉云：

　　　　〈象傳〉中有言剛柔、往來、上下者，皆虛象也。先儒因此而卦變
　　　　之說紛然，然觀《泰》、《否》卦下，小往大來、大往小來云者，文
　　　　王之辭也，果從何卦而往，何卦而來乎？亦云有其象而已耳。故依
　　　　王、孔註疏，作虛象者近是。〔註172〕

李光地以【泰】：「小往大來」、【否】：「大往小來」等之卦辭為據，認為此卦辭作於文王，自早於〈象傳〉之前，試問文王何嘗有說「自某卦而來」？因此，李光地認為以「虛象」為釋較佳。至於所謂的「虛象」者，李光地認為孔穎達《周易正義》之解說可資參考；《折中》引孔穎達之說：

　　　　剛來而得中，輔嗣必以為九二者。凡上下二象在於下象者，則稱來，
　　　　故【賁】卦云：「柔來而文剛」，是離下、艮上，而稱柔來。今此云：
　　　　「剛來而得中」，故知九二也。且凡云「來」者，皆據異類而來，九
　　　　二在二陰之中，故稱「來」。若於爻辭之中，亦有從下卦向上卦稱「來」

　　　　三民書局，1989年2月第三次印刷），頁418。同書第十九講〈縱貫系統的圓
　　　　熟〉，頁447。
〔註170〕王夫之：《周易內傳發例》第二十四則，頁382。
〔註171〕皮錫瑞：《經學歷史》〈經學積衰時代〉：「漢學至鄭君而集大成，於是鄭學行
　　　　數百年；宋學至朱子而集大成，於是朱子學行數百年。……以經學論，鄭學、
　　　　朱學皆可謂小統一時代。」（臺北：鳴宇出版社，1980年5月），頁289～290。
〔註172〕李光地：《御纂周易折中》卷九〈象上傳〉，頁893。

也，故【需】上六「有不速之客三人來」，謂下卦三陽，然【需】上

六陰爻，陽來詣之，亦是非類而稱「來」也。〔註173〕

卦爻辭稱「來」者，有兩項條件：一者、居下卦之中爻，即「二爻」也；二者、此中爻與上下爻陰陽互異；另外，就該卦的上下卦而言，下卦之爻之上卦之位，亦可稱「來」也。因此，孔穎達取【訟】、【賁】二例，以資說明並爲證。李光地不僅於此，又在【无妄】〈彖傳〉案語云：「〈彖〉言剛來柔來，未有言自外來者。」〔註174〕總之，以此來否定朱子「某卦自某卦來」之說的用心，是明顯可見的。甚至說，要完全否定漢、魏以來的「卦變」說的解釋方式；因此，李光地於《折中》【隨】〈彖傳〉引王宗傳的說法，其曰：

《易》家以【隨】自【否】來，【蠱】自【泰】來，其義如何？曰：非也！【乾】、【坤】重而爲【泰】、【否】，故【隨】、【蠱】無自【泰】、【否】而來之理。世儒惑於「卦變」，殊不知八卦成列，因而重之，而內外、上下、往來之義已備乎。其中自八卦既重之後，又烏有所謂內外、上下、往來之義乎。〔註175〕

李光地〈案語〉說：「王氏說最足以破『卦變』之支離，得《易》象之本旨。」〔註176〕蓋所謂「易家」者，絕對是指著漢、魏《易》學者的「三陰三陽之卦皆自【泰】、【否】而來」的誤解而來，但是，無可否認的，是朱子《本義》前之「卦變圖」亦有所引，說法或許不同，但是基本概念則是一致。因此可以由此證明，朱子《易》學「卦變」說，在李光地來看，也是被其否認中的一家；另外，《折中》又於【升】〈彖傳〉時，李光地雖無案語，然而引龔煥之說曰：「〈彖傳〉：「柔以時升」，似指六五而言，非謂『卦變』，故下文言：『剛中而應』亦謂二應五也。」〔註177〕亦在強調「卦變」說者，並非有所謂的「某卦自某卦來」之講法，甚至說，根本沒有「卦變」條例。至此，知李光地特別標榜王宗傳之說，所謂「最足以破『卦變』之支離，得《易》象之本旨。」其立場也就昭然若揭了。

然而，再考察王宗傳之說，其實是源自程頤《易傳》【賁】〈象〉注，所謂：「卦之變皆自【乾】、【坤】」之說。不僅王宗傳，其後之顧炎武也頗爲程

---

〔註173〕李光地：《御纂周易折中》卷九，頁893。
〔註174〕李光地：《御纂周易折中》卷九，頁947。
〔註175〕李光地：《御纂周易折中》卷九，頁919。
〔註176〕李光地：《御纂周易折中》卷九，頁920。
〔註177〕李光地：《御纂周易折中》卷九，頁1005

度上的認同：

> 『卦變』之說，不始於孔子，周公繫【損】之六三，已言之矣，曰：
> 「三人行則損一人，一人行則得其友。」是六子之變，皆出於【乾】、
> 【坤】，無所謂自【復】、【姤】、【臨】、【遯】而來者，當從《程傳》。
> 〔註178〕

因此，李光地要另作新解，或許尚有可成一家之言的企圖，但是要完全否認有「卦變」條例的存在，其實是沒有說服力的。況且，李光地於【訟】〈象〉言：「依王（弼）、孔（穎達）註疏，作虛象者近是」之說者，以王弼說爲據，其論說力道，未盡全是；畢竟，王弼仍然是有取「卦變說」條例者；〔註179〕諸如【渙】〈象〉王弼注云：「二以剛來而不窮於險，四以柔得位於外而與上同。內剛而无險困之難，外順而无違逆之乖，是以亨。」焦循《周易補疏》云：「按、王氏此注（渙），亦用卦變【否】四之二之例，而諱言自【否】卦來。」〔註180〕因此，李光地取王弼說，用以否定朱子「卦變」說，是有爭議性的，就此，最多僅能說【訟】卦注，王弼不用「卦變說」來注解，但是，卻不能斷言說「卦變」條例，是沒有依據而不能成立的。

另外，值得注意而有必要一提的是，李光地曾有一段說明，表現出他對《易》學史觀的諸學者的價值地位評判，李光地說：

> 年來覺得《周易》一經，惟孔子透到十二分，不獨依書立義，義盡
> 而止，有時竟似與原文相反，卻是其中至精至妙之義，覺有透過之
> 處。此經漢人只以術數推演，至輔嗣始從事理解，但發明處少，只
> 算得一分，孔疏亦算得一分。周子《易通》之作，直通身是《易》，
> 但於本文，未有詮釋，算得七分。程子雖有《傳》，精采少遜，算有
> 六分。邵子〈先天圖〉精妙無比，但說理處略，亦算有六分。朱子
> 集成，復從占筮中見理，又透過一分，算有七分。至元明以來，不
> 見作者矣。〔註181〕

---

〔註178〕顧炎武著，黃汝成集釋：《日知錄集釋》卷一（臺北：世界書局，1991 年 5
月 8 版），頁 5。

〔註179〕詳請討論者，可參閱簡博賢師：《魏晉四家易研究》〈王弼易學研究〉，頁 109
～111。此中有三例，一者【渙】〈象〉注，一者【觀】六二注，一者【觀】
九五注。

〔註180〕焦循：《周易補疏》，收入《皇清經解易類彙編》卷一千一百四十八（臺北：
藝文印書館），頁 1159。

〔註181〕李光地：《榕村語錄》卷之九〈周易一〉《文淵閣四庫全書》冊 725，頁 133

在李光地的觀點下，王弼、孔穎達僅「算得一分」的程度，而朱子則是被他歸為有「七分」，按照價值排序，也僅次於孔子的「十二分」，是列為第二名；但是，當李光地在處理「卦變」說時，竟然採取僅「算得一分」的王注、孔疏來否定有「七分」程度的朱子，難道王注、孔疏的「算得一分」的表現，就是以「虛象」來解讀「卦變」乎？〔註182〕此一現象，究竟李光地是否真的如此解讀，本研究不敢斷定，可是就李光地取之來否定朱子者，的確是說服力不強！

李光地不取「卦變」說，作〈卦變辨〉，無論能否具備說服力，畢竟是學者治學的主張之一，況且說「卦變」者，長久以來，正反意見紛歧多端，本就很難有客觀且放諸四海的具體說法，因此，說「卦變」者，相信每位《易》學家都有其一套學術價值與治學途徑，諸如上節所述王夫之的「卦變」說即是，本研究在此也很難評斷孰是孰非；然而無可否認的是：由以上歸納與討論，可以明顯發現，就於朱子「卦變」說，李光地持否認態度，是不爭事實！因此，每每說李光地之學是朱子學的繼承者，諸如，陳祖武之說李光地者：「無非朱熹學術主張的復述而已」的看法，並非實情；縱使大旨為是，然而其細節部份，是有再修正之必要的，至少「卦變」說，就是一例。

## 三、論李光地〈卦變辨〉僅是結構變化遊戲

就《易》的整體形式來看，可以有卦象、卦爻辭；就卦象結構，由爻與位之間的變化，以產生一合理解釋，這是朱子十九卦、王夫之十五卦、李光地二十卦、甚至江永二十二卦說以說「卦變」者的「持之有故，言之成理」的現象，畢竟《易》之令人著迷的地方，也就是在爻與位互動下的無限可能。但是，虞翻在看似也在爻與位互動下談「卦變」，其積極用心是要證成「卦象、卦爻辭」之間的必然綰合，虞翻此一用心，在《程傳》時尚有掌握，但是，從朱子以後，至李光地者，皆已迷失在《易》象結構裏，而無關於卦爻辭內容如何作解；因此，無論是否支持「卦變」說，其實都是「爻與位互動」下的結構遊戲而已，既然是遊戲，則就無客觀公論與學術目的可言了！

---

〜134。

〔註182〕李光地又說：「王輔嗣《易》不說『變卦』、『互卦』實在好，似鄭康成。康成乃漢末名儒，輔嗣纔廿四歲便歿，一小後生乃敢方駕前賢，非無見也。」又見《榕村語錄》卷之九〈周易一〉，頁134。縱使此說是王弼的優點，也是李光地認為的「一分」，可是，王弼用「卦變」解《易》是不爭事實；因此，李光地的見解，仍舊沒有深具說服力的。

　　虞翻的「卦變」說，是要證成「卦象、卦爻辭」之間的必然綰合；朱子的「卦變」說，是要證成「伏羲《易》」的基礎；因此兩家各有立場，掌握了立場，則箇中要義也就隨之展開，建構起學術體系。然而，李光地未能掌握朱子「卦變」說的意圖，就冒然採取王弼以來的各家說法，單獨來看，雖然也足以言之成理，可是卻沒有掌握到朱子理論之核心處，縱使要闡翼、護衛，其實已是失焦、甚至偏離重點；此是李光地一面說要闡揚朱子學，一方面卻又反對「卦變」說，其實此兩者主張是矛盾現象，從中就足以證明李光地的《易》學涵養是無識於朱子《易》學的；至於其所作〈卦變辨〉，以「內卦說『來』」、「外卦說『往』」、「內外合說『往來』」三例，以「反對」說來否定「卦變」說，縱使李光地其說為是，但是，取之以解讀於《易》，包括「卦爻象」與「卦爻辭」之間的關係如何，則是絲毫無涉，反倒是僅適用於兩卦之間的卦爻而已，是以本研究說其為「結構遊戲」，即既不知朱子「卦變」說用心，也違背康熙帝敕令以朱子學為依歸的要旨；然而，卻又未被康熙帝所發覺，足證，康熙帝的「朱子學」認同云云，都只是門面話，政治安定意義，是大於學術傳承意義，難怪梁啟超要譏評當時，說：「清初依草附木的為什麼多跑朱學那條路去呢？原來滿州初建國時候文話極樸陋，他們向慕漢化，想找些漢人供奔走，看見科第出身的人便認為有學問，其實這些八股先生，除了四書大全五經大全外還懂什麼呢？」〔註183〕而李光地者，就是被梁啟超視為「程朱學之依附者」，因此，對其介紹之措辭，乍看之下，可說是相當難堪，但是從「卦變」說的討論後，梁啟超的說明，僅是如實的呈現康熙帝與李光地的學養罷了；畢竟，其取王弼之說，已前無所據，其反對朱子之說，亦無所持之理，兩相失落，是其謬誤之處。

---

〔註183〕梁啟超：《中國近三百年學術史》〈程朱學派及其依附者〉（臺北：臺灣中華書局，1987 年 2 月臺 11 版），頁 103。